语言漫议

翟时雨 著

西南师范大学出版社
国家一级出版社 全国百佳图书出版单位

图书在版编目(CIP)数据

语言漫议 / 翟时雨著. —重庆：西南师范大学出版社, 2020.11
ISBN 978-7-5697-0024-4

Ⅰ.①语… Ⅱ.①翟… Ⅲ.①汉语–文集 Ⅳ.①H1-53

中国版本图书馆CIP数据核字(2019)第271866号

语言漫议
YUYAN MANYI

翟时雨 著

责任编辑：刘江华
责任校对：吕 杭
装帧设计：观止堂_未 氓
排　　版：张 祥
出版发行：西南师范大学出版社
　　　　　地址：重庆市北碚区天生路2号
　　　　　网址:http://www.xscbs.com
　　　　　邮编：400715　电话：023-68868624
印 刷 者：重庆康豪彩印有限公司
幅面尺寸：170mm×240mm
印　张：20
字　数：320千字
版　次：2020年12月　第1版
印　次：2020年12月　第1次印刷
书　号：ISBN 978-7-5697-0024-4
定　价：78.00元

西南大学文学院"雨僧文库"编委会

主　任

王本朝

委　员

李永东　李应志　肖伟胜
何宗美　黄大宏　曹　建
寇鹏程　黎　萌　张春泉

学术记忆与学科发展
——西南大学文学院"雨僧文库"序

西南大学文学院"雨僧文库"丛书即将出版了,这是一件令人非常高兴的事。为它写上几句话也让我从心底里生出一种特殊的感怀。岁月的流逝总会让人忘却许多往事,而有些记忆无论经过多少岁月,却总是很难消失,因为它已经成为人们前行道路上的重要标记。一个人的成长如此,一个学科的发展和一个学院的建设也是这样。

西南大学文学院的前身为1940年建立的国立女子师范学院国文系和1942年建立的四川省立教育学院的国文系,1950年合并为西南师范学院中文系,2003年更名为西南师范大学文学院。中国的大学包括学科的建立及发展的时间并不长,拥有近80年的学科历史也就算比较久远的了。所以,在介绍时说它历史悠久,此言不虚也。一大批名家先贤先后汇聚于此,探研学术,传承文脉。1949年前,有胡小石、吴宓、高亨、商承祚、唐圭璋、台静农、罗根泽、詹锳、李何林、魏建功、李霁野、赖以庄、吴则虞等在这里潜心治学,为科学研究建立了严谨求实的学术传统。1949年后,亦有吴宓、高亨、赖以庄、钟稚琚、郑思虞、何剑薰、徐德庵、杨欣安、魏兴南、曹慕樊、徐无闻、李景白、谭优学、李运益、刘又辛、荀运昌等学者继续在此传道授业,筚路蓝缕,为学院的发展奠定了坚实的基础。今天的文学院设有中文系、影视艺术系、汉语国际教育系;拥有中国语言文学一级学科博士学位授权点,戏剧与影视学一级学科硕士学位授权点,美学二级学科博士学位授权点;建有中国语言文学博士后科研流动站。其中国语言文学为重庆市重点学科。

我相信一个学科的历史和发展总是由一代又一代学者创造的成果累积而成的。为了坚守学术精神,保存学术记忆,发扬学术传统,学院积极筹划了这套"雨僧文库"。我们选取了文学院前辈学者的代表性成果,主要有曹慕樊先生的《庄子新义》,谭优学先生的《唐诗人行年考》,徐无闻先生的《徐无闻批注〈唐人万首绝句选〉》,荀运昌先生的《诗词及楹联写作》,熊宪光先生的《亦说文稿》,徐洪火先生的《中国古代戏曲史纲》;刘又辛先生和方有国教授合著的《汉字发展史纲要》,杨欣安先生的《杨欣安现代汉语论集》,翟时雨先生的《语言漫议》;苏鸿昌先生的《大旨谈情:苏鸿昌文艺美学文集》,曹廷华先生的《文艺美学论稿》;苏光文先生的《新文学:新观念新文本新交流》和胡润森先生的《胡润森论戏剧》等13册。如做一个简单划分的话,它们可分为古代文学及文献学、汉语言文字及语言应用、文艺学及美学,以及中国现当代文学等学科板块和知识领域。这些论著的选择不拘形式,有的是旧作再版,有的是论著新编,有的是学者选集。这些前辈学者和他们的论著都曾在学科和学术史上产生了重要影响,也代表或者说体现了西南大学文学院中国语言文学学科的历史特点和学术优势。有点儿小遗憾的是,名为"雨僧文库",却没有编入吴宓先生的著述,只有等待以后再来弥补了。

西南大学文学院高度重视人才培养和学科建设,长期坚持以人才培养为根本,以学科发展为龙头,以科学研究为中心,以队伍建设为支撑,以社会服务与文化创新为动力的学院发展之路。就学术研究和学科建设而言,坚持有所为有所不为,不好高骛远,不追逐时尚,把人才培养和学术研究工作落到实处,做向深处,不搞花架子,紧紧抓住人才队伍、学术成果和学术环境等条件要素,去做学科建设。搞学科建设,首先要有人,其次要做事,另外还要有做事的环境和心情。有人就是要有从事教学科研的人,做事就是做教学科研之事。大学教师不仅要从事教学工作,还要积极开展科学研究。教学科研形式不同,目标相近,都是为了人才培养,它们会有偏重,但不应分彼此。学科建设亦非一朝一夕之事,要一步一个脚印,守正笃实,久久为功,还要有"功成不必在我"的心态和境界。在学术建设和学科发展的链条上,历史总是一环扣一环,后来者不应忘记前行者的坚实步履。学术研究是个人的人生事业,学科建设也是学院的名山工程。对个人而言,学术研究要有兴趣,更要有理想、有毅力。过去的学术氛围和学术环境不同于当下，不像今天这样，从学校到学院都在一个劲儿地鼓噪。他们为什么对学问有兴趣？为什么那么执着？为什么做？怎么做？做得怎么样？他们肯定是有思考的。我想，从这些论著里，我们既可学习到一些做学问的方法，悟出一点儿做学问的门径来，也能感受到他们严谨认真的学术道德和高贵豁达的学术精神。今天的学术环境虽然变化了，做学问的条件和成效也不一样了，但高远的学术理想和执着的学术精神还是应该继承下来，坚守得住，才能发扬光大。

这套前辈学者成果的出版应是西南大学文学院学科建设的大喜事。近年来，我们连续筹划了"博导文库"和"中青年学者文库"，正在筹划"学科及学术专题文库"。"雨僧文库"主要是前辈学者文库，它是西南大学文学院历史发展中的学术积淀和学科基因，它的出版，有助于学院的学术传承，也让学院的学术史更加清晰明朗，学科发展更有底气。在此，我要特别感谢这些前辈学者的家人及弟子们的大力支持，感谢学院相近学科同仁们的积极参与，有了他们的理解和参与，这项工作才得以顺利而圆满地完成。也要感谢西南师范大学出版社吕杭女士的辛勤劳动。

就此说上几句，既表达对"雨僧文库"出版的祝贺，也有对学院学科建设的希冀。

王本朝
2020年1月

前　言

按常规，一本书出版，作者照例应该写点儿"前言"或"后记"之类的文字，否则会觉得缺了点儿什么，其实，要说的话书中全有。

我钟爱语言科学，一辈子从事语言教学和研究工作。两年前，西南大学文学院领导号召老教师们将自己的学术著述择要汇编成册，以利传承。我觉得这是件很有意义的事情，应该积极响应，于是就有了这个小册子。

从二十世纪五十年代起，我先后为西南师范学院、西南师范大学、西南大学中文系、文学院的本科生、留学生和研究生开设过现代汉语、汉语高级口语、方言学、国际音标、影视语言艺术、应用语言学等课程，并为校内外举办多届"普通话教程""语言表达艺术"等讲座。这本小册子，即是将上述教学和科研的部分成果汇编成以下三个部分：

上篇：学术探讨

中篇：专著摘录

下篇：教学讲座

我进入语言学领域，是从参加全国方言调查起步的。二十世纪五十年代中期，为推广汉民族共同语——普通话，国家组织开展对全国方言进行普查，我作为高校语言学教师，奉命带领本校中文系高年级七十多位同学，利用寒暑假，历时两年多，对四川省东部和北部地区五十多个县、市的方言进行普查。调查结束后，将调查资料与四川大学、四川师范大学中文系师生调查的川西、川南地区方言资料汇合在一起，共同编辑，出版了专著《四川方言音系》。该书是较早全面反映一个省区方言语音系统的专著，具有填补空白的性质，出版后受到广泛关注和好评。

一九七九年开始，我所在的西南师范学院开始招收语言学研究生。为适应教学需要，我先后编写、出版了《汉语方言与方言调查》《国际音标》《重庆方言志》《汉语方言学》等方言学专著。作为通用教材，这几本书被一些兄弟院校采用作教材，发挥了一定的作用。

语言是人的交际工具，为了适应国家蓬勃发展的需要，现在人们的语言交际频度空前加大。为此，我在校内外举办了若干语言运用专题讲座，如：在重庆人民广播电台连续播讲"重庆人怎样学习普通话"；为《重庆日报》编辑、记者举办"词汇、语法、修辞浅说"等教学讲座。此外，我还连续多年为"重庆市高校青年教师岗前培训"讲授"高校教师的语言修养和形象塑造"等激励青年教师奋发向上的学术讲座，受到了欢迎，产生了较好的社会效应。

这本小书是我向领导和读者同志们做的一个简要工作汇报，请审阅、指正。

谢谢大家！

翟时雨

2020年元月于西南大学

目 录

上篇　学术探讨

003 | 汉语的乐音化发展趋势

011 | 汉语音韵与方言研究

018 | "知"系字在四川方言里的分化

024 | 陕西省南部地区方言的归属

034 | 成都、重庆话在四川方言分区中的地位

040 | 入声字在四川方言里的演变

045 | 论"腭化"

050 | 论"辅尾"脱落

054 | 重庆方言与重庆人的性格魅力

060 | 应该重视词汇对应在"推普"中的地位

062 | 谈谈条件关系和假设关系的界限——答函授生问

065 | 论对外汉语教材的编写

中篇　专著摘录

071 | (壹)国际音标发音训练

071 | 一、辅音

081 | 二、元音

087 | 三、声调辨识及标记法

090 | 附录　国际音标表

（贰）汉语音韵概要

- 091 | 一、中古音的声母
- 096 | 二、中古音的韵母
- 107 | 三、古今声调演变情况

（叁）汉语方言调查

- 110 | 一、语音调查方法
- 138 | 二、词汇和语法调查方法

（肆）粤、闽、客方言简介

粤方言

- 167 | 一、粤方言的地域分布及其语音特点
- 168 | 二、广州音系简介

闽方言

- 185 | 一、闽方言的地域分布及其语音特点
- 186 | 二、闽南方言的代表——厦门音系简介
- 200 | 三、闽北方言的代表——福州音系简介

客家方言

- 212 | 一、客家方言的地域分布及其语音特点
- 213 | 二、梅县音系简介

（伍）方音辨正

- 229 | 一、声母辨正
- 234 | 二、韵母辨正
- 237 | 三、声调辨正
- 241 | 思考与练习

下篇　教学讲座

247 | 普通话教学讲座
247 | 前言
247 | 第一讲　几个基本概念
248 | 第二讲　学会声调对转
250 | 第三讲　分清 n 和 l
252 | 第四讲　分清 zh 和 z
253 | 第五讲　分清 ch 和 c
255 | 第六讲　分清 sh 和 s
256 | 第七讲　分清 h 和 f
258 | 第八讲　分清 en 和 eng
259 | 第九讲　分清 in 和 ing
261 | 第十讲　分清 e 和 ê、o

262 | 词汇、语法、修辞浅说
262 | 第一讲　使用好语言这个工具
264 | 第二讲　学点语法
269 | 第三讲　注意选择句式
274 | 第四讲　善于剥离层次
279 | 第五讲　比喻、比拟、借代
284 | 第六讲　夸张、对偶
290 | 第七讲　对比、排比
294 | 第八讲　反复、联珠
298 | 第九讲　层递、设问和反问
302 | 第十讲　修辞方式的综合运用

|上|篇|
学术探讨

汉语的乐音化发展趋势

摘　要：从古今语音的演变情况看,汉语语音明显地呈现出乐音化发展的趋势;从现代汉语各大方言间发展的不平衡性看,也清楚地印证了汉语语音的这种乐音化发展趋势。文章透过中古汉语"疑、影"两母字在不同方言里反映出来的辅音声母脱落,转读成零声母的情况以及古全浊声母的消失;舒声音节鼻音韵尾[m、n、ŋ]的减少;促声音节塞音韵尾[p、t、k]的减少和消失;入声调类的消失等现象,阐释了汉语语音的乐音化发展趋势。

关键词：汉语;乐音化;发展趋势

从纵向看,汉语语音明显地存在着向乐音化发展的趋势。

从横向看,现代汉语各大方言发展的不平衡性,也清楚地印证了汉语语音的这种乐音化发展趋势。

本文拟透过对汉语几种方言现象的辨析,阐释上述观点。

一、"疑、影"母字的分化

中古汉语"疑"母的拟音是舌根鼻音[ŋ]。"影"母的拟音是喉塞音[ʔ]。这两个声母所属字的读音,在现代汉语各方言里发生了不尽相同的变化。

在四川方言里[1],古"疑"母字分化成下列各音:

开口

ŋ-　鹅、俄、我、礙、艾、熬、傲、藕、偶、岸、昂、鄂、鳄、咬、硬、额(包括"果、蟹、效、流、山、宕、梗"诸韵摄的开口一、二等字)。

ŋ~i-　山摄开口二等字"雁"[ŋan²¹⁴]、[ian²¹⁴]两读。[2]

---

[1] 本文所列四川方言材料均以成都、重庆为主,少量引自省内其他县、市,为节省篇幅,不一一注出。
[2] 本文所列两读字,就其来源说,有的可能是受读书音影响所致。

ŋ~i-　艺、呓、刈、宜、仪、蚁、谊、议、疑、拟、凝、研、砚、孽、验、严、俨、酽、业（包括"蟹、止、曾、山、咸"诸韵摄的开口三、四等字）。

n~i-　止摄开口三等字"毅"[nin²¹⁴]、[i²¹⁴]两读。又同为梗摄开口三等字，"逆"读[ni²¹]，"迎"却读[in²¹]；同为蟹摄开口四等字，"倪"读[ni²¹]或[ŋi²¹]，"诣"却读[i²¹⁴]。

i-　牙、芽、衙、雅、讶、迓、眼、颜、涯、吟、言、银、尧（包括"假、山、蟹、深、臻、效"诸韵摄的开口二、三、四等字）。

ɣ-岳、乐音~（江摄开口二等字）。

合口

ŋ~o　果摄合口一等字"讹"有的读[ŋo²¹]，有的读[o²¹]。

v~u-　吴、吾、梧、五、伍、午、误、悟、桅、外、玩、娃、瓦、顽、危、伪、巍、魏（包括"遇、蟹、山、假、止"诸韵摄合口一、二、三等字）。

y-　鱼、渔、语、御、愚、虞、娱、遇、寓、元、原、愿、月、玉、狱（包括"遇、山、通"诸韵摄合口三等字）。

古"影"母字在四川方言里分化成下列各音：

开口

ŋ-　哀、埃、爱、霭、蔼、襖、澳、欧、讴、呕、沤、奥、殴、怄、庵、谙、暗、安、按、案、恩、肮、恶~心、挨、矮、隘、坳、拗、晏晚也（包括"蟹、效、流、咸、山、臻、宕"诸韵摄开口一、二等字）。

ŋ~i-　山摄开口二等字"轧"有的读[ŋa⁵⁵]，有的读[ia²¹⁴]。又同为梗摄开口二等字，"厄、扼"读[ŋɛ²¹]，"莺、鹦"却读[in⁵⁵]。同为咸摄开口三等字，"淹"读[ŋan⁵⁵]、"掩"却读[ian⁴²]。

i-　雅、丫、桠、哑、鸭、押、椅、伊、懿、医、意、衣、依、妖、邀、腰、要、夭、忧、优、幽、厌、酽、音、阴、饮、蔫、堰、因、姻、印、乙、殷、隐、央、秧、殃、应、膺、忆、亿、抑、英、影、映、臀、幺、烟、燕、噎、宴（包括"假、咸、止、效、流、深、山、臻、宕、曾、梗、蟹"诸韵摄开口二、三、四等字）。

u-　握（江摄开口二等字）。

合口

ŋ-　　恶_可~(遇摄合口一等字)。

v~u-　倭、窝、乌、污、煨、豌、碗、腕、温、瘟、稳、汪、甕、瓮、屋、蛙、窟、挖、弯、湾、委、威、畏、宛、婉、枉(包括"果、遇、蟹、山、臻、宕、通、假、止"诸韵摄合口一、二、三等字)。

y-　　於、淤、迂、冤、怨、雍、拥、熨、渊(包括"遇、山、通、臻"诸韵摄合口三、四等字)。

y~u-　止摄合口三等字"慰"有的读[y²¹⁴]，有的读[uei²¹⁴]。

ø　　通摄合口一等字"翁"有的读成[oŋ⁵⁵]。

根据上述情况，分别以"等""呼"为线索，可以看出古"疑、影"两母字在四川方言里有如下一些演变趋势。

先以"呼"为线索看：

疑母开口：

ŋ→　ŋ~i　→　ȵ~i　→　n~i　→　i、y

疑母合口：

ŋ~o→　v~u　→　y

影母开口：

ŋ→　ŋ~i　→　i、u

影母合口：

ŋ→　v~u　→　y　→　y~u、ø

再以"等"为线索看：

疑母(包括开口、合口字)：一等字基本保留辅音声母[ŋ]。二等字开始变化，有的还保留[ŋ]声母，有的同一个字已有辅音声母和零声母两种读法。三、四等字大都已失掉[ŋ]声母，转为零声母或元音音素自成音节。

影母(包括开口、合口字)：一等字大都为[ŋ]声母。(没有保持[ʔ]，而是将喉塞音上提至舌根鼻音[ŋ])。二等字开始变化，有的读[ŋ];有些同属一个韵摄的字,有的读辅音声母,有的读零声母。三、四等字大都失掉辅音声母,转为零声母或元音音素自成音节。

透过古"疑、影"两母字在今四川方言里的分化情况，似乎可以看出汉语语音的一种演变趋势——将音节中某些辅音（噪音）成分丢掉，转成纯元音（乐音）音节或零声母音节。再拿汉语的另外几种方言作比较，也同样反映出这种汉语音节中辅音成分减弱，元音成分愈来愈突出的发展趋势。下面还是以古"疑、影"母为例。

疑母：粤方言现在仍保持[ŋ]声母的读音[①]；今北京语音[ŋ]声母全部消失；今四川方言部分保持[ŋ]声母的读音，其余大都已经或正在转化为[i]、[u]、[y]或其他零声母（少数转为过渡辅音[ŋ̩]、[n]、[v]）。很显然，在这个问题上，粤方言还没有离开原地；北京语音走在发展的最前面；四川方言则走在中间：

粤方言	四川方言	北京语音
ŋ——	ŋ、ŋ̩、n、v、i、u、y、ø	——i、u、y

影母：闽方言的厦门话现在还可以找到[ʔ]声母的痕迹[②]；北京语音全变成零声母；四川方言部分读[ŋ]，另一些转为零声母。三者对照起来看，闽方言既然还可以找到中古读音痕迹，说明离开原地还不远；北京语音仍然走在发展的最前面；四川方言还是介于两者之间：

闽方言	四川方言	北京语音
ʔ(ø)——	ŋ、v、i、u、y、ø	——i、u、y

二、全浊声母的消失

中古汉语有全浊声母。现代汉语各大方言中只有占汉族总人口8.4%的人还保持古代全浊声母；另有5%的人使用的方言里全浊声母已日趋消失（目前湘方言区老派仍保持全浊声母，新派已将古全浊声母转为清声母）；其余约占汉族总人口90%的人都已将古代全浊声母转读清声母。请看下表：

[①] 见袁家骅先生著《汉语方言概要》第一版182页："牙 ŋa、瓦 ŋa、迓 ŋa、俄 ŋɔ、我 ŋɔ、饿 ŋɔ。"
[②] 詹伯慧先生在《现代汉语方言》中说："厦门话的零声母不带摩擦，前面甚至有微弱的喉头紧张，近于[ʔo-]。从来源上看，厦门话零声母来源于古影，喻（以）（云）……"

方言区	占使用人口比率	是否保持古全浊声母
吴方言区	8.4%	有 b、d、g、dz、dʑ、v、z、ɦ
湘方言区	5%	日趋消失
北方方言区	70%以上	无
赣方言区	2.4%	无
客家方言区	4%	无
粤方言区	5%	无
闽方言区	4.2%	无

三、鼻音韵尾的减少

中古汉语"舒声"有[m、n、ŋ]三个鼻音韵尾。现代汉语各大方言中只有13.2%的人仍保留着中古汉语的[m、n、ŋ]三个鼻音韵尾；其余86.8%的人使用的方言丢掉了[m]韵尾，只剩下[n、ŋ]两个鼻音韵尾。请看下表：

方言区	占使用人口比率	是否保持m、n、ŋ韵尾
客家方言区	4%	有 m、n、ŋ
闽方言区	4.2%	有 m、n、ŋ
粤方言区	5%	有 m、n、ŋ
北方方言区	70%以上	只有 n、ŋ
吴方言区	8.4%	只有 n、ŋ
湘方言区	5%	只有 n、ŋ
赣方言区	2.4%	只有 n、ŋ

四、塞音韵尾的减少和消失

中古汉语"促声"有[p、t、k]三个塞音韵尾。现代汉语各大方言中只有约13.2%的人仍保留中古汉语[p、t、k]三个塞音韵尾；另有10.8%的人使用的方言或只保留中古音的[t、k]两个塞音韵尾，或已将[p、t、k]三个塞音韵尾转成一个喉塞音[ʔ];其余约76%的人使用的方言都没有[p、t、k]韵尾了。请看下表：

方言区	占使用人口比率	是否保持p、t、k韵尾
客家方言区	4%	有p、t、k
粤方言区	5%	有p、t、k
闽方言区	4.2%	有p、t、k
赣方言区	2.4%	只有t、k
吴方言区	8.4%	只有ʔ
北方方言区	70%以上	无
湘方言区	5%	无

五、入声的消失①

中古汉语有"平、上、去、入"四个声调,现代汉语的七大方言区中,有六个现在仍旧保持古入声,似乎是多数,但就使用人口比例看,目前已有70%的人不再保持入声(北方方言区),保持入声的只占汉族总人口30%左右。由此看来,"入声"作为一个独立调类,正在逐渐消失中。请看下表：

方言区	占使用人口比率	是否保持入声
吴方言区	8.4%	有
湘方言区	5%	有
赣方言区	2.4%	有
客家方言区	4%	有
闽方言区	4.2%	有
粤方言区	5%	有
北方方言区	70%以上	大都无

---

① 古"入声"的特点是短促、浑浊,故亦可将"入声消失"视为浊流清化现象。

六、结语

语言是人类的交际工具，是社会的公有财富。就一种语言而论，全民族共同使用它，人们在长期的使用过程中，往往会不自觉地对它的某些方面进行选择、改进。这种选择或改进并没有统一的指令约束，然而却常常会产生相同的结果。这种"不约而同"中必然有起决定作用的因素。我们研究一种语言演变的历史，不但要研究变化了的现象，还应该探求促使变化产生的原因和它的发展趋势。

从语音的社会属性角度看，人们运用语言这个表情达意的交际工具，首先要求它表意明确，以便使听话的人明白无误；其次，人们还希望自己的话说得好些，使对方愿意听。这里的"好些"既包括选词、炼句的神奇、微妙，也包括语音韵律的优美、动听。语言的韵律优美，说的人"顺口"，听的人"悦耳"，两全其美，何乐不为。在这一点上，说话者和听话者双方的愿望是一致的。

再从语音的生理属性角度看，人们说话时往往要回避那些容易造成发音器官过于疲劳、难发的音。辅音发音时气流要"受阻"，元音"不受阻"。为了突破"阻碍"，发辅音时气流力度通常要比元音强些、重些。辅音是一种不规则的振动，是噪音；元音是有规律的振动，是乐音。辅音发起来既费力又不好听，元音发起来既省力又柔顺、好听。比如"疑、影"两个声母在中古音里，分别发成[ŋ][ʔ]。一般地说，舌根鼻音[ŋ]出现在音节开头儿，音感上使人觉得较生硬、浑浊。喉塞音[ʔ]音色既滞涩，发起来又很吃力，这两个以噪音成分为基础的辅音音素，远不如元音（乐音）音素柔顺、易发，故而在不影响意义的前提下，人们逐渐丢弃了它们，将用它们作声母的音节，逐步演变成零声母或纯元音音节。

音节结构中元音占优势和有声调，是汉语语音的两大特点。由于音节中元音占优势，语音里乐音特别多，再加上有声调变化，使汉语具有显著的音乐性——声音悦耳、音调柔和、节奏明朗、韵律协调。

在汉语语音的长期发展过程中，全浊声母的逐渐消失以及音节末尾[m、n、ŋ][p、t、k]等辅音韵尾的逐渐减少或脱落，似乎也与古疑、影母字丢失[ŋ]、[ʔ]的原因相仿——易发、悦耳。古入声的消失虽然不是音素发音的问题，但由于入声调值的特点是"入声短促急收藏",给人的感觉是"短促、浑浊"(特别是带有塞音韵尾的入声字这种感觉更明显),因而可以说,入声原有念法的大面积消失(先丢塞音韵尾,再将促声转成舒声),似乎也与语音乐音化(使语音更加悦耳、易发)的发展趋势有关。

  反映在现代汉语各方言里的上述语音演变现象,清楚地表明了在汉语语音的发展过程中,出现在音节开头儿或末尾的辅音音素(噪音)的地位在逐渐减弱,元音(乐音)音素在音节中的地位越来越突出,从而使人们明显地感觉到汉语语音存在着一种向乐音化发展的趋势。

(原刊于《语文研究》2001年第3期)

汉语音韵与方言研究

方言研究离不开音韵,音韵研究可以从方言中找到印证。

汉语有七大方言,这些方言都是从古代汉语发展演变来的。就语音而论,以汉语音韵为线索,纵向看,可以求出每个方言的古今演变规律;横向看,可以求出不同方言间的对应规律。据此,可以确认不同方言在汉语发展中的位置,进而融汇显现出汉语发展的总趋势和走向。

一、关于全浊声母的演变情况

古代汉语[①]有"並、奉、定、从、邪、澄、崇、船、禅、群、匣"等全浊声母,发展到现代汉语,这种全浊声母在多数方言中已经或正在消失。以古代汉语全浊声母的消失与否为线索,可以把现代汉语的七大方言区分作两大类:

甲类:保留古全浊声母——吴方言、老派湘方言(湖南双峰等山区)。

乙类:古全浊声母已消失,将全浊声母转读成清声母——新派湘方言、闽方言、赣方言、客家方言、粤方言、北方方言。这一类内部又可分成四小类:

①将古全浊声母字全读成"不送气"清声母。属于这种情况的有新派湘方言和闽方言的大部分。

②将古全浊声母字全读成"送气"清声母。属于这种情况的有赣方言和客家方言。

③将古全浊平声字读成"送气"清声母,将古全浊仄声(上、去、入声)字读成"不送气"清声母。北方方言就是这种情况。

④粤方言也将古全浊声母字转读成清声母,"送气、不送气"的情况与今北方方言大体相似——古全浊平声今读"送气",古全浊仄声今读"不送气"。如"皮、平"等古"並"母平声字,今广州读成送气清声母p',"病、备"等古"並"母仄字,今广州读成不送气清声母p,但在今广州方言口语中,却将部分古全

[①] 本文所说"古代汉语"是指以《广韵》为代表的中古汉语。

浊仄声字读成"送气"清声母,如"倍、抱"等古"並"母仄声字读成p'声母;"舅、旧"等古"群"母仄声字读成k'声母等。

古、今汉语全浊声母保留或消失情况对照表①②

b、d、g、z、dz——p、t、k、tɕ、ts、tʃ

古音	吴方言	老派湘方言	新派湘方言	闽方言	赣方言	客家方言	北方方言	粤方言
	保留	保留	消失	消失	消失	消失	消失	消失
平並平	b	b	p	p	p'	p'	p'	p'
备並去	b	b	p	p	p'	p'	p	p
题定平	d	d	t	t	t'	t'	t'	t'
大定去	d	d	t	t	t'	t'	t	t
葵群平	g	g	k	k	k'	k'	k'	k'
共群去	g	g	k	k	k'	k'	k	k
全从平	z	dz	tɕ	ts	tɕ'	ts'	tɕ'	tʃ'
坐从上	z	dz	ts	ts	ts'	ts'	ts	tʃ

二、关于"精"组与"知、庄、章"组字声母的分合情况

古代汉语"精"组与"知、庄、章"组字声母是不相同的,发展到现代汉语,许多方言把这几组字读成相同的声母。以这几组字声母是否相同为线索,可以把现代汉语七大方言区分为三大类:

甲类:古"精"组与"知、庄、章"组字今声母不同。北方方言把古"精"组洪音(开口呼、合口呼)字读成ts、ts'、s声母;把古"知、庄、章"组字读成tʂ、tʂ'、ʂ声母。

乙类:古"精"组与"知、庄、章"组字今声母相同。属于这种情况的有吴方言、赣方言、客家方言、粤方言。这一类内部又分成两小类:

---

① 为便于准确标注方言读音,本文均采用国际音标注音。
② 吴方言以苏州话为代表。老派湘方言以双峰话为代表。新派湘方言以长沙话为代表。闽方言以福州话为代表。赣方言以南昌话为代表。客家方言以广东梅县话为代表。北方方言以北京话为代表。粤方言以广州话为代表。

①吴方言、赣方言洪音、客家方言把古"精"组与"知、庄、章"组字都读成 ts、tsʻ、s 声母。

②粤方言把古"精"组与"知、庄、章"组字都读成 tʃ、tʃʻ、ʃ 声母。

丙类:古"精"组字读 ts、tsʻ、s 声母;"知、庄、章"组字略有差别。属于这种情况的有湘方言、闽方言。这一类也有两种情况:

①湘方言把古"精"组洪音和"知、章"组字读成 ts、tsʻ、s 声母;把"庄、初"等字读成 tɕ、tɕʻ 声母。

②闽方言把古"精"组和"庄"组字读成 ts、tsʻ、s 声母;把"知"组与"章"母字读成 t、tʻ 声母。

古"精"组与"知、庄、章"组字声母转化情况对照表

ts、tsʻ、s——tʃ、tʃʻ、ʃ——tɕ、tɕʻ、ɕ——t、tʻ

古音	北方方言	吴方言	赣方言	客家方言	粤方言	湘方言	闽方言
资 精平	ts	ts	ts	ts	tʃ	ts	ts
雌 清平	tsʻ	tsʻ	tsʻ	tsʻ	tʃʻ	tsʻ	tsʻ
瓷 从平	tsʻ	z	tsʻ	tsʻ	tʃʻ	tsʻ	tsʻ
赐 心去	tsʻ	s	s	s	tʃʻ	s	s
似 邪上	s	z	s	s	tʃʻ	s	s
知 知平	tʂ	ts	ts	ts	tʃ	ts	t
耻 彻上	tʂ	tsʻ	tsʻ	tsʻ	tʃʻ	tsʻ	tʻ
池 澄平	tʂʻ	z	tsʻ	tsʻ	tʃʻ	ts	t
装 庄平	tʂ	ts	ts	ts	tʃ	tɕ	ts
窗 初平	tʂʻ	tsʻ	tsʻ	tsʻ	tʃʻ	tɕʻ	tsʻ
士 崇平	ʂ	z	s	s	ʃ	s	s
师 生平	ʂ	s	s	s	ʃ	s	s
支 章平	tʂ	ts	ts	ts	tʃ	ts	t
尺 昌入	tʂʻ	tsʻ	tsʻ	tsʻ	tʃʻ	tsʻ	tsʻ
实 船入	ʂ	z	s	s	ʃ	s	s
诗 书平	ʂ	s	s	s	ʃ	s	s
时 禅平	ʂ	z	s	s	ʃ	s	s

三、关于"见"系字的分化情况

古代汉语"见"系字的声母发展到现代汉语产生了分化。一些方言把"见"系字都读成k、k'、x(h)声母;另一些方言把"见"系洪音(韵母为开、合两呼)字读成k、k'、x(h)声母;把"见"系细音(韵母为齐、撮两呼)字读成tɕ、tɕ'、ɕ声母。以古"见"系字在今洪、细前是否分化为线索,可以把现代汉语七大方言区分为两大类:

甲类:古"见"系字无论洪、细,今都读成k、k'、x(h)——粤方言、客家方言、闽方言。

乙类:古"见"系字在洪音前读k、k'、x(h);在细音前读tɕ、tɕ'、ɕ——北方方言、湘方言、吴方言、赣方言。

古、今汉语"见"系字洪、细分化情况对照表

k、k'、x(h)——tɕ、tɕ'、ɕ

古音	粤方言	客家方言	闽方言	北方方言	湘方言	吴方言	赣方言
怪 见洪	k	k	k	k	k	k	k
坚 见细	k	k	k	tɕ	tɕ	tɕ	tɕ
楷 溪洪	k'	k'	k'	k'	k'	k'	k'
谦 溪细	h	k'	k'	tɕ'	tɕ'	tɕ'	tɕ'
汉 晓洪	h	h	h	x	x	h	h
香 晓细	h	h	h	ɕ	ɕ	ɕ	ɕ

四、关于鼻音韵尾的减少和演变情况

古代汉语舒声有m、n、ŋ三个鼻尾:"咸、深"两摄是m尾;"山、臻"两摄是n尾;"宕、江、曾、梗、通"五摄是ŋ尾。发展到现代汉语,鼻尾在逐渐消失。以鼻尾消失情况的不同为线索,可以把现代汉语七大方言区分为三大类:

甲类:保留古代m、n、ŋ三个鼻音韵尾——粤方言、客家方言、闽南方言。

乙类：古汉语m尾消失，只保留n、ŋ两个鼻音韵尾——北方方言、赣方言、吴方言。

丙类：古汉语三个鼻尾消失两个，只保留一个鼻音韵尾。又分作两种情况：

①湘方言只有一个n尾。将"咸、深"两摄的m尾和"宕、江、曾、梗、通"五摄的ŋ尾都转成n尾。

②闽北方言只有一个ŋ尾。将"咸、深"两摄的m尾和"山、臻"两摄的n尾都转读成ŋ尾。

古、今汉语鼻音韵尾消失情况对照表①

m、n、ŋ——n、ŋ——n——ŋ

古音	粤方言	客家方言	闽南方言	北方方言	赣方言	吴方言	湘方言	闽北方言
点 咸上	-m	-m	-m	-n	-n	无	-n	-ŋ
枕 深上	-m	-m	-m	-n	-n	-n	-n	-ŋ
班 山平	-n	-n	-n	-n	-n	无	-n	-ŋ
奔 臻平	-n	-n	-n	-n	-n	-n	-n	-ŋ
帮 宕平	-ŋ	-ŋ	-ŋ	-ŋ	-ŋ	-ŋ	-n	-ŋ
讲 江上	-ŋ	-ŋ	-ŋ	-ŋ	-ŋ	-ŋ	-n	-ŋ
朋 曾平	-ŋ	-ŋ	-ŋ	-ŋ	-ŋ	-ŋ	-n	-ŋ
萌 梗平	-ŋ	-ŋ	-ŋ	-ŋ	-ŋ	-ŋ	-n	-ŋ
动 通上	-ŋ	-ŋ	-ŋ	-ŋ	-ŋ	-ŋ	-n	-ŋ

五、关于塞音韵尾的消失和演变情况

古代汉语入声有p、t、k三个塞尾。"咸、深"两摄是p尾；"山、臻"两摄是t尾；"宕、江、曾、梗、通"五摄是k尾。发展到现代汉语，塞尾在逐渐消失。以塞尾消失情况的不同为线索，可以把现代汉语七大方区分为四大类：

甲类：保留古代p、t、k三个塞音韵尾——粤方言、客家方言、闽南方言。

乙类：古汉语p尾消失，只保留t、k两个塞音韵尾——赣方言。

丙类：将古汉语p、t、k三个塞音韵尾都换成ʔ尾——吴方言、闽北方言。

---

①闽南方言以厦门话为代表。闽北方言以福州话为代表。

丁类：古汉语p、t、k三个塞音韵尾全消失——北方方言、湘方言。

古、今汉语入声塞音韵尾消失情况对照表

p、t、k——t、k——ʔ——消失

古音	粤方言	客家方言	闽南方言	赣方言	吴方言	闽北方言	北方方言	湘方言
狭_{咸入}	-p	-p	-p	-t	-ʔ	-ʔ		
涩_{深入}	-p	-p	-p	-t	-ʔ	-ʔ		
哲_{山入}	-t	-t	-t	-t	-ʔ	-ʔ		
勃_{臻入}	-t	-t	-t	-t	-ʔ	-ʔ		
乐_{宕入}	-k	-k	-k	-k	-ʔ	-ʔ		
角_{江入}	-k	-k	-k	-k	-ʔ	-ʔ		
色_{曾入}	-k	-t	-k	-t	-ʔ	-ʔ		
策_{梗入}	-k	-t	-k	-t	-ʔ	-ʔ		
扑_{通入}	-k	-k	-k	-k	-ʔ	-ʔ		

六、关于古今声调的演变情况

古代汉语有"平、上、去、入"四个声调。发展到现代汉语，声调发生了较大的变化，特别是古"入声"处在逐渐消失之中。以是否保留古入声为线索，可以把现代汉语七大方言区分为两大类：

甲类：古"入声"消失①——北方方言。在北方方言里，除"入声"消失外，将古"平声"字按古声母"清""浊"分成"阴平""阳平"两类：古"清"声母平声字今为"阴平"；古"浊"声母平声字今为"阳平"。古"上声"中的"清"声母和"次浊"声母字今仍为"上声"；古"全浊"上声字今转读"去声"。古"去声"字无论"清、浊"，今仍为"去声"。古"入声"在今北京话里不再单独成为一个调类，将古"入声"字中的"清"声母字散归到今"阴平、阳平、上声、去声"里；将古"入声"字中的"全浊"声母字归到今"阳平"，"次浊"声母入声字归到今"去声"。

乙类：保留古"入声"——湘方言、赣方言、客家方言、吴方言、闽方言、粤方言。按声调数目的多少，这一类内部又可分成三小类：

---

①北方方言中只有极少数还有入声。

①有六个声调——湘方言、赣方言、客家方言。湘方言、赣方言都有"阴平、阳平、上声、阴去、阳去、入声"六个调类。客家方言有"阴平、阳平、上声、去声、阴入、阳入"六个调类。

②有七个声调——吴方言、闽方言。吴方言、闽方言都有"阴平、阳平、上声、阴去、阳去、阴入、阳入"七个调类。

③有九个声调——粤方言。在粤方言里,古"平、上、去"三个声调均按古声母"清、浊"分为"阴平、阳平、阴上、阳上、阴去、阳去"六个调类;古"入"声按声母"清、浊"分为"上阴入、下阴入、阳入"三个调类,舒声、入声加在一起共九个调类。粤方言是汉语方言中声调最多的方言。

古、今声调差异对照表

四——九个声调

古声调	古清浊	例字	北方方言 无入声 四个声调	湘方言 有入声 六个声调	赣方言 有入声 六个声调	客家方言 有入声 六个声调	吴方言 有入声 七个声调	闽方言 有入声 七个声调	粤方言 有入声 九个声调
平	清	诗	阴平55诗	阴平33诗	阴平42诗	阴平44诗	阴平44诗	阴平55诗	阴平55诗
平	浊	时	阳平35时、识、食	阳平13时	阳平24时	阳平11时	阳平24时	阳平24时	阳平11时
上	清	使	上声214使	上声41使	上声213使	上声31使	上声41使	上声51使	上声35使
上	全浊	市							阳上13市
去	清	试		阴去55试	阴去55试		阴去513试	阴去11试	阴去33试
去	浊	事	去声51市试事泄	阳去21市、事	阳去31市、事	去声52市试事	阳去31市、事	阳去33市、事	阳去22事
入	清	识							上阴入5识
入	清	泄				阴入2识、泄	阴入4识、泄	阴入32识、泄	下阴入3泄
入	浊	食		入声24识泄食	入声5识泄食	阳入4食	阳入23食	阳入5食	阳入2食

(原刊于《汉语史论文集》,西南师范大学出版社1995年出版)

"知"系字在四川方言里的分化

提　要：本文指出古"知"系字在今四川方言里有四种分化情况：(1)"知"系与"精"组洪音字读音全混同；(2)"知、章"组与"精"组字读音不同，"庄"组部分字与"精"组字读音混同；(3)"章、日"组部分入声音节读tʂ、tʂ'、ʂ、ʐ声母；(4)"日"母字读ʐ声母。

文章指出，古"知"系字的读音在现代汉语大多数方言里都发生了与其他声类合并的变化，然而，走在汉语语音发展前列并被定为共同语标准音的北方官话却没有这种合并现象，应该怎样认识和解释这个问题呢？究竟"知"系字"变化的"代表发展方向，还是"不变的"代表发展方向？这似乎是一个值得进一步探讨、研究的课题。

人们通常说四川方言不分平、翘舌，这是指四川人把古"知"系字与"精"组洪音字都读成平舌音ts、ts'、s、z声母，没有翘舌音tʂ、tʂ'、ʂ、ʐ声母。其实，笼统地说四川不分平翘是不周密的。在今四川方言里，并不是全都不分平翘，即是说古"知"系字与"精"组洪音字的读音并不是全川都混同。从整体看，古"知"系字在今四川方言里有以下四种分化情况：

一、"知"系与"精"组洪音字读音全混同

以川西成都、川东重庆、川南泸州、川北南充为代表的四川省80%左右的县、市"知"系与"精"组洪音字的读音完全混同，一律读成ts、ts'、s、z。比如：蜘(知)＝兹(精)、争(庄)＝增(精)、招(章)＝糟(精)，都读成ts声母；畜(彻)＝促(清)、初(初)＝粗(清)、处(昌)＝醋(清)，都读成ts'声母；师(生)＝思(心)、述(船)＝诉(心)、扇(书)＝散(心)，都读成s声母；此外，逐(澄)、助(崇)都读ts声母，惹(日)、弱(日)都读z声母。请参看<表一>。

<表一>

古声组	例字	北京	成都	重庆	泸州	南充
精	租	ts	ts	ts	ts	ts
清	粗	tsʻ	tsʻ	tsʻ	tsʻ	tsʻ
从	从	tsʻ	tsʻ	tsʻ	tsʻ	tsʻ
心	苏	s	s	s	s	s
邪	寺	s	s	s	s	s
知	猪	tʂ	ts	ts	ts	ts
彻	褚	tʂʻ	tsʻ	tsʻ	tsʻ	tsʻ
澄	除	tʂʻ	tsʻ	tsʻ	tsʻ	tsʻ
庄	渣	tʂ	ts	ts	ts	ts
初	楚	tʂʻ	tsʻ	tsʻ	tsʻ	tsʻ
崇	锄	tʂʻ	tsʻ	tsʻ	tsʻ	tsʻ
生	梳	ʂʻ	s	s	s	s
章	诸	tʂ	ts	ts	ts	ts
昌	处	tʂʻ	tsʻ	tsʻ	tsʻ	tsʻ
船	船	tʂʻ	tsʻ	tsʻ	tsʻ	tsʻ
书	舒	ʂ	s	s	s	s
禅	殊	ʂ	s	s	s	s
日	惹	ʐ	z	z	z	z

二、"知、章"组与"精"组字读音不同，"庄"组部分字与"精"组字读音混同

属于这种情况的有三小片地方，它们是：①四川中部沱江下游的自贡、内江、仁寿、井研、威远、荣县、隆昌、富顺、筠连等九个县、市；②四川西南角的西昌、冕宁、德昌、米易、会理、盐源、盐边等七个县、市；③四川西北角的南江、巴中、仪陇等三个县市。这三小片地区约二十个县、市将"知、彻、澄、章、昌、船、书、禅、日"等九个声纽读作tʂ、tʂʻ、ʂ、ʐ声母。"庄、初、崇、生"四个声纽除与"麻、旨、佳、央、支(合)、脂(合)、肴、咸、衔、山、删、江、阳"等韵部组合的音节读作tʂ、tʂʻ、ʂ声母外，其余读音与"精"组字混同，读作ts、tsʻ、s声母，请参看<表二>。

上述三小片地方中,地处四川省中部地区的自贡、内江片方音中,声母 tʂ、tʂʻ、ʂ、ʐ 可组合的音节较其他两小片地方多些,以中国社会科学院语言研究所编辑的《方言调查字表》排列的"知、庄、章"组的613字为准,自贡、内江片读 tʂ、tʂʻ、ʂ 声母的有544字,占86.2%,读 ts、tsʻ、s 声母的仅占23.8%。在这片地区里,"知、章"组以及"日"母字大都读 tʂ、tʂʻ、ʂ、ʐ 声母。此外,"庄"组字中50%左右读 tʂ、tʂʻ、ʂ 声母,其余庄组字读音与精组字混同,都读 ts、tsʻ、s 声母。如:皱(庄)=奏(精)、窗(初)=苍(清)、崇(崇)=从(从)、疏(生)=苏(心)。四川方言中这片保持古"知"系字与"精"组字读音基本不混同的方言,都将古入声字转读成今去声调,这与四川方言大都将古入声转读成今阳平的现象是明显不同的,有所谓"分平翘者入归去"的说法。这是四川方言中古"知"系字保持独立念法,不与别的声纽相混的一个显著特点。

<表二>

古声纽	例字（韵部）	北京	自贡	内江	西昌	南江
知	猪	tʂ	tʂ	tʂ	tʂ	tʂ
彻	琛	tʂʻ	tʂʻ	tʂʻ	tʂʻ	tʂʻ
澄	除	tʂʻ	tʂʻ	tʂʻ	tʂʻ	tʂʻ
庄	渣麻	tʂ	tʂ	tʂ	tʂ	tʂ
	臻臻	tʂ	ts	ts	ts	ts
初	钗佳	tʂʻ	tʂʻ	tʂʻ	tʂʻ	tʂʻ
	楚语	tʂʻ	tʂʻ	tʂʻ	tʂʻ	tʂʻ
崇	巢肴	tʂʻ	tʂʻ	tʂʻ	tʂʻ	tʂʻ
	锄鱼	tʂʻ	tʂʻ	tʂʻ	tʂʻ	tʂʻ
生	衰脂(合)	ʂ	ʂ	ʂ	ʂ	ʂ
	数遇	ʂ	s	s	s	s
章	煮	tʂ	tʂ	tʂ	tʂ	tʂ
昌	处	tʂʻ	tʂʻ	tʂʻ	tʂʻ	tʂʻ
船	船	tʂʻ	tʂʻ	tʂʻ	tʂʻ	tʂʻ
书	书	ʂ	ʂ	ʂ	ʂ	ʂ
禅	树	ʂ	ʂ	ʂ	ʂ	ʂ
日	惹	ʐ	ʐ	ʐ	ʐ	ʐ

另外，从发音部位上看，自贡、内江片 tʂ 组声母发音时卷舌的程度较重，舌位靠后；南江、巴中片 tʂ 组声母发音时卷舌的程度较轻，舌位靠前，与 ts 组声母非常接近，因而有人认为这里的"知"系字已经在向与"精"组字读音混同的方向靠拢。

三、"章、日"组部分入声音节读 tʂ、tʂʻ、ʂ、z 声母

属于这种情况的有四川西部岷江上游的灌县、彭县、崇宁、新繁、郫县、新都等六个县、市。这些地方将"章"组、"日"母与"职、昔、缉、质"等四个韵部组合的开口入声音节读作 tʂ、tʂʻ、ʂ、z 声母（仅限于与 [ɚ] 韵母直接拼合的入声音节）。如："织、职"（曾开入职章）读作 [tʂɚ]、"尺、赤、斥"（梗开入昔昌）读作 [tʂʻɚ]、"湿"（深开入缉书）读作 [ʂɚ]、"日"（臻开入质日）读作 [zɚ]。除此之外，"知、庄"组以及绝大部分"章、日"组字与"精"组洪音字读音混同，都读 ts、tsʻ、s、z。如：知（止开平支知）＝兹（止开平之精），都读作 [tsɿ]；朱（遇合平虞章）＝租（遇合平模精），都读作 [tsu]；初（遇合平鱼初）＝粗（遇合平模清），都读作 [tsʻu]；师（止开平脂生）＝思（止开平之心），都读作 [sɿ]；树（遇合去遇禅）＝素（遇合去暮心），都读作 [su]。

除上述六个县、市外，四川中部的西充县也属于这种情况，不同的是西充方言中的 tʂ、tʂʻ、ʂ、z 声母只能与韵母 [ʅ] 直接拼合，而且也只限于入声音节。如："织，职"读作 [tʂʅ]，"尺、赤、斥"读作 [tʂʻʅ]，"湿"读作 [ʂʅ]，"日"读作 [zʅ]。请参看 <表三>。

<表三>

古声纽	例字（韵部）	北京	灌县	西充
知	知	tʂʅ	tsɿ	tʂʅ
彻	耻	tʂʻʅ	tsʻɿ	tʂʻʅ
澄	茶	tʂʻa	tsʻa	tsʻa
庄	渣	tʂa	tsa	tsa
初	钗	tʂʻai	tsʻai	tsʻai
崇	锄	tʂʻu	tsʻu	tsʻu
生	沙	ʂa	sa	sa

续表

古声组	例字(韵部)	北京	灌县	西充
章昌船书	遮麻 扯马 蛇麻 叔屋	tʂɤ tʂ'ɤ ʂɤ ʂu	tsɛ ts'ɛ sɛ su	tsɛ ts'ɛ sɛ su
日	惹马	zɤ	zɛ	zɛ
章昌书	织职 尺昔 湿缉	tʂɻ tʂ'ɻ ʂɻ	tʂɚ tʂ'ɚ ʂɚ	tʂɻ tʂ'ɻ ʂɻ
日	日质	zɻ	zɚ	zɻ

四、"日"母字读 z̩ 声母

四川省东部的巫溪县只把"日"母字读作 z̩ 声母。如："日"读作[z̩ɻ]、"绒"读作[z̩oŋ]。除此之外，"知"系字与"精"组洪音字读音全相同，都读 ts、ts'、s。比如：株(知)=租(精)、争(庄)=增(精)、樟(章)=脏(精)，都读 ts 声母；畜(彻)=促(清)、初(初)=粗(清)、处(昌)=醋(清)、除(澄)=族(从)、崇(崇)=从(从)、唇(船)=存(从)，都读 ts'声母；梳(生)=苏(心)、声(书)=僧(心)，都读 s 声母。

概括上述四种情况，可以看出，在四川方言里，古"知"系字作为一种独立的声纽音类，正在逐渐趋于消失之中：全川80%以上的县、市已将"知"系字与"精"组洪音字合开成一种读音，目前尚保持"知"系独立读音的县、市仅占20%左右，而且其中保持独立读音较多的自贡、内江片区，还不到10%。至于灌县、西充、巫溪等县、市，只是个别音节保持"知"系的独立读音，其余绝大多数古"知"系字已与"精"组洪音字合并成一种读音。

古代汉语"知、庄、章"组字与"精"组字读音是不同的，发展到现代汉语，许多方言把这几组字读成了相同的声母。以这几组字读音是否相同为线索，可以把现代汉语七大方言区分为三大类：

甲类：古"知、庄、章"组字与"精"组字今读音不同。如北方方言区中的北方官话把古"知、庄、章"组字读成 tʂ、tʂʻ、ʂ声母;把"精"组洪音字读 ts、tsʻ、s 声母。

乙类:古"知、庄、章"组字与"精"组洪音字今读音相同。这一类内部又分成两小类:

①北方方言区中的西南官话、下江官话以及吴方言、赣方言、客家方言把"知、庄、章"组字与"精"组洪音字都读成 ts、tsʻ、s 声母。

②粤方言把"知、庄、章"组字与"精"组字都读成 tʃ、tʃʻ、ʃ声母。

丙类:古"知、庄、章"组字与"精"组字今读音部分相同。这一类也有两种情况:

①湘方言把古"知、章"组字与"精"组洪音字读成 ts、tsʻ、s 声母;把"庄、初"等声纽读成 tɕ、tɕʻ声母。

②闽方言把古"庄"组字与"精"组字读成 ts、tsʻ、s 声母;把"知"组字与"章"母字读成 t、tʻ声母。

古"知"系字与"精"组字今读音上的这些分合现象,为我们提供了一个值得思考的问题:究竟古"知"系字"保持独立读音不变"代表汉语语音发展方向,还是"与其他声纽合并"代表发展方向?按理说,事物,特别是工具,由繁到简(简化、合并)是其发展方向,然而走在汉语语音发展前列并被定为共同语标准音的北方官话,在这个问题上却与大多数汉语方言不一样。应该怎样认识和解释这种现象呢?这似乎是一个值得进一步探讨、研究的课题。

(原刊于《中国语言学报》第八期,北京语言文化大学出版社1997年出版)

陕西省南部地区方言的归属

壹 概说

为了摸清西南官话和中原官话的分界，西南师范大学中文系部分师生调查了四川省东北部的万源、城口和陕西省南部的安康、旬阳、白河、宁陕、石泉、汉阴、紫阳等九个县。万源、城口两县说的是"西南官话"，只要简单介绍，用不着多说。本文主要从语音、词汇特点出发，分析陕西省南部安康、旬阳、宁陕等七县方言的归属。

贰 声调

在声调分类中，我们采用李荣先生"以古入声字的今调类作官话分区标准"的主张。

李荣先生在《官话方言的分区》[①]中指出，官话里分出"晋语"之后，其余的官话可以根据"古入声字的今调类"分为七区——江淮官话、西南官话、中原官话、兰银官话、胶辽官话、北方官话、北京官话。又指出："西南官话"的特性是古入声今全读阳平，与其他六区分开。西南官话包括成都、重庆、武汉、昆明、贵阳、桂林等地。"中原官话"的特性是古次浊入声今读阴平，与其他六区分开（古次浊入声读阴平蕴涵古清音入声也读阴平，古全浊入声读阳平）。中原官话包括西安、运城、洛阳、郑州、信阳、曲阜、徐州、阜阳等地。

我们调查的九个县中，舒声字的古今声调演变情况是相同的，即古清声母平声字今读阴平；古浊声母平声字今读阳平；古清和次浊声母上声字今读上声；古全浊上声和古清、浊声母去声字今都读去声。而古入声字的演变情况却不尽相同。见表一。

在九个县中，四川省的万源、城口两县，古入声字今全读阳平，符合西南官话的特性，应属西南官话区。陕西省的安康、旬阳、白河三个县，古清音及次浊入声字今读阴平，古全浊入声字今读阳平。古次浊入声今读阴平是中

[①]李荣：《官话方言的分区》，《方言》1985年第1期。

原官话的特性，因此，这三个县应属中原官话区。陕西省的宁陕、石泉、汉阴、紫阳四个县，古入声字不分清浊，今全读阳平，这是西南官话的特性，据此，应将这四个县划归西南官话区。

调值方面，属于中原官话的安康、旬阳、白河三个县的阴平都读低降[↘]21调，这与中原官话区的西安阴平读[↘]31调调型相似；而属于西南官话的六个县中除宁陕外，石泉、汉阴、紫阳、万源、城口等县阴平都读高平[→]55调。此外，宁陕、石泉、汉阴、紫阳、万源、城口等六个县的阳平都读低降[↘]21调，去声都读降升[↓]214调，这些与西南官话区的重庆、汉口调型大体都相似。

表一

古音	平		上			去		入		
	清	浊	清	次浊	全浊	清	浊	清	次浊	全浊
今调类	阴平	阳平	上声			去声		阴平		阳平
例字	刚知专尊	穷陈床才	古展手		老	近厚	靠	助	出德笔	日月	白食杂
安康	↘21	↗24	↘42			→55		↘21		↗24
旬阳	↘21	↓214	↘42			↗24		↘21		↓214
白河	↘21	↗45	↓214			↘42		↘21		↗45
	阴平	阳平	上声			去声		阳平		
宁陕	↗34	↘21	→55			↓214		↘21		
石泉	→55	↘21	↘42			↓214		↘21		
汉阴	→55	↘21	↗45			↓214		↘21		
紫阳	→55	↘21	↘53			↓213		↘21		
万源	→55	↘21	↘42			↓214		↘21		
城口	→55	↘21	↘42			↓214		↘21		

叁 声母

古泥母字与来母字读音相混，古精组字与知庄章组字读音相混，是西南官话声母的主要特点。在这些问题上，上述九县的情况如下。

3.1 古泥来两母字的今读音

古泥来两母字今读音的分混有三种情况。

①古泥、来两母今读开口呼、合口呼的字,除安康读音不混外,其余八个县读音都相混。

在安康话里,古泥母开、合口一等字"南、怒"读[n]声母,古来母开、合口一等字"蓝、路"读[l]声母。n、l读音不相混,"南≠蓝|怒≠路"。

在旬阳、宁陕、万源、城口话里,古泥、来两母开口、合口的字"南、蓝、怒、路"都读[n]声母;白河、石泉、汉阴话都读[l]声母;紫阳话古泥来母开口"南、蓝"今都读[n]声母,古泥来母合口"怒、路"今都读[l]声母。总之,古泥、来两母今洪音字在这八个县的方言里,读音是相混的,但情况不同。

②古泥、来两母今读齐齿呼的字,除紫阳、万源、城口读音相混外,其余六个县都不混。

紫阳、万源、城口把古泥、来两母开口四等字"年、莲"都读成[n]声母,读音相混。

安康、旬阳、白河、宁陕、石泉、汉阴六个县,古泥母开口四等字"年"读[ȵ]声母,古来母开口四等字"莲"读[l]声母,读音不混。

③古泥、来两母今读撮口呼的字,除紫阳、万源、城口读音相混外,其余六个县都不混。

紫阳话古泥、来两母合口三等字"女、吕"都读[l]声母,万源、城口都读[n]声母,读音相混。

安康话古泥母合口三等字"女"读[n]声母,古来母合口三等字"吕"读成零声母的[y];旬阳话"女"读[ȵ]声母,"吕"读成零声母的[y];白河话"女"读[ȵ]声母,"吕"读成零声母的[ʮ];宁陕和汉阴话"女"读[ȵ]声母,"吕"读[l]声母;石泉话"女"读[ȵ]声母,"吕"读成零声母的[ʮ]。这六个县"女、吕"两字的具体读音虽不完全相同,但"女、吕"两字读音不相混却是一致的。

3.2 古精组与知庄章组字的今读音

古精组与知庄章组字今读音的分混有两种情况。

①古精组与知、章组开口字,除四川境内的万源、城口读音相混外,陕西境内的七个县读音都不混。

在万源、城口话里，"糟_精=招_章"都读[ts]声母；"仓_清=昌_昌"都读[tsʻ]声母；"曹_从=潮_澄"，都读[tsʻ]声母；"散_心=扇_书"，都读[s]声母。两组字读音相混。

在安康、旬阳、白河、宁陕、石泉、汉阴、紫阳话里，"糟"读[ts]声母，"招"读[tʂ]声母；"仓"读[tsʻ]声母，"昌"读[tʂʻ]声母；"曹"读[tsʻ]声母，"潮"读[tʂʻ]声母；"散"读[s]声母，"扇"读[ʂ]声母。两组字读音不混。

②古精组与知庄章组合口字，除汉阴、万源、城口三个县读音相混外，其余六个县读音都不混。

在汉阴、万源、城口话里，"祖_精=主_章"，都读[ts]声母；"醋_清=处_昌"，都读[tsʻ]声母；"从_从=虫_澄"，都读[tsʻ]声母；"初_初=锄_崇"，都读[tsʻ]声母；"苏_心=书_书"，都读[s]声母。两组字读音相混。

在安康、旬阳话里，"祖"读[ts]声母，"主"读[pf]声母；"醋"读[tsʻ]声母，"处"读[pfʻ]声母；"从"读[tsʻ]声母，"虫"读[pfʻ]声母；"初"读[pfʻ]声母，"锄"读[pfʻ]声母；"苏"读[s]声母，"书"读[f]声母。两组字读音不混。旬阳县内赵湾区比较特别。这里的人把"朱老师桌子上放了一个钟"说成[pfu˩ lauˠ ʂʅ˧ pfo˩ tsʅˠ ʂaŋ˧ fan˩ lə˧ iˠ kɤ˧ pfoŋ˩]。这个区还有将古端组字读成[tɕ tɕʻ]声母的现象，如"天地钉钉铁"[tɕʻian˩ tɕi˩ tɕin˩ tɕin˩ tɕʻiɛ˩]。以上两点都是中原官话的特点。

在白河、宁陕、石泉、紫阳话里，"祖"读[ts]声母，"主"读[tʂ]声母；"醋"读[tsʻ]声母，"处"读[tʂʻ]声母；"从"读[tsʻ]声母，"虫"读[tʂʻ]声母；"初"读[tsʻ]声母，"锄"读[tʂʻ]声母；"苏"读[s]声母，"书"读[ʂ]声母。两组字读音不混。

3.3 古疑母开口二等"硬"字的读音

安康、旬阳话，古疑母梗摄开口二等字"硬"读[nin]，这是中原官话的特点，其余七个县没有这种念法，"硬"读[ŋ]声母。

3.4 声母对照举例（见第30页表二）。

肆 韵母

与西南官话相比，中原官话韵母的主要特点是，古深摄、臻摄与梗摄等今读音不混；有[ɤ]作单韵母以及复元音韵母有单元音化倾向等。在这些问题上，九个调查点的情况如下。

4.1 [ən əŋ]与[in iŋ]的分混

①安康、旬阳、白河三个县[ən əŋ]不混。臻摄开口一等痕韵字"根"读[ən]韵,梗摄开口二等庚韵字"庚"读[əŋ]韵,两字读音不同。宁陕、石泉、汉阴、紫阳、万源、城口话[ən əŋ]不分,"根=庚"都读[ən]韵。

②安康、旬阳两个县[in iŋ]不混,深摄开口三等侵韵字"心、林"读[in]韵,梗摄开口四等青韵字"星、灵"读[iŋ]韵,两组字读音不同。白河、宁陕、石泉、汉阴、紫阳、万源、城口话[in iŋ]不分,"心=星|林=灵"都读[in]韵。

4.2 单韵母[ɤ]

西南官话一般没有单韵母[ɤ]。中原官话读[ɤ]韵的字,西南官话大都读成[ɛ]韵或[o]韵。在这个问题上,九个县的情况是,安康、旬阳有[ɤ]韵母,假摄开口三等马韵字"社"、山摄开口一等曷韵字"割"、宕摄开口一等铎韵字"各"都读[ɤ]韵。白河、宁陕、石泉、汉阴、紫阳、万源、城口话,"社"读[ɛ]韵,"割各"读[o]韵。

4.3 复元音韵母的单元音化倾向问题

在白河、宁陕、石泉、汉阴、紫阳、万源、城口话里,蟹摄开口一等泰韵字"蓋"读[ai]韵,蟹摄开口一等海韵字"倍"[ei]韵,止摄合口三等至韵字"帅"读[uai]韵。安康、旬阳"蓋帅"都读[ɛ]韵,"倍"读[e]韵。

4.4 韵母对照举例(见第31页表三)。

伍 词汇

我们把安康、旬阳、白河划归中原官话区,宁陕、汉阴、石泉、紫阳划归西南官话区,是以上述语音特点为依据,同时,词汇方面也有一些佐证。下面排列安康、石泉、紫阳三处一些常用词,同时排列重庆的说法,以资比较。安康方言词汇有许多与中原官话相同,石泉、紫阳方言词有许多与四川重庆方言相同。安康方言词汇有两个特点:①对人的称呼大都是单音节词,如:"大、娘、爷"等。②许多名词都以"子"作后缀。如"驼背"叫"弓背子koŋ˩ pe˥ tsʅ˧","尿布"叫"尿物子ȵiau˩ ʋu˩ tsʅ˧","抹布"叫"展布子tsaŋ˥ pu˩ tsʅ˧","毛巾"叫"脸布子lian˩ pu˩ tsʅ˧",石泉、紫阳、重庆三个点一般不用"子",而用"儿"作后缀,如"驼背儿t'uoɤ pəɤ/尿片儿ȵiauɤ piəɤ"。

	安康	石泉	紫阳	重庆
父亲	大 ta	爹 tiɛ	爹 tiɛ	爹 tiɛ
母亲	娘 niaŋ	妈 ma	妈 ma	妈 ma
伯父	大大 ta ta	伯伯 pɛ pɛ	伯 pɛ	伯伯 pɛ pɛ
伯母	大妈 ta ma	伯娘 pɛ ȵiaŋ	伯娘 pɛ niaŋ	伯妈 pɛ ma
祖父	爷 iɛ	爷爷 iɛ iɛ	爷 iɛ	公公 koŋ koŋ
祖母	婆 p'o	奶奶 lai lai	奶奶 nai nai	婆婆 p'o p'o
外祖父	外爷 uei iɛ	家公 ka koŋ	家公 ka koŋ	家公 ka koŋ
外祖母	外婆 uei p'o	家婆 ka p'o	家婆 ka p'o	家婆 ka p'o
腿	腿 t'uei	腿杆 t'uei kan	腿杆 t'uei kan	腿杆 t'uei kan
公猪	牙猪子 ia pfu tsɿ	牙猪 ia tʂu	牙猪 ia tʂu	牙猪 ia tsu
母猪	草猪子 ts'au pfu tsɿ	草猪 ts'au tʂu	草猪 ts'au tʂu	草猪 ts'au tsu
今天	今儿个子 tɕiər kɤ tsɿ	今天 tɕin t'ian	今天 tɕin t'ian	今天 tɕin t'ian
明天	明儿个子 miər kɤ tsɿ	明天 min t'ian	明天 min t'ian	明天 min t'ian
后天	后儿个子 xər kɤ tsɿ	后天 xou t'ian	后天 xou t'ian	后天 xou t'ian
煤	石炭 ʂɿ t'an	煤炭 mei t'an	煤炭 mei t'an	煤炭 mei t'an
扫帚	笤帚 t'iau fu	扫把 sau pa	扫把 sau pa	扫把 sau pa
泔水	恶水 ŋɤ fei	潲水 ʂau ʂuei	潲水 ʂau ʂuei	潲水 sau suei
热闹	热闹 zɤ nau	闹热 nau ʮɿ	闹热 nau zɿ	闹热 nau zɿ
知道	知道 tʂɿ tau	晓得 ɕiau tɤ	晓得 ɕiau tɤ	晓得 ɕiau tɤ

陆 结语

从上面的分析看出,安康、旬阳、白河三个县,古次浊入声今读阴平,有[pf pf']声母,安康[n l]读音不混,韵母[nə ŋə]、[in iŋ]读音不混,有[ɤ]韵母。这三县应归入中原官话区。宁陕、石泉、汉阴、紫阳四个县,古入声不论清浊今都读阳平,[n l]读音相混,韵母[ən əŋ]、[in iŋ]读音相混,应归入西南官话区。

表二

	安康	旬阳	白河	宁陕	石泉	汉阴	紫阳	万源	城口
扶	fu	fu	fu	fu	fu	fu	fu	fu	fu
胡	xu	xu	xu	xu	xu	xu	xu	fu	fu
南	nan	nan	lan	nan	lan	lan	nan	nan	nan
蓝	lan	nan	lan	nan	lan	lan	lan	nan	nan
怒	nu	nu	lu	nu	lu	lu	lu	nu	nu
路	lu	nu	lu	nu	lu	lu	lu	nu	nu
女	ny	ȵy	ȵy	ȵy	ȵʯ	ȵy	ly	ny	ny
吕	y	y	ʯ	ly	ʯ	ly	ly	ny	ny
年	ȵian	ȵian	ȵian	ȵian	ȵian	ȵian	nian	nian	nian
莲	lian	lian	lian	lian	lian	lian	nian	nian	nian
糟	tsau	tsau	tsau	tsau	tsau	tsau	tsau	tsau	tsau
招	tʂau	tʂau	tʂau	tʂau	tʂau	tʂau	tʂau	tʂau	tʂau
仓	ts'aŋ	ts'aŋ	ts'aŋ	ts'aŋ	ts'aŋ	ts'aŋ	ts'aŋ	ts'aŋ	ts'aŋ
昌	tʂ'aŋ	tʂ'aŋ	tʂ'aŋ	tʂ'aŋ	tʂ'aŋ	tʂ'aŋ	tʂ'aŋ	tʂ'aŋ	tʂ'aŋ
曹	ts'au	ts'au	ts'au	ts'au	ts'au	ts'au	ts'au	ts'au	ts'au
潮	tʂ'au	tʂ'au	tʂ'au	tʂ'au	tʂ'au	tʂ'au	tʂ'au	tʂ'au	tʂ'au
散	san	san	san	san	san	san	san	san	san
扇	ʂan	ʂan	ʂan	ʂan	ʂan	ʂan	ʂan	san	san
祖	tsu	tsu	tsu	tsu	tsu	tsu	tsu	tsu	tsu
主	pfu	pfu	tʂu	tʂu	tʂu	tʂu	tʂu	tsu	tsu
醋	ts'u	ts'u	ts'u	ts'u	ts'u	ts'u	ts'u	ts'u	ts'u
处	pf'u	pf'u	tʂ'u	tʂ'u	tʂ'u	tʂ'u	tʂ'u	ts'u	ts'u
从	ts'oŋ	ts'oŋ	ts'oŋ	ts'oŋ	ts'oŋ	ts'oŋ	ts'oŋ	ts'oŋ	ts'oŋ
虫	pf'oŋ	pf'oŋ	tʂ'oŋ	tʂ'oŋ	tʂ'oŋ	tʂ'oŋ	tʂ'oŋ	ts'oŋ	ts'oŋ

续表

	安康	旬阳	白河	宁陕	石泉	汉阴	紫阳	万源	城口
初	pfʻu	pfʻu	tʂʻu	tʂʻu	tʂʻu	tsʻu	tʂʻu	tsʻu	tsʻu
锄	pfʻu	pfʻu	tʂʻu	tʂʻu	tʂʻu	tsʻu	tʂʻu	tsʻu	tsʻu
苏	su	su	su	su	su	sou	su	su	su
书	fu	fu	ʂu	ʂu	ʂʯ	su	ʂu	su	su
税	fei	ʂuei	ʂuei	ʂuei	ʂuei	suei	ʂuei	suei	suei
费	fei	fei	fei	fei	fei	fei	fei	fei	fei
若	vo	zuo	zuo	zuo	zuo	zuo	zuo	zuo	zuo
而	ɤ	ɚ	ɚ	ɚ	ɚ	ɚ	ɚ	ɚ	ɚ
暗	ŋan	ŋan	ŋan	ŋan	ŋan	ŋan	ŋan	ŋan	ŋan
硬	ɲiŋ	ɲiŋ	ŋən	ŋən	ŋən	ɲiŋ	ŋən	ŋən	ŋən
言	ian	ian	ian	ian	ian	ian	ian	ian	ian
围	uei	uei	uei	uei	uei	uei	uei	uei	uei
远	yan	yan	ɥan	yan	yan	yan	yan	yan	yan

表三

	安康	旬阳	白河	宁陕	石泉	汉阴	紫阳	万源	城口
河	xuo	xuo	xo	xo	xo	xo	xo	xo	xo
社	ʂɤ	ʂɤ	ʂɛ	ʂɛ	ʂɛ	ʂɛ	ʂɛ	sɛ	sɛ
割	kɤ	kɤ	ko	ko	ko	ko	ko	ko	ko
各	kɤ	kɤ	ko	ko	ko	ko	ko	ko	ko
日	ɚ	ɚ	ɚ	ɚ	ɚ	ɚ	ɚ	zʅ	zʅ
茄	tɕʻiɛ	tɕʻiɛ	tɕʻiɛ	tɕʻiɛ	tɕʻiɛ	tɕʻiɛ	tɕʻyɛ	tɕʻyɛ	tɕʻyɛ
过	kuo	kuo	kuo	kuo	kuo	ko	kuo	ko	ko
确	tɕʻyo	tɕʻyo	tɕʻio	tɕʻio	tɕʻio	tɕʻio	tɕʻyo	tɕʻyo	tɕʻyo
鹿	lu	lou	lou	lou	lou	lou	lou	lu	lu

续表

	安康	旬阳	白河	宁陕	石泉	汉阴	紫阳	万源	城口
绿	liou	liou	lou	lou	lou	liou	lou	lu	lu
出	pfʻu	pfʻu	tʂʻʅ	tʂʻu	tʂʻʅ	tʂʻʅ	tʂʻu	tsʻu	tsʻu
欲	y	y	ʅ	y	ʅ	y	iou	yi	y
盖	kɛ	kɛ	kai	kai	kai	kai	kai	kai	kai
倍	pe	pe	pei	pei	pei	pei	pei	pei	pei
帅	fɛ	fɛ	ʂuai	ʂuai	ʂuai	suai	ʂuai	suai	suai
鬥	tou	tou	tou	tou	tou	tou	tou	tou	tou
赌	tu	tou	tou	tou	tou	tou	tou	tu	tu
短	tuan	tuan	tan	tan	tan	tuan	tan	tuan	tuan
胆	tan	tan	tan	tan	tan	tan	tan	tan	tan
酸	suan	suan	suan	suan	san	suan	san	suan	suan
三	san	san	san	san	san	san	san	san	san
含	xan	xan	xan	xan	xan	xan	xan	xan	xan
衔	ɕian	xan	ɕian	xan	xan	ɕian	xan	xan	xan
根	kən	kən	kən	kən	kən	kən	kən	kən	kən
庚	kəŋ	kəŋ	kəŋ	kən	kən	kən	kən	kən	kən
新	ɕin	ɕin	ɕin	ɕin	ɕin	ɕin	ɕin	ɕin	ɕin
星	ɕiŋ	ɕiŋ	ɕin	ɕin	ɕin	ɕin	ɕin	ɕin	ɕin
关	kuan	kuan	kuan	kuan	kuan	kuan	kuan	kuan	kuan
光	kuaŋ	kuaŋ	kuaŋ	kuaŋ	kuaŋ	kuaŋ	kuaŋ	kuaŋ	kuaŋ
温	uən	uən	uən	uən	uən	uən	uən	uən	uən
翁	uəŋ	uəŋ	uəŋ	uoŋ	uoŋ	uoŋ	uəŋ	uəŋ	uəŋ
权	tɕʻyan	tɕʻyan	tʂʻʅan	tʂʻʅan	tʂʻʅan	tɕʻyan	tɕʻyan	tɕʻyan	tɕʻyan
船	pfʻan	pfʻan	tʂʻʅan	tʂʻʅan	tʂʻʅan	tsʻuan	tsʻuan	tsʻuan	tsʻuan
群	tɕʻyn	tɕʻyn	tʂʻʅən	tʂʻʅən	tʂʻʅən	tʻɕyn	tʻɕyn	tʻɕyn	tʻɕyn

续表

	安康	旬阳	白河	宁陕	石泉	汉阴	紫阳	万源	城口
穷	tɕ'ioŋ	tɕ'ioŋ	tɕ'ioŋ	tɕ'ioŋ	tɕ'ioŋ	tɕ'ioŋ	tɕ'ioŋ	tɕ'ioŋ	tɕ'ioŋ
勋	ɕyn	ɕyn	ʂuən	ʂuən	ʂuən	ɕyn	ɕyn	ɕyn	ɕyn
胸	ɕyŋ	ɕioŋ	ɕioŋ	ɕioŋ	ɕioŋ	ɕioŋ	ɕioŋ	ɕioŋ	ɕyŋ

（原刊于《方言》1987年第1期）

成都、重庆话在四川方言分区中的地位

摘　要：以保持古音多少为界定标准，可以将四川方言分为新、老两派。川西、川南区大都有入声，部分地区有zh组声母，是老派四川方言。川东、川北区古入声已消失，古"知系"与"精组"洪音(zh-z)合并成一类，是新派四川方言。成都虽然地处川西，但它也和重庆一样：无入声，古入声字归今阳平调，无zh组声母。两者都只能代表新派四川方言，因而不能认为只要举出成都、重庆话就能代表整个四川方言。

关键词：四川方言分区；成都话；重庆话；川西、川南区；川东、川北区

以往人们谈到西南官话区四川方言片的语音特点时，常常以成都、重庆方言为例，认为只要举出这两个方言点，便能概括整个四川方言。其实，从音系上看，仅举出这两个方言点，并不能全面反映四川方言的语音特点。

本文先列出成都话和重庆话的语音系统，然后以声调、声母、韵母的异同为标准，考察四川方言的内部分区，从而探求成都话和重庆话在四川方言中的地位。[①]

一、成都、重庆话的语音系统

(一)成都话有20个声母，重庆话有19个声母。两地共同都有的声母是：
b p m f d t n z c s j q x
g k ng h 零声母

两地不同的是：成都话多一个[ȵ]声母，如把"年、严"读作ȵian。在重庆话里，"年、严、鲇、连"都读nian。

[①]本文所言成都、重庆方言音系，皆以该两市市中区为准，不包括两市所辖区、县。

(二)成都话有36个韵母,重庆话有37个韵母。两地共同都有的韵母是:

开口呼　a　o　ê　i　u　ü　-i　er　ai　ei　ao　ou　an　en　ang　ong

齐齿呼　ia　ie　　　iei　iao　iou　ian　in　iang　iong

合口呼　ua　uê　uai　uei　　　uan　uen　uang

撮口呼　üo　üe　　　　　üan　ün

两地不同的是:重庆话多一个üu韵母,如把"欲"读作üu。在成都话里,"欲、药"都读üo。

(三)成都、重庆话都有阴平、阳平、上声、去声四个调类,古入声字都归并到今阳平调里。两地不同的是:上声和去声的调值略有差别:成都话上声读53调,重庆读42调;成都话去声213调,重庆读214调。

由上述比较可以看出,成都话和重庆话除个别细小差异外,两地的语音系统是基本相同的。

二、四川方言的内部分区

以具有内部分区价值的主要方音特点为依据进行划分。

(一)以声调的异同为标准划分

按照"入声"是否自成调类分,可以把四川方言区划为两大区:有入声区和无入声区。

1. 有入声区

以20世纪50年代末四川150个县、市方言普查的材料为依据,有入声的共有48个方言点,约占全省汉族聚居县、市的30%左右。[①]它们是灌县、崇宁、郫县、温江、双流、华阳、崇庆、新津、什邡、彭县、新繁、新都、大邑、邛崃、蒲江、彭山、眉山、青神、乐山、五通桥、犍为、丹棱、夹江、洪雅、峨眉、荥经、西昌、沐川、屏山、宜宾、南溪、泸州、江安、纳溪、合江、江津、綦江、庆符、长宁、高县、珙县、兴文、古宋、叙永、古蔺、盐亭、射洪、西充。

---

① 一般以一个县、市为一个方言点,个别地方虽非县、市,但有代表性,也可作为一个方言调查点,如"五通桥"等。

以上这些有入声的县、市，大都集中在四川西部岷江流域和四川南部长江上游两岸。从地域上看，四川方言区的东部、北部、中部以及除西昌外的西南角基本没有入声。

2. 无入声区

按照古入声字归今舒声调类的异同分，又有三种情况：

(1)古入声字归今阳平

属于这种情况的有以成都、重庆为代表的84个县、市。这些县、市除成都外，大都分布在长江下游、乌江两岸和嘉陵江、渠江、涪江流域一带。

(2)古入声字归今阴平

属于这种情况的只有川西雅安地区的8个县、市，即：雅安、宝兴、芦山、名山、天全、泸定、汉源、石棉。

(3)古入声字归今去声

属于这种情况的有10个县、市。从地域上看，除西南角的冕宁和川南的筠连外，都集中在沱江下游，它们是：仁寿、井研、威远、内江、荣县、自贡、隆昌、富顺。

由上可见，无入声区绝大部分把古入声字归并到今阳平调里，占全省无入声县、市的88%。归阴平和去声的只有18个县、市，仅占全省无入声县、市的12%。

(二)以声母的异同为标准划分

按照有无声母zh、ch、sh、r分，也可以把四川方言区划为两大区：有zh、ch、sh、r区和无zh、ch、sh、r区。

1. 有zh、ch、sh、r区

在四川方言区150个调查点中，有声母zh、ch、sh、r的只有27个县、市，占全省汉族聚居县、市的18%。

有zh、ch、sh、r的又有三种情况：

(1)可以拼合的韵母较多

虽然相对而言可拼合的韵母较多，但拼合的范围仍较北京音系小，只包括中古音"知、彻、澄、章、昌、船、书、禅、日"九母全部字以及"庄、初、崇、生"四母出现在"麻、旨、佳、快、支(合)、脂(合)、肴、咸、衔、山、删、江、阳"等韵系的字。

属于这种情况的共有19个县、市,集中在三小块地方:四川方言区西南角的冕宁、西昌、德昌、米易、会理、盐源、盐边及沱江下游以自贡、内江为中心的仁寿、井研、威远、内江、荣县、自贡、隆昌、富顺和筠连,还有四川方言区东北角的南江、巴中、仪陇。

(2)只拼er或-i[后]

属于这种情况的共有7个县。川西岷江上游的灌县、彭县、崇宁、新繁、郫县、新都等县,zh、ch、sh、r只能与er直接相拼,构成入声音节"织zher、尺cher、日rer"。四川北部的西充县,zh、ch、sh、r只能单独与-i[后]组成入声音节"织zhi、尺chi、日ri"。

(3)只有r声母

四川方言区东部的巫溪县只有一个卷舌声母r,如"日"读ri、"绒"读rong。

2. 无zh、ch、sh、r区

150个调查点中,以成都、重庆为代表的123个县、市没有zh、ch、sh、r,把这组声母的字合并到z、c、s、[z]中,也即是人们所说的"平舌、卷舌不分"。

(三)以韵母的异同为标准划分

在四川方言内部,韵母方面的差异较少,有些韵母的差异同入声的有无相关联。如按照入声字"药、欲、月"读音是否相同分,四川方言区也可分为两大区:"药、欲、月"同音区和"药、欲、月"不同音区。

1."药、欲、月"同音区

属于这种情况的只有18个县、市,占全省汉族聚居县、市的12%,它们是四川方言区西部的温江、崇庆、什邡、双流、新津、大邑、彭山、青神、乐山、五通桥、犍为、沐川和川南的屏山、宜宾、庆符、高县、纳溪以及川北的零散点西充县。这些县、市"药、欲、月"三个音节都读üo(这些方言点都有入声。很显然,入声音节读音相同是与"入声韵"相关联的。由此可见,入声的有无,应该被看作四川方言分区的主要依据)。

2."药、欲、月"不同音区

以成都为代表的31个县、市"药、欲"读üo,"月"读üe。

以重庆为代表的79个县、市"药"读üo,"欲"读üu,"月"读üe。

三、结语

综上所述,以保持古音多少为线索,似可把四川方言分为两大区:

川西、川南区 本区保持古音较多,可以说是四川方言的"稳定区",或者说是老派四川方言。从社会背景上看,这一带地方,农产品丰富,人口密度大,是四川的腹地。从地理背景上看,这一带背靠西藏、云南、贵州等少数民族地区,外来方言影响小。

川东、川北区 本区保持古音较少,可以说是新派四川方言。从社会背景上看,这一带地方,农产品不如川西、川南区丰富,人口密度较小。从地理背景上看,这一带与湖北、陕西、接壤,外来方言影响大。

通过上述声调、声母、韵母诸方面异同的比较,可以看出,四川方言内部,在语音方面主要有以下特点:

声调方面,全省还有以乐山、宜宾为代表的30%左右的县、市保持入声;以成都、重庆为代表的70%左右的县、市入声已不再成为独立的调类。没有入声的县、市中,以成都、重庆为代表的88%的县、市将古入声字归并到今阳平声里。保持入声的大都集中川西、川南区;川东、川北区基本无入声。按古今语音沿袭情况看,在声调问题上,川西、川南区是"稳定区",川东、川北区是"发展区"。

声母方面,有以西昌、自贡为代表的18%的县、市有zh组声母;以成都、重庆为代表的82%的县、市没有zh组声母,将zh组声母的字并到z组。按古今语音沿袭情况看,保持中古"知、章、庄"组字与"精"组字不混的,大都集中在四川西南角和偏川西的沱江下游一带,这些地方应该算作"稳定区",川东、川北区仍是"发展区"。

就上述两个主要特点看,成都、重庆两个方言点的情况是相同的:都无入声;都将古入声字归到今阳平调里;都无zh组声母。

重庆地处四川方言区东部,具有川东、川北方言的共同语音特点,可以作为四川方言发展区的代表;成都虽然地处川西,但它不具备广大川西、川南方言的共同语音特点,不能全面显示四川方言稳定区的特点。由此可见,在四川方言内部分区问题上,成都和重庆都只能代表新派(发展区)四川方言,都不能代表老派(稳定区)四川方言,因而也就不能认为只要举出成都话和重庆话就能代表整个四川方言。

(原刊于《西南师范大学学报(哲学社会科学版)》1999年第2期)

入声字在四川方言里的演变

摘　要：在西南官话区四川方言片里，古入声字的读音分化成四种情况：

一、以泸州为代表的川西、川南广大地区，入声仍为一个独立的调类，调值多数为短促的中平调，少数为中升调。

二、以重庆为代表的川东、川北广大地区，入声不再成为独立的调类，将古入声字全归至今阳平调，调值为低降调。

三、以雅安为代表的四川西部大渡河流域的八个县、市，入声亦不成为独立的调类，将古入声字全归至今阴平调，调值为高平调。

四、以自贡为代表的四川中部沱江流域的十个县、市，入声也不再是独立的调类，将古入声字全归至今去声，调值为中升调。

从总的发展趋势看，四川方言里的入声作为一个独立的调类，似在逐渐消失中。

关键词：四川方言；入声字；分化规律

壹

一、保持入声

在今四川方言里，入声仍自成调类的有48个县、市，约占全境汉族聚居县、市的30%左右。它们是：泸州、灌县、崇宁、郫县、温江、双流、华阳、崇庆、新津、什邡、彭县、新繁、新都、大邑、邛崃、蒲江、彭山、眉山、青神、乐山、五通桥、犍为、丹棱、夹江、洪雅、峨嵋、荥经、西昌、沐川、屏山、宜宾、南溪、江安、纳溪、合江、江津、綦江、庆符、长宁、高县、珙县、兴文、古宋、叙永、古蔺、盐亭、射洪、西充。以上这些县、市大都分布在川西岷江流域和川南长江上游两岸。

二、古入声归今阳平

属于这种情况的有84个县、市。它们是：重庆、成都、盐源、盐边、德昌、米易、会理、宁南、荣昌、大足、永川、铜梁、璧山、巴县、江北、长寿、涪陵、丰都、忠县、梁平、万县、云阳、奉节、巫山、巫溪、开县、城口、开江、垫江、万源、宣汉、达县、大竹、邻水、南江、通江、巴中、平昌、渠县、广安、旺苍、仪陇、营山、广元、昭化、剑阁、苍溪、阆中、南部、蓬安、南充、岳池、武胜、合川、青川、梓潼、平武、江油、彰明、绵阳、三台、中江、蓬溪、遂宁、潼南、北川、安县、罗江、德阳、绵竹、广汉、金堂、简阳、乐至、资阳、安岳、资中、武隆、南川、彭水、石柱、黔江、酉阳、秀山。以上这些县、市除西南角的几个县外，大都分布在川东长江下游、乌江两岸和川北的嘉陵江、渠江、涪江流域一带。

三、古入声归今阴平

属于这种情况的只有川西雅安地区的8个县、市。它们是：雅安、宝兴、芦山、名山、天全、泸定、汉源、石棉。以上这8个县、市分布在川西青衣江和大渡河流域一带。

四、古入声归今去声

属于这种情况的有10个县、市。它们是：自贡、内江、仁寿、井研、威远、荣县、隆昌、富顺、筠连、冕宁。以上这些县、市除川南的筠连和西南角的冕宁外，都集中在四川中部的沱江下游一带。

(表一)

例字	《广韵》声、韵、调及其拟音	泸州入声33	重庆阳平21	雅安阴平55	自贡去声24
答	咸开一入合端 tʌp	tæ	ta	ta	ta
杂	咸开一入合从 dzʌp	tsæ	tsa	tsa	tsa
夹	咸开二入洽见 kɐp	tɕiæ	tɕia	tɕia	tɕia
盒	咸开一入合匣 ɣʌp	xo	xo	xo	xo

语言漫议

续表

例字	《广韵》 声、韵、调及其拟音	泸州 入声33	重庆 阳平21	雅安 阴平55	自贡 去声24
湿	深开三入缉书 ɕiep	sə	sɿ	sɿ	ʂʅ
入	深开三入缉日 ȵʑiep	zo	zu	zu	ʐu
八	山开二入黠帮 pæt	pæ	pa	pa	pa
刮	山合二入鎋见 kat	kuæ	kua	kua	kua
滑	山合二入黠匣 ɣuæt	xuæ	xua	xua	xua
瞎	山开二入鎋晓 xat	ɕiæ	ɕia	ɕia	ɕia
泼	山合一入末滂 pʻuat	pʻo	pʻo	pʻo	pʻo
脱	山合一入末透 tʻuat	tʻo	tʻo	tʻo	tʻo
活	山合一入末匣 ɣuat	xo	xo	xo	xo
别	山开三入薛並 biæt	pie	piɛ	pie	pie
灭	山开三入薛明 miæt	mie	mie	mie	mie
铁	山开四入屑透 tʻiet	tʻie	tie	tie	tʻie
歇	山开三入月晓 xiɐt	ɕie	ɕie	ɕie	ɕie
缺	山合四入屑溪 kʻiuet	tɕʻye	tɕʻye	tɕʻye	tɕʻye
雪	山合三入薛心 si̯uæt	ɕye	ɕye	ɕye	ɕye
日	臻开三入质日 ȵʑiet	zə	zɿ	zɿ	ʐʅ
不	臻合三入物非 fi̯uət	po	pu	pu	pu
骨	臻合一入没见 kuət	ko	ku	ku	ku
橘	臻合三入术见 ki̯uet	tɕyo	tɕyu	tɕy	tɕyi
各	宕开一入铎见 kɑk	ko	ko	ko	ko
作	宕开一入铎精 tsak	tso	tso	tso	tso
脚	宕开三入药见 ki̯ɑk	tɕyo	tɕyo	tɕyo	tɕyo
药	宕开三入药以 øi̯ɑk	yo	yo	yo	yo
学	江开二入觉匣 ɣɔk	ɕyo	ɕyo	ɕyo	ɕyo

续表

例字	《广韵》声、韵、调及其拟音	泸州 入声33	重庆 阳平21	雅安 阴平55	自贡 去声24
北	曾开一入德帮 pək	pɛ	pɛ	pɛ	pɛ
特	曾开一入德定 dək	tʻɛ	tʻɛ	tʻɛ	tʻɛ
则	曾开一入德精 tsək	tsɛ	tsɛ	tsɛ	tsɛ
色	曾开三入职生 ʃi̯ək	sɛ	sɛ	sɛ	sɛ
国	曾合一入德见 kuək	kue	kue	kue	kue
织	曾开三入职章 tɕʻi̯ək	tsə	tsʅ	tsʅ	tʂʅ
麦	梗开二入麦明 mæk	mɛ	mɛ	mɛ	mɛ
尺	梗开三入昔昌 tɕʻi̯ɛk	tsʻə	tsʻʅ	tsʅ	tʂʻʅ
缩	通合三入屋生 ʃuk	so	so	so	so
读	通合一入屋定 duk	to	tu	tu	tu
屋	通合一入屋影 ʔuk	o	u	u	u
欲	通合三入烛以 øi̯uok	yo	yu	yo	yi

贰

从地域上看，在今四川方言里，入声仍独立成为一个调类的，大都集在川西岷江流域和川南长江上游一带，广大的川东、川北以及川中地区，古入声类字都不再独立成为调类。

从入声调类消失后调值的变化情况看，大体可以分作三类：

第一类，将古入声字归至今阳平的重庆、成都等84个县、市，古入声字原有的塞音韵尾已全部脱落，调值也由原来的短促平调转为较舒缓的低降调，表明这些县、市古入声字的读音特点已全部消失，是走在四川方言"入声消失"的前列的。

第二类，将古入声字归至今阴平的雅安、泸定等8个县、市，原入声字的塞音韵尾虽已脱落，但音节末尾还略有"喉紧感"，似乎还带有某些喉塞尾的成分，而且调值也仅由短促的中平调转为调型近似的高平调(┐55)，表明这些县、市入声读音消失得尚不彻底，消失的时间大约也不会太久远。

(表二)

例字	《广韵》声、韵、调及其拟音	雅安 阴平55	大邑 入声33	邛崃 入声33	蒲江 入声33	夹江 入声55	洪雅 入声55
踏	咸开一入合透 tʰɑp	tʰa	tʰæ	tʰæ	tʰæ	tʰa	tʰa
恰	咸开二入洽溪 kʰɐp	tɕʰia	tɕʰiæ	tɕʰia	tɕʰiæ	tɕʰia	tɕʰia
别	山开三入薛帮 piæt	pie	pie	pie	pie	pie	pie
说	山合三入薛书 ɕiuæt	so	so	su	su	so	so
药	宕开三入药以 øiuok	yo	yo	yu	yo	yo	yo
欲	通合三入烛以 øiak	yo	yo	yu	yu	yu	yu

第三类，将古入声字归至今去声的自贡、内江等10个县、市，古入声字原有的塞音韵尾亦全部脱落，调值转为较短的中升调(24)，但与邻近尚保持入声并读作中升调的调型相似，从而表明这些县、市虽已无入声调类，但在调值上(包括韵母)还与附近保持入声的地方有相似之处，或者说尚未完全脱离入声的特点，因而表明这些县、市的入声消失也要较重庆、成都等城市晚一些。

(表三)

例字	《广韵》声、韵、调及其拟音	自贡 去声24	眉山 入声24	彭山 入声24	古蔺 入声34	江安 入声34	长宁 入声34	珙县 入声34
踏	咸开一入合透 tʰɑp	tʰa	tʰa	tʰa	tʰæ	tʰæ	tʰæ	tʰæ
恰	咸开二入洽溪 kʰɐp	tɕʰia	tɕʰia	tɕʰia	tɕʰia	tɕʰiæ	tɕʰiæ	tɕʰiæ
刷	山合二入鎋生 piæt	ʂua	sua	sua	sua	suæ	suæ	suæ
说	山合三入薛书 ɕiuæt	ʂo	so	so	su	so	so	so
药	宕开三入药以 øiuok	yo	io	io	yo	yo	yo	yo
欲	通合三入烛以 øiuok	yi	y	io	yu	yu	y	yu

纵观上述各点，似可看出四川方言里的入声还处在逐渐消失过程中。当然，这种逐渐消失的过程不会是很短的。

(重庆市语言学会学术论文)

论"腭化"

从汉语许多方言的古—今语音发展、演变情况看,中古"精组"细音由舌尖前音 ts、ts'、s 向舌面音 tɕ、tɕ'、ɕ 演变;中古"见、晓组"细音也由舌根音 k、k'、x 向舌面音 tɕ、tɕ'、ɕ 演变。这种发音部位由前向后靠和由后向前移的"腭化"现象反映了什么?成因何在?似乎是一个值得做进一步探讨的课题。

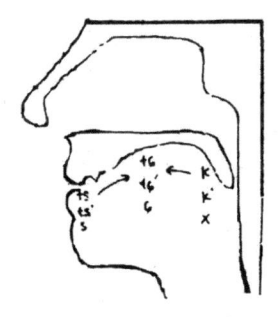

"腭化"现象示意图

一、"精组"的分化

中古汉语"精组"《广韵》拟音为舌尖前音 ts、ts'、s、z,发展到现代汉语的诸多方言,产生了不尽相同的变化。古"精组"洪音,现代汉语七大方言区,除粤方言读舌叶音 tʃ、tʃ'、ʃ 和赣方言"邪"母字读舌面清擦音 [ɕ] 外,其他各大方言都还读舌尖前音 ts、ts'、s 声母。(见表一)

(表一) 精组(洪音)

方言＼古声母＼例字	精 租	清 粗	从 罪	从 才	心 苏	邪 俗
北京(北方方言)	ts	ts'	ts	ts'	s	s
苏州(吴方言)	ts	ts'	z	z	s	z
长沙(湘方言)	ts	ts'	ts	ts	s	s

续表

方言 \ 例字 \ 古声母	精 租	清 粗	从 罪	从 才	心 苏	邪 俗
南昌(赣方言)	ts	ts'	ts'	ts'	s	ɕ
广州(粤方言)	tʃ	tʃ'	tʃ'	tʃ'	ʃ	tʃ
梅县(客家方言)	ts	ts'	ts'	ts'	s	s
厦门(闽方言)	ts	ts'	ts	ts	s	s

中古"精组"细音，现代汉语七大方言区除吴方言、客家方言和闽方言仍读 ts、ts'、s 外，其他各大方言都由舌尖前音 ts、ts'、s 往后靠，读作舌面音 tɕ、tɕ'、ɕ。粤方言由古读舌尖前音 ts、ts'、s 向后靠，读作舌叶音 tʃ、tʃ'、ʃ，也可视为一种"腭化"现象。(见表二)

（表二） 精组（细音）

方言 \ 例字 \ 古声母	精 姐	清 且	从 聚	从 齐	心 婿	邪 徐
北京(北方方言)	tɕ	tɕ'	tɕ	tɕ'	ɕ	ɕ
苏州(吴方言)	ts	ts'	z	z	s	z
长沙(湘方言)	tɕ	tɕ'	tɕ	tɕ	ɕ	ɕ
南昌(赣方言)	tɕ	tɕ'	tɕ	tɕ	ɕ	tɕ'
广州(粤方言)	tʃ	tʃ'	tʃ	tʃ'	ʃ	tʃ'
梅县(客家方言)	ts	ts'	ts	ts	s	ts'
厦门(闽方言)	ts	ts'	ts	ts	s	ts'

二、"见、晓组"的分化

中古汉语"见、晓组"《广韵》拟音为舌根音 k、k'、x(h)，发展到现代汉语的各大方言，也产生了不尽相同的变化。古"见、晓组"洪音，今现代汉语七大方言区都还读舌根音 k、k'、x(h)声母。(见表三)

(表三) 见、晓组(洪音)

方言＼古声母＼例字	见 姑	溪 枯	群 跪	群 葵	晓 呼	匣 胡
北京(北方方言)	k	k'	k	k'	x	x
苏州(吴方言)	k	k'	g	g	h	ɦ
长沙(湘方言)	k	k'	k	k	f	f
南昌(赣方言)	k	k'	k'	k'	f	f
广州(粤方言)	k	f	k	k'	f	w
梅县(客家方言)	k	k'	k'	k'	f	f
厦门(闽方言)	k	k	k	k	h	h

中古"见、晓组"细音,今现代汉语七大方言区,除粤方言、客家方言和闽方言仍读舌根音看 k、k'、x(h)外,其他各大方言都将舌根音 k、k'、x(h)往前移,读作舌面音 tɕ、tɕ'、ɕ声母。(见表四)

(表四) 见、晓组(细音)

方言＼古声母＼例字	见 拘	溪 区	群 忌	群 奇	晓 戏	匣 械
北京(北方方言)	tɕ	tɕ'	tɕ	tɕ'	ɕ	ɕ
苏州(吴方言)	tɕ	tɕ'	dʑ	dʑ	ɕ	ʑe
长沙(湘方言)	tɕ	tɕ'	tɕ	tɕ	ɕ	k
南昌(赣方言)	tɕ	tɕ'	tɕ'	tɕ'	ɕ	k
广州(粤方言)	k'	k'	k	k'	h	h
梅县(客家方言)	k	k'	k'	k'	h	h
厦门(闽方言)	k'	k'	k	k	h	h

047

三、演变过程

中古"精组"由舌尖前 ts、ts'、s'、z 逐渐往后靠的痕迹，可从同属北方方言区的今北京音系与河北保定、河南郑州音系对比中显现出来。

古"精组"洪音字"租、粗、苏"今北京、保定、郑州都仍读舌尖前音 ts、ts'、s 声母。而古"精组"细音字"姐、且、婿"今保定、郑州仍读 ts、ts'、s 声母，北京音系却已由舌尖前音往后靠，转读作舌面音 tɕ、tɕ'、ɕ 声母。这反映出如今虽同属北方方言，有的地方已经"腭化"，有的地方尚未腭化。（见表五）

（表五） 精组渐变痕迹

方言 \ 古声母 \ 洪细 例字	洪音 精 租	洪音 清 粗	洪音 心 苏	细音 精 姐	细音 清 且	细音 心 婿
北京（北方方言）	ts	ts'	s	tɕ	tɕ'	ɕ
保定（北方方言）	ts	ts'	s	ts	ts'	s
郑州（北方方言）	ts	ts'	s	ts	ts'	s

中古"见、晓组"由舌根音 k、k'、x 逐渐往前移的痕迹，可以从下列现代汉语几个方言对比中显现出来。（见表六）

（表六） 见、晓组渐变痕迹

方言 例字	广州	重庆(注)	北京
解（古见母）	kai	kai / tɕiai	tɕie
去（古溪母）	høy	k'ɛ / tɕ'y	tɕ'y
下（古匣母）	ha	xa / ɕia	ɕia

（注：重庆方言"解"字两读：kai——把索子~开；tɕiai——大家要~放思想。"去"字两读：k'ɛ——重庆忠县人讲：你到哪点儿~？tɕ'y——你快些~嘛。"下"字两谈：xa——你告（试）一~；ɕia——你快些~来。）

由上表可以看出，中古"见、晓组"字今广州方言仍读舌根音 k、k'、x

(h)声母；重庆方言同一字可两读：可仍读舌根音k、k'、x，也可读舌面音tɕ、tɕ'、ɕ，似尚处于变化之中；北京语音则全由舌根音k、k'、x转读成舌面音tɕ、tɕ'、ɕ。将这三个方言的变化连在一起看，古"见、晓组"字由舌根音向舌面音演变的痕迹是很清晰的。

怎样阐释古"精组"细音字由舌尖前音往后靠至舌面音，古"见、晓组"细音字由舌根音往前移至舌面音这种语音变化现象呢？

从语音的社会属性看，人们运用语言这个表情达意的交际工具，首先，要求它表意准确，以便使听话人明白无误；其次，人们还希望自己的话说得好些，使听者愿意听，这里的"好些"，既包括选词、炼句的微妙、神奇，也包括语言韵律的优美、动听。语言的韵律优美，说的人"顺口"，听的人"悦耳"，两全其美，何乐不为。

从语音的生理属性看，人们说话时，在保证语义准确的前提下，往往会回避一些容易造成发音器官过于疲劳的音素。

从以上两个方面看，舌尖前音ts、ts'、s和舌根音k、k'、x(h)与舌面音tɕ、tɕ'、ɕ相比较而言，后者似乎音色更柔顺些，发音也要省力些、自然些，这会不会是形成"腭化"现象的一种原因呢？

（原刊于《师资建设》2008年4月）

论"辅尾"脱落

中古《广韵》音系舒声有"m、n、ŋ"三个鼻音韵尾，入声有"p、t、k"三个塞音韵尾。发展到现代汉语的各大方言，这些辅音韵尾处于渐次减少和脱落过程之中。把这种音节末尾辅音成分的减少和脱落现象，与音节开头古"疑母、影母"字辅音转化为元音的情况结合起来看，明显地反映出汉语音节结构的元(乐)音化发展趋势。

本文拟通过汉语各大方言的读音转化情况，印证汉语辅音韵尾的减少和脱落现象，从而阐释汉语音节结构的元(乐)音化发展趋势。

一、鼻音韵尾的减少

中古《广韵》音系"咸、深"两摄舒声有"m"韵尾；"山、臻"两摄舒声有"n"韵尾；"宕、江、曾、梗、通"五摄舒声有"ŋ"韵尾。发展到现代汉语各大方言，发生了不尽相同的变化。请看下表：

鼻音韵尾减少情况对照表

古音＼方言	粤	客家	闽南	北方	赣	吴	湘	闽北
点咸上	-m	-m	-m	-n	-n		-鼻化	-ŋ
枕深上	-m	-m	-m	-n	-n	-n	-n	-ŋ
班山平	-n	-n	-n	-n	-n		-n	-ŋ
奔臻平	-n	-n	-n	-n	-n	-n	-n	-ŋ
帮宕平	-ŋ	-ŋ	-ŋ	-ŋ	-ŋ	-ŋ	-n	-ŋ
讲江上	-ŋ	-ŋ	-ŋ	-ŋ	-ŋ	-ŋ	-n	-ŋ
朋曾平	-ŋ	-ŋ	-ŋ	-ŋ	-ŋ	-ŋ	-n	-ŋ
萌梗平	-ŋ	-ŋ	-ŋ	-ŋ	-ŋ	-ŋ	-n	-ŋ
动通上	-ŋ	-ŋ	-ŋ	-ŋ	-ŋ	-ŋ	-n	-ŋ

由上表可以看出：

古"咸、深"两摄舒声原有的"m"尾，仅在今粤方言、客家方言、闽南(厦门)方言等三大方言中还保留着；北方方言、赣方言、湘方言已将原"m"尾转读成"n"尾；闽北(福州)方言已将原"m"尾全转读成"ŋ"尾。在今吴方言里，"咸"摄舒声已无鼻尾，将原"m"尾转读成开、元尾韵，如将"咸"摄舒声字"点、坛"分别读作[tiɪ]、[dø]。湘方言将"点"读作[tie]，用鼻化e代替"m"尾。吴方言把"深"读作"n"尾，如把"枕"读作[tsən]。

古"山、臻"两摄舒声原为"n"尾，今现代汉语各大方言大都仍读"n"尾；吴方言"臻"摄舒声仍读"n"尾，"山"摄舒声转读成开、元尾韵，如将"山"摄舒声字"班"读作[pe]。闽北方言将"山、臻"两摄舒声字都读成"ŋ"尾，如把"山"摄字"班"读作[paŋ]，把"臻"摄字"奔"读作[puɔŋ]。

古"宕、江、曾、梗、通"五摄舒声原为"ŋ"尾，今现代汉语各大方言大都仍读"ŋ"尾，但也有不少方言发生了变化。湘方言将这五个摄的舒声字都读成"n"尾，如：将"宕"摄平声字"帮"读作[pan]；将"江"摄上声字"讲"读作[tɕian]；将"曾"摄平声字"朋"读作[pen]；将"梗"摄平声字"萌"读作[min]；将"通"摄上声字"动"读作[ten]。客家方言将"曾"摄平声字"朋"读作[p'ɛn]；将"梗"摄平声字"萌"读作[mɛn]。此外，赣方言、吴方言都把"梗"摄平声字"萌"读成"n"尾，分别读作[min]、[mən]。

由上述各大方言古今鼻音韵尾的演变情况看，中古《广韵》音系的三个鼻音韵尾呈现出逐渐由前往后渐次递减的态势：

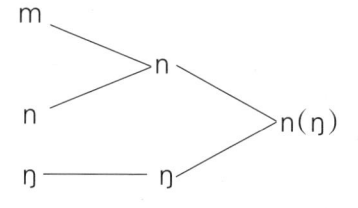

```
m
     \
      n
     /  \
n           \
             n(ŋ)
            /
ŋ ——— ŋ
```

二、塞音韵尾的脱落

中古《广韵》音系"咸、深"两摄入声有塞鼻音韵尾"p"，"山、臻"两摄入声有塞音韵尾"t"，"宕、江、曾、梗、通"五摄入声有塞音韵尾"k"。发展到现代汉语各大方言，原有塞尾也发生了部分减少或全部消失的现象。请看下表：

塞音韵尾减少、消失情况对照表

古音 方言	粤	闽南	客家	赣	吴	闽北	湘	北方
狭_{咸入}	-p	-p	-p	-t	-ʔ	-ʔ		
涩_{深入}	-p	-p	-p	-t	-ʔ	-ʔ		
哲_{山入}	-t	-t	-t	-t	-ʔ	-ʔ		
勃_{臻入}	-t	-t	-t	-t	-ʔ	-ʔ		
乐_{宕入}	-k	-k	-k	-k	-ʔ	-ʔ		
角_{江入}	-k	-k	-k	-k	-ʔ	-ʔ		
色_{曾入}	-k	-k	-t	-t	-ʔ	-ʔ		
策_{梗入}	-k	-k	-t	-t	-ʔ	-ʔ		
扑_{通入}	-k	-k	-k	-k	-ʔ	-ʔ		

由上表可以看出，今粤方言、闽南方言"咸、深、山、臻、宕、江、曾、梗、通"等九摄入声字仍完整地保留着古代汉语"p、t、k"三个塞音韵尾。今客家方言和赣方言已将"曾、梗"两摄入声字原有的"k"尾转读成"t"尾，如"曾"摄入声字"色"，客家方言读作[sɛt]，赣方言读作[sɛt]。"梗"摄入声字"策"，客家方言读作[tsʻɛt]，赣方言读作[tsʻɛt]。此外，吴方言和闽北方言将古"p、t、k"三个塞尾统统改读成喉塞音[ʔ]尾，如吴方言把"咸"摄入声字"狭"读作[jiaʔ]，闽北方言读作[xieʔ]。吴方言把"深"摄入声字"涩"读作[sɤʔ]，闽北方言读作[saiʔ]。吴方言把"山"摄入声字"哲"读作[tsɤʔ]，闽北方言读作[tieʔ]。吴方言把"宕、江、曾、梗、通"五摄入声字"乐、角、色、策、扑"分别读作[loʔ]、[koʔ]、[sɤʔ]、[tsʻɤʔ]、[pʻoʔ]，赣方言分别将上述各字读作[lɔʔ]、[kœyʔ]、[saiʔ]、[tsʻaiʔ]、[pʻoʔ]。

上述六大方言是中古汉语"p、t、k"三个塞音韵尾减少的例子。除此之外，在湘方言和北方方言里，古代的塞音韵尾已经全部消失，将原来的塞尾

052

韵全部转读成开、元尾韵。由上述各例字的韵尾变读情况看,中古《广韵》音系的"p、t、k"三个塞音韵尾发展到现代汉语各大方言,呈现出逐层递减或全部脱落的态势:

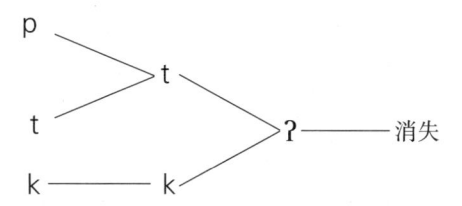

```
p
   \
    t
t /
    \
     ʔ ——— 消失
k —— k
```

综上所述,可以明显地看出,自中古至今,汉语原有的"鼻音"和"塞音"两种"辅音韵尾"是处于渐次减少或脱落之中。把这种音节末尾辅音成分的减少和脱落现象与古代汉语"疑、影"母字音节开头的"辅音"转化为"元音"结合起来看,似乎可以折射出现代汉语音节结构的元(乐)音化发展趋势来。

参考文献:

①翟时雨.汉语音韵与方言识别[G]//西南师范大学中文系汉语史研究室.汉语史论文集.重庆:西南师范大学出版社,1995.

②翟时雨.汉语的乐音化发展趋势[J].语文研究,2001(8).

③翟时雨.汉语方言学[M].重庆:西南师范大学出版社,2003.

④北京大学中文系.汉语方言字汇[M].北京:文字改革出版社,1989.

⑤袁家骅.汉语方言概要[M].北京:文字改革出版社,1989.

(重庆市语言学会学术论文)

重庆方言与重庆人的性格魅力

语言是传承文化的载体。

重庆方言是传承重庆文化和展现重庆人性格特点的工具。

俗话说：一方水土养一方精英，一方语言显一方灵气。透过重庆方言，可以使人们充分感受到重庆人敢于战天斗地的豪迈气概和率真泼辣的性格魅力。

下面从重庆方言的语音、词汇、语法三个方面，讲一点儿我对重庆人性格特点的感受。

一、重庆方言的语音特点

重庆人讲话声音高亢，语速略快，使人明显感受到重庆人直率坦荡、激情昂扬的性格特点。这种特点在重庆人用方言唱的"劳动号子"中，展现得淋漓尽致。

（一）船工号子

重庆的船工号子，是船工们在与险滩恶水搏斗中生命激情的自然流露，其调优美激越，其音高亢雄浑。

跑江湖

领：手提搭帕跑江湖，

合：嘿咳！

领：哪州哪河我不熟？

合：嘿咳！

领：好耍要算重庆府，

合：嘿咳！

领：买不到的买得出。

合：嘿咳！

领：朝天门坐船往下数，

合：嘿咳！

领：长寿饼子灰面做。

合：嘿咳！

领：梁平柚子垫江米，

合：嘿咳！

领：涪陵榨菜露酒出。

合：嘿咳！

领:石柱黄连遍山种。　　　　　领:古迹白帝曾托孤。

合:嘿咳!　　　　　　　　　　　合:嘿咳!

领:忠州出名豆腐乳。　　　　　领:臭盐碛武侯显威武,

合:嘿咳!　　　　　　　　　　　合:嘿咳!

领:脆香原本万县做,　　　　　领:河下摆了八阵图。

合:嘿咳!　　　　　　　　　　　合:嘿咳!

领:其名又叫口里酥。　　　　　领:石板峡口水势猛,

合:嘿咳!　　　　　　　　　　　合:嘿咳!

领:夔府柿饼甜如蜜,　　　　　领:仁贵立柱征匈奴。

合:嘿咳!　　　　　　　　　　　合:嘿咳!

领:巫山雪梨赛昭通。　　　　　领:言归正传加把劲,

合:嘿咳!　　　　　　　　　　　合:嘿咳!

领:奉节本叫夔州府,　　　　　领:再往前走是两湖。

合:嘿咳!　　　　　　　　　　　合:嗬—左,哦—左!哦—左!

(二)抬滑竿儿号子

在旧时代,重庆以山道坎坷陡曲、云障雾罩名冠全国,民间有顺口溜记述其事:"好个重庆城,山高路不平。出门就爬坡,真是累死人。"在这种地理背景下,应运而生的滑竿儿便成了重庆的重要交通工具。

滑竿儿由前后两人肩抬。后边的抬脚必须凭借前边抬脚的"报路号子"协调脚步,注意安全。

报路歌

报:天上明晃晃,　　　　　　　报:左边一堵岩,

答:地下水凼凼。　　　　　　　答:右边亮起来。

报:天上鸽子飞,　　　　　　　报:左手有道拐,

答:地下屎一堆。　　　　　　　答:谨防岩下摔。

报:左手一枝花,　　　　　　　报:前面独木桥,

答:莫去挨到它。　　　　　　　答:滑竿儿莫要摇

报：两个搁，
答：桥上过。
报：抬头望，
答：把坡上。
报：滑得很，
答：踩得稳。
报：立夏小满，
答：抵到老坎。
报：一下下到底，
答：快慢由在你。

报：抹阳坡，
答：慢慢梭。
报：前挡手，
报：后不走。
报：越爬越高。
答：上去歇稍。
报：横起一丈八，
答：顺到一步跟[k'a^{21}]。
报：稀泥烂窖，
答：乱踩乱跳。

二、重庆方言的词汇特点

人们常说重庆人的性格像火锅一样，有点儿"麻、辣、烫"的感觉，这种特点在重庆方言词汇中可以得到印证。比如，与其他方言相比，重庆话中的单音动词很多，充分反映出重庆人说话、做事犀利、洒脱的个性特征。如：

（一）单音动词

插[ts'a^{21}]秧（栽秧）

兑[tuei^{214}]一瓢水（掺一瓢水）

挞[ta^{21}]谷（打谷）

施[si^{55}]一泡尿（把着婴儿屙一泡尿）

称[ts'ən^{55}]盐（买盐）

啄[tsua^{21}]脑壳（勾着头）

割[ko^{21}]肉（买肉）

戳[to^{21}]漏眼儿（找别人的毛病）

铓[maŋ^{55}]一口饭（喂一口饭）

夹[tɕia^{21}]毛驹（穿小鞋）

揍[tsou^{214}]一坨肉（塞一块肉）

扯[ts'ɛ^{42}]把子（撒谎）

踩[tsua²¹]一脚尖（踢一脚）

捡[tɕian⁴²]粑和（捡便宜）

拃[tsʻan⁴²]一耳实（打一耳光）

扎[tsa²¹]场子（捧场）

掺[tia⁵⁵]一桶水（提一桶水）

涮[suan²¹⁴]坛子（开玩笑）

扯[tsʻɛ⁴²]一尺布（买一尺布）

吆[iau⁵⁵]鸭子（最后一名）

（二）动词、形容词叠音后缀

在词的构成方面，重庆方言动词、形容词的叠音后缀非常丰富，而且绘声绘色，形象逼真，充分反映出重庆人外在粗犷、内心细腻的性格特点。如：

梭边边[suo⁵⁵pian⁵⁵pian]

泡酥酥[pʻau²¹⁴su⁵⁵su]

麻广广[ma²¹kuaŋ⁴²kuaŋ]

松垮垮[soŋ⁵⁵kʻua⁴²kʻua]

垒尖尖[luei⁴²tɕian⁵⁵tɕian]

干筋筋[kan⁵⁵tɕin⁵⁵tɕin]

冒梢梢[mau²¹⁴sau⁵⁵sau]

瘦壳壳[sou²¹⁴kʻo²¹kʻo]

麻杂杂[ma²¹tsa⁴²tsa]

保塞塞[pau⁴²sai⁵⁵sai]

蔫觲觲[ian⁵⁵tʻuo⁴²tʻuo]

贼豁豁[tsuei²¹xo⁵⁵xo]

傲兮兮[ŋau⁴¹²ɕi⁵⁵ɕi]

肉叽叽[zou⁴¹²tɕi⁵⁵tɕi]

阴缩缩[in⁵⁵suo⁵⁵suo]

哈拙拙[xa⁴²tsʻuo²¹tsʻuo]

犟拐拐[tɕian²¹kuai⁴²kuai]

老厥厥[lau⁴²tɕyɛ²¹tɕyɛ]

王垩垩[uaŋ²¹ts'ua⁴²ts'ua]

昏浊浊[xun⁵⁵ts'o²¹ts'o]

疯扯扯[feŋ⁵⁵ts'ɛ⁴²ts'ɛ]

硬梆梆[ŋən²¹⁴paŋ⁵⁵paŋ]

吊夸夸[tiau²¹⁴k'ua⁴²kua]

软塌塌[zuan⁴²t'a²¹t'a]

棉扯扯[mian²¹ts'ɛ⁴²ts'ɛ]

胖都都[p'aŋ²¹⁴tu⁵⁵tu]

悬哒哒[ɕyan²¹ta⁴²ta]

矮矬矬[ŋai²⁴ts'o²¹ts'o]

以上这些单音动词和形容词的叠音后缀,生动、形象,使人如闻其声,如见其形,真乃是可闻、可见、可触、可摸,重庆人直率、豪爽的性格和干练、利落的作风,活灵活现,呼之欲出。

三、重庆方言的语法特点

语法是语言的结构规律。语句的繁冗拖沓与简洁明快也可以反映出说话人的不同性格。

在重庆人口语中,句子大都既简洁明快,又妙趣横生。如:

(一)儿歌

老太婆,

尖尖脚,

汽车来哒,

跑不脱!

(二)叫号歌

新中国成立前,重庆小旅馆的茶房(幺师),在住客临睡前,要给大家提醒一些注意事项。他们用重庆方言,高声唱说,名为"安客号子",使住客感到踏实、真诚、亲切。如：

　　楼上客,楼下客,

　　听我幺师办交涉。

　　灯要吹,门要撇,

　　夜壶屙屎来不得。

　　鼻子口痰莫乱摆,

　　叶子烟锅巴要踩熄。①

　　深更半夜莫打跳,②

　　耽搁瞌睡要遭诀。③

　　不忙你的事,

　　丢心睡迄太阳白。

　　要赶你的路,

　　到时开门我晓得。

(三)口语

有起人赶公共汽车,搂实朝前头拱,整得来前头梆紧,后头捞松!多么简洁明快!多么妙趣横生!好,真好!

(重庆市语言学会学术论文)

---

①烟锅巴——抽剩下的烟头。
②莫打跳——莫乱闹。
③诀——骂。

应该重视词汇对应在"推普"中的地位

长期以来,在"推普"工作中存在着偏重语音、忽视词汇和语法的倾向。不少人因此产生了错觉,以为学习普通话只是学习北京语音。以往各地开办的推广普通话师资培训班,也大都只是教学普通话语音,讲述普通话语音与本地方音的对应规律,很少、甚至完全不涉及词汇、语法的对应问题。这显然是不妥的。

语言是人类的交际工具。人们使用语音有"听"和"说"两个方面——"听"别人说的,自己也能开口"说"。就每一个人来讲,学习普通话也包括听和说两个方面。如果仔细观察、分析一下,就会发现我们的"推普"工作普遍存在着"听的能力强,说的本事差"的现象。就目前情况看,能懂普通话的人是相当多的,城市如此,广大农村也如此。但是"说"的方面的情况就不如"听"那么好了。一个说惯了自己方言的人,改成说普通话,是会遇到许多障碍的,其中既有思想障碍,也有知识障碍。思想障碍比较好排除。从知识方面讲,人们不能或不愿开口"说"普通话的一个重要原因,常常出在没做好词汇对应上。有的人已经基本上掌握了北京语音,可是在说普通话时,语句中却夹杂着许多他自己觉察不出来的方言词。他把句子里属于普通话的词(大都是基本词)和自己的方言词一律用北京语音讲出来,结果使别人听起来既不像普通话,也不像方言。比如:四川有些地方话里的"相因",相当于普通话"便宜"的意思;"涮坛子"相当于普通话"开玩笑"的意思。如果哪位四川人把"这个东西很便宜"用普通话语音说成"zhè gè dōngxi hěn xiāngyīn";把"你别开玩笑"说成"nǐ bié shuàntánzi",无论北方人还是四川人听了都会发笑。这一笑不要紧,往往可能把鼓了很大的劲儿才开口说的勇气给彻底打了下去。于是,他再也不愿说了。时间长了,就成了只能"听"不能"说"普通话的人。北方官话区的人尚且如此,别的方言区的人就更不用说了。由此可见,做好词汇对应工作,在普及民族共同语的过程中,占有十分重要的地位,不可等闲视之。

其实，早在1955年10月中央召开的全国文字改革会议上，当时的中央教育部部长张奚若同志在他所作的题为《大力推广以北京语音为标准音的普通话》的报告中，就明确指出："当然，这并不是说，普通话的教学和传播可以只偏重语音，语法和词汇可以不顾。语法和词汇在规范化方面也有好些问题，需要深入研究；而且语音发得不错了，要是用的是方言中特殊的语法、特殊的词，别地方的人还是不能了解。这就是说，推广民族共同语决不能只顾语音一方面，必须兼顾语音、语法、词汇三方面，这三方面合成的整体才是民族共同语"。

基于上述情况，在我们今后的"推普"工作中，应该大力宣传"只有语音、词汇、语法三方面合成的整体才是普通话"的概念，使广大人民群众明确学习普通话不光要学习北京语音，还要学习北方方言里的常用词汇，还要注意普通话与自己方言在语法方面的差异。建议"推普"工作的领导机关，组织人力，加强对各地方言词汇的调查、研究，做好普通话与各地方言常用词汇的对应工作。为了更快更好地做好这一工作，似可仿照前些年普遍开办的"普通话语音研究班"那样，请各地文教部门再开办一些"普通话词汇研究班"。请文改会或教育部"推普"办公室拟就一种《普通话常用词汇表》，[①]发给各地的"词汇研究班"，组织本地学员填写表中与普通话词义不相同的方言词，求出两者的对应关系（包括每个词条的各种义项及其适用范围），编成《××方言与普通话常用词汇对应手册》，广泛散发，供当地人学习普通话时查阅。经常翻翻词汇手册，久了，就会记住一些普通话常用词，日积月累，"开口难"的问题，可能会逐渐得到解决。

（原刊于《文字改革》1984年第4期）

[①] "基本词"一般没有问题，可不列入表中，以免篇幅过大。

谈谈条件关系和假设关系的界限
——答函授生问

近一段时间来,不少函授生同志来信问条件关系和假设关系的界限(特别是"只要……就"的归类问题)。有的同志提到现行初中语文课本第六册上的一个范句:

青年学生只要树立了无产阶级世界观|就会有最大的勇敢‖力争上游‖攀登高峰。(32页)　　　　　　　(条件)　　　　(并列)
(并列)

同志们说,对这个句子的划法,中学语文教师同志们有着不同的看法:有的同志认为第一重关系应该是假设关系;有的同志认为第一重关系应该是条件关系。持第一种主张的人说:"原来的初中汉语课本是把'只要……就……'这种格式算作假设关系的。"持第二种主张的人说:"人民教育出版社最近再版的《汉语知识》和胡裕树主编的《现代汉语》(高等学校统一教材)中都把有这种连词的算作条件关系";持这种主张的另一些人说:"最新出版的林裕文著的《偏正复句》一书中主张取消假设关系,把一般认为是假设关系的统一归入条件关系。"三派各自有着不同的见解和依据,彼此都很难接受另一方的意见,争持不下,影响教学。

下面谈谈个人一些不成熟的看法,与同志们共同讨论。

偏正复句中的条件关系是偏句提出一个条件,正句说出在这个条件下所产生的后果;假设关系是偏句提出一种假设,正句说出在这一假设情况下将要产生的后果。由于假设句所提出的假设也有些条件意味,因而条件关系和假设关系的界限有时不太好分辨。

对于条件和假设这两种关系,目前我国的语法学家们有两种意见:一种是主张分开;[1]另一种主张不分,把两者合而为一[2]。主张分的内部也有些分歧,

---

[1] 如黎锦熙《新著国语文法》、人民教育出版社编《汉语知识》(代表中学汉语课本)、胡裕树主编《现代汉语》(高等学校统一教材)、杨欣安等编著《现代汉语》、天津师范大学语言文学教研室编《现代汉语》等。

[2] 如林裕文著《偏正复句》(上海教育出版社)等。

例如有的把"只要……就……"归入假设关系①，有的把这种格式归入条件关系②。

我们主张分，但界限一定要明确。

林裕文同志在《偏正复句》一书中说："所谓假设是指叙述的内容尚未证实；所谓条件，是指分句与分句之间的一种关系。"(31页)又说："复句的分类，重在分句的结构关系，从分句的关系看，似可不必另立假设句的类型。"(32页)我们觉得这些意见值得商榷。首先，条件既是指分句与分句之间的关系，假设又何尝不是指的分句与分句之间的一种关系呢？事实上，条件关系是偏句提出的一个条件，正句说出在这个条件下所产生的后果；假设关系是偏句提出一种假设，正句说明在这一假设情况下将要产生的后果。两者都表示了分句与分句间的某种关系。北京大学编的《现代汉语》(上册)在给假设关系和条件关系作的解说中也说："假设——表示假设和结论之间的关系；条件——表示条件与结果的关系。"(28页)我们觉得，划分复句时，首先应该分析每个分句所表达的意义，并参照其中的关联词语判断分句与分句间的关系。由此出发，我们觉得条件关系和假设关系是可以分开来的。

"只要……就……"这种格式所表示的关系不同于"只有……才……"。试看下面的例子：

甲问："这个门儿谁才能打开呢？"

乙答："只要老王来，就能打开。"

丙答："只有老王来，才能打开。"

乙的回答中的偏句是提出一种假设(假如老王来)，假设实现了(老王果真来了)，就能打开。这很明显是假设关系。把"只要"这个连词换成"假若、假如、倘若、如果"还是表明这种意思；从时间上看，假设句是未实现的。丙回答中的偏句是说出一种条件(只有老王来才能打开)，不管这个条件是否已成为现实，反正只有老王来才能打开，除了老王之外，别人谁也打不开。这很明显是条件关系。乙回答中所提出的假设，对后面的分句来说，虽然也是一种条件，但它与丙句并不完全相同。试看：

---

① 如原初中汉语课本、杨欣安编著《现代汉语》、天津师范大学语言文学教研室编《现代汉语》等。
② 如黎锦熙《新著国语文法》、人民教育出版社编《汉语知识》、胡裕树主编《现代汉语》等。

甲问:"这个保险柜的门儿谁才能打开呢?"

丁答:"恐怕得请老周来吧,他会修理锁。"

乙答:"不用,只要老王来,就能打开。"

丙答:"不用,只有老王来,才能打开。"

乙的回答并不排斥老周能打开这个保险柜的门儿,不过不一定非请他来不可,反正只要老王来了就能打开。丙的回答却排斥了老周能打开这个保险柜的门儿。意思是说:"不用请老周,只有老王才能打开,老周来了也不行。"由此看来,我们觉得"只要……就……"和"只有……才……"是不同的,前者应该归入假设关系,后者应该归入条件关系。

"只要……就"和"只要……"相同,都是假设关系。试看:

甲问:"老王会来吗?要不要去个人接他?"

乙答:"不用,只要天气好,他自己就会来"。

丙答:"不用,只要天气好,他自己会来的。"

乙、丙的回答都提出了一种假设,这种假设都没有条件关系的排他性——只要天气好,他自己就会来;如果天气不好,他自己不会来,但去人接他也可能来。这不同于"只有天气好,他才会来",这儿的意思是"天气好不好是他来不来的唯一条件",天气不好,去人接他也不会来。

总的看来,我们觉得假设关系和条件关系是可以分开的。条件关系中的条件,应该具有鲜明的排他性;从时间上看,条件句不管是否实现,假设关系的假设部分,虽然也有些条件意味,但这种条件无排他性;从时间上看,假设句一定是未实现的。根据以上看法,我们主张把"只有……才……、除非……才……、无论……都……、不管……"算作条件关系;把"如果……就……、假如……就……、只要……就……、只要……"算作假设关系。

附带说一句。上面谈的只是个人的一点不成熟的看法,不一定就对。如果说还有点道理,也并未取得公认;因此,不便直接用此进行教学。现行的中学教材是把"只要……就"这种格式归在条件关系中的,同志们教学时,应以所用教材为准,只有这样,才能保持使用同一教材的各个学校的教学效果一致。

(原刊于《语文》1963年9月)

论对外汉语教材的编写

本文有两个要点：

一个是应该遵循的原则——"为语配文"，而非"以文带语"。

一个是可以利用的特点——利用现行汉字大都是"形声字"的特点，成批、快速地教学汉字（词）。

先说应该遵循的原则。

对外汉语教材是教外国学生学习汉语的教材，是一门语言学科。教学一种语言，应该具有阶段、层面性。比如，初级阶段应该教一些易懂、易学、出现频率较高的词语和基本句式，然后逐层向上拓展，循序渐进。

以往编写对外汉语教材，大都从综合运用出发，收录或编撰一些短文，文中出现什么字、词、句，就别无选择地把这些字、词、句当作"语言"教学的内容，很少从教学"语言"应遵循"阶段性"的原则出发，去全面规划先教什么，后教什么，只教什么，不教什么，缺乏通盘层面的计划，有悖语言教学的科学性和系统性。例如，零起点的外国留学生，刚开始学习汉语，在教材所选的短文中就出现了既难学、难写、难记，使用率又极低的以下这些"生词"：颐和园、浑天仪、熊猫、窟窿、窝囊、遗憾、糟糕、般配、款待、棉袄……显然，从语言教学应有阶段、层面性的差异来讲，外国学生学习汉语的初级阶段是不应该选教这些词语的，是违背语言教学规律的。出现这种情况的原因是编写对外汉语教材时，没有遵循"先选定语言材料，再配合语言材料编选短文"的原则，而是"先选定短文，短文中有什么语言材料，就教什么语言材料"的被动的语言教学方法，这显然是不妥的。

再谈可以利用的特点。

汉字是表意体系的文字，是形、音、义统一的文字。教学对外汉语时，可以利用汉字的结构特点，成批、高速地学习汉语的字（词）。

从汉字的造字方法来看，现行汉字绝大多数是形声字。形声字是由形符和声符组成的。汉字的形符有标示意类的作用,声符有提示读音的作用。教外国学生学习汉字(词)时,可以充分利用汉字的这种结构特点,采用类推、排比的方法,成批,快速地学习汉语字(词)。

  国家语委公布现代汉语有2500个常用字,这些常用字可以分成201"部首(形符)",其中。用同一部首,可推出30个以上汉字的有"人"部123字、"刀"部37字、"土"部54字、"口"部77字、"宀"部43字、"女"部35字、"木"部97字。"日"部43字、"手(扌)"部141字、"月"部55字、"火"部41字、"心(忄)"部74字、"水(氵)"部120字、"禾"部33字、"竹"部30字,"艸(艹)"部71字、"系"部60字、"走(辶)"部53字、"言(讠)"部56字、"阜(阝)"部30字、"金(钅)"部41字。可以把以上这些出现频率极大的"部首"及其拓展常用字,列为教外国学生认识汉字的首批教学内容。例如,可用"人"这个部首拓展出的汉字就有"人、亿、个、仁、什、仆、化、仇、仍、仅、介、从、今、仓、似、付、仗、代、仙、们、仪、仔、他、令、伟、传、休、伍、伏、优、伐、件、任、伤、价、份、仰、仿、伙、伪、全、会、合、企、众、伞、估、体、何、但、伸、作、伯、伶、佣、低、你、住、位、伴、佛、余、含、佳、侍、供、使、例、侄、侦、侧、侨、佩、依、舍、命、便、俩、修、保、促、悔、俭、俗、俘、信、侵、俊、债、借、值、倚、倾、倒、倘、俱、倡、候、俯、倍、倦、健、拿、做、偿、偶、偷、停、偏、假、盒、傲、傅、傍、储、舒、禽、催、傻、像、僚、僵、僻"等123个字。

  用"手(扌)"这个部首拓展出的汉字有"手、扎、打、扑、扒、扔、扛、扣、托、执、扩、扫、扬、扶、抚、技、拢、拒、找、批、扯、抄、折、抓、扮、抢、抛、投、抗、抖、护、扭、把、报、抹、拢、拔、拣、担、押、抽、拐、拖、拍、拆、拥、抵、拘、抱、拉、拦、拌、招、披、拨、择、抬、挂、持、挎、挠、挡、挺、括、拴、拾、挑、指、挣、挤、拼、挖、按、挥、挪、拜、捞、捕、振、捎、捏、捉、捆、捐、损、拾、换、挽、挨、拳、捧、描、掩、捷、排、掉、推、掀、授、掏、掠、接、控、探、据、掘、搭、提、揭、插、揪、搜、援、搁、搂、搅、握、揉、摄、摸、搏、摆、携、搬、摇、搞、摊、摧、摘、摔、撕、撒、撑、播、撞、撤、操、擦、攀"等139个字。

  教学上述以"人"作部首的部分常用字时,告诉学生它们都与"人"的意义有关;讲述以"手(扌)"作部首的常用字时,告诉学生它们都与"人从事某种活动"的意义有关,这样可以促使学生迅速、成批地了解汉字的字义。

　　再说字音。还是以用"人"和"手(扌)"作部首的字作例子。在与"人"有关的字中"亿、什、仗、们、仪、仔、伟、伍、优、任、份、仿、伙、伪、企、估、但、伸、伯、伶、佣、住、伴、供、例、侄、侦、侧、侨、依、俩、俘、值、倾、倒、俱、倡、俯、倦、健、偿、停、盒、傲、傍、催、像、僵、僻",在与"手(扌)"有关的字中"扒、扶、拒、抓、抖、护、把、抹、拢、担、拥、抵、拘、抱、拦、拌、招、抬、挡、挺、指、按、捞、捕、捆、描、掩、授、掏、控、据、搭、搜、搁、搂、摸、搬、摇、搞、催、摔、撕"等字都有起标音作用的"声符",比如会读"旦""用""半""崔"等字的音,就可以推出"但、担""佣、拥""伴、拌""催、摧"等字的读音来(提醒学生有的字音声母、韵母相同,只是声调有些差异)。本文前面提到现行汉字中绝大数是形声字,从这一实际情况出发,教外国学生利用已会的汉字作声符去学另一些汉字的读音,同样可以达到使学生迅速、成批地学会汉字读音的教学目的。外国学生掌握了一定数量的汉字后,即可逐步开始"组词"教学。

　　在组词教学中,可以从汉语"根词"派生力强的结构特点出发,利用同一根词推衍、拓展出大量其他词语的办法进行教学。比如,"大"在汉语中是个派生力很强的根词,用它拓展出的词语有:大哥、大作、大名、大班、大便、大饼、大伯、大不了、大菜、大肠、大车、大臣、大虫、大出血、大疮、大葱、大袋鼠、大胆、大抵、大地、大典、大殿、大豆、大肚子、大度、大队、大多、大发、大凡、大方、大粪、大副、大腹便便、大概、大纲、大鼓、大褂、大观、大锅饭、大寒、大汉、大好、大合唱、大亨、大红、大后方、大后年、大后天、大户、大花脸、大话、大会、大伙儿、大计、大家、大家庭、大将、大脚、大姐、大襟、大惊小怪、大动脉、大局、大举、大军、大卡、大楷、大考、大课、大快人心、大块头、大牢、大理石、大碰、大梁、大量、大料、大陆、大路货、大略、大妈、大麻、大麦、大门、大米、大拇指、大脑、大年、大年初一、大年夜、大逆不道、大娘、大炮、大批、大气、大气层、大气压、大千世界、大前年、大前天、大前提、大枪、大曲、大权、大人、大人物、大扫除、大嫂、大厦、大少爷、大舌头、大赦、大婶儿、大声疾呼、大失所望、大师、大师傅、大使、大势、大是大非、大叔、大暑、大肆、大蒜、大踏步、大堂、大提琴、大体、大田、大白天、大厅、大同、大头、大头菜、大头针、大头鱼、大团圆、大腿、大王、大尉、大喜、大戏、大校、大写、大选、大学、大学生、大雅、大烟、大雁、大洋、大样、大要、大爷、大业、大衣、大姨、大义、大意、大油、大约、大月、大杂院儿、大灶、大张旗鼓、大丈夫、大旨、大指、大致、大众、大自然、大总统……由根词"地"拓展出来的词语有：地层、地质、地面、地势、地区、地点、地位、地步、地板、地堡、地蚕、地产、地秤、地磁、地带、地道、地洞、地段、地方、地方病、地方戏、地府、地瓜、地黄、地基、地窖、地雷、地理、地力、地利、地脉、地盘、地皮、地痞、地平线、地铺、地契、地壳、地勤、地球、地球仪、地权、地热、地摊、地毯、地头、地图、地温、地下、地下室、地下水、地下铁道、地铁车站、地平线、地形、地衣、地窖子、地域、地狱、地震、地政、地轴、地主、地租、天地、高地、低地、山地、荒地、内地、外地、各地、殖民地……教学由根词"大"派生出来的常用词语时，告诉学生这些词语都与"大"的意义有关；教学由根词"地"派生出来的常用词语时，告诉学生这些词语都与"地"的意义有关。

留学生大都是成年人，他们的社会阅历丰富、理解力强，同一节课、成批地教学若干相关的常用词语（只选择派生词中的一部分来教），他们是完全可以接受的。实践证明，这样做，不仅可以达到使学生运用相关语义、成批地掌握汉语词语的教学目的，而且还可以避免把外国成年学生当作本国小孩儿来教、有损留学生自尊心的弊端。

（原刊于《外国留学生工作研究》1992年1月）

|中|篇|
专著摘录

（壹）国际音标发音训练

国际音标是国际语音协会拟订的一套国际通用的音标符号。国际音标的每个符号只代表一个固定的音素，可以精确地标注各种语音。国际音标的形体是以拉丁字母的小写印刷体为基础，并用大写、草体、合体、倒排、变形、增添附加符号等办法加以补充，符号多，是研究语言和方言必不可少的标音工具。按照惯例，国际音标通常用方括弧括起来。如[p]、[t]、[k]等。

```
    普          通          话
    pʻǔ         tʻūŋ         xuà         ——声调
    | |         | |         | |
    声韵        声韵        声韵
    母母        母母        母母
```

元音、辅音是就音素的发音性质划分的；声母、韵母是研究汉字字音的人，就音素在字音（音节）中的位置和作用划分的。辅音同声母、元音同韵母不是相等的概念。

在汉字字音中，声母全是辅音，韵母主要是元音，也有的是元音加辅音构成。辅音在汉字字音中既可以作声母，又可以是一些韵母的组成部分，比如[n]在"女"[ny]字中作声母，在"篮"[lan]字中作韵尾。元音在汉字字音中，只能出现在韵母里，故而辅音范围大于声母，元音的范围小于韵母：

辅音＞声母

元音＜韵母

一、辅音

辅音是发音时气流要在口腔里受到阻挡的音素。不同的辅音是由不同的发音部位和不同的发音方法形成的，因而可以从发音部位和发音方法两个方面来分析辅音音素。

"发音部位"是指发辅音时形成阻碍的器官部位。比如用上、下唇形成阻碍的叫"双唇音",用牙齿和嘴唇形成阻碍的叫"齿唇音"等。

"发音方法"是指发辅音时形成和除去阻碍的方法。常用的发音方法有以下这几种：

(1)塞音。这种发音方法的特点是：造成阻碍的两个部分完全闭合,阻塞气流,然后猛然放开,使气流迸裂、爆发而出。北京话里的[p]、[t]、[k]就是这样的音素。

(2)塞擦音。这种发音方法的特点是造成阻碍的两个部分完全闭合,阻塞气流,然后慢慢打开,形成一条窄缝,让气流从窄缝中挤出来。北京话里的[tɕ]、[tʂ]、[ts]就是这样的音素。

(3)鼻音。这种发音方法的特点是口腔通路完全阻塞,软腭下垂,让气流从鼻腔出来。北京话里的[m]、[n]、[ŋ]就是这样的音素。

(4)边音。这种发音方法的特点是用舌头将口腔中央的通路阻塞,让气流从舌的两边流出。北京话里的[l]就是这样的音素。

(5)滚音。这种发音方法的特点是使发音部位发生颤抖,即气流通道在短暂时间内发生多次急速的开闭,使气流忽通忽塞,迅速交替。北方人赶马车吆喝牲口的声音[tr]中的[r]就是这种音素。

(6)边擦音。这种发音方法的特点是发边音时带有摩擦成分。广西博白"三"字的声母[ɬ]就是这样的音素。

(7)擦音。这种发音方法的特点是造成阻碍的两个部分不完全阻塞,让气流从窄缝中挤出来,形成摩擦音。北京话里的[f]就是这样的音素。

除了上述几种发音方法外,发辅音时,还有个"清、浊"和"送气、不送气"的问题,这两点也属于"发音方法"的范围。

清音——发音时声带不振动,如[f]、[p]。

浊音——发音时声带要振动,如[m]、[d]。

送气——发音时有一股强气流冲出,如[p']、[t']。

不送气——发音时没有强气流冲出,如[p]、[t]。

下面介绍一下国际音标中常用辅音音素的发音部位和发音方法(见《国

际音标常用辅音表》）：

(1)双唇音。发音时，上、下唇接触形成阻碍。下面的音素都是用这种发音部位发出来的。

[p]塞音、清音、不送气。相当于汉语拼音方案里的b。北京话"八、班、帮"等字的声母以及广州话"夹、急"等字的韵尾就是这个音素。

[p']塞音、清音、送气（国际音标通常用加反逗点儿的方法来表示"送气"，如[p']）。相当于汉语拼音方案里的p。北京话"怕、潘、跑、乒"等字的声母就是这个音素。

[b]塞音、浊音、不送气。湖南双峰话"婆、朋、排"等字的声母就是这个音素。

[b']塞音、浊音、送气。

[m]鼻音、浊音。相当于汉语拼音方案里的m。北京话的"妈、买、忙"等字的声母，广州话"三、心"等字的韵尾就是这个音素。

[ɸ]擦音、清音。发音时上下唇呈扁平状，像吹灯的声音。湖南湘乡话"分"字，浙江诸暨话"夫、赴、府"等字的声母就是这个音素。

[β]擦音、浊音。江苏松江话"胡"字的声母就是这个音素。

(2)齿唇音。发音时，上齿轻轻咬住下唇内沿。下面的音素，都是用这种发音部位发出来的。

[pf]塞擦音、清音、不送气。西安、兰州话"追、猪"等字的声母就是这个音素。

[pf']塞擦音、清音、送气。西安、兰州话"吹、出"等字的声母就是这个音素。

[bv]塞擦音、浊音、不送气。

[bv']塞擦音、浊音、送气。

[ɱ]鼻音、浊音。祁门话"饭"字的声母就是不带音的[ɱ]。

[f]擦音、清音。相当于汉语拼音方案中的f。北京话"夫、分、芳"等字的声母就是这个音素。

[v]擦音、浊音。上海话"勿、烦、父"等字的声母就是这个音素。

(3)齿间音。发音时,舌头平伸,舌尖夹在上下齿之间形成阻碍。下面的音素都是用这种发音部位发出来的。

[tθ]塞擦音、清音、不送气。

[tθ']塞擦音、清音、送气。

[dð]塞擦音、浊音、不送气。

[dð']塞擦音、浊音、送气。

[θ]擦音、清音。安徽歙县"苏、三"等字的声母就是这个音素。

[ð]擦音、浊音。英语they(他们)读音中就有这个音素[ðei]。

(4)舌尖前音。发音时,舌头平伸,舌尖与齿背形成阻碍。下面的音素都是用这种发音部位发出来的。

[ts]塞擦音、清音、不送气。相当于汉语拼音方案里的z。北京话"子、脏、嘴"等字的声母就是这个音素。

[ts']塞擦音、清音、送气。相当于汉语拼音方案里的c。北京话"雌、仓、脆"等字的声母就是这个音素。

[ʣ]塞擦音、浊音、不送气。湖南双峰话"柴、时"等字的声母就是这个音素。

[ʣ']塞擦音、浊音、送气。浙江宁波话"藏、茶"等字的声母就是这个音素。

[s]擦音、清音。相当于汉语拼音方案里的s。北京话"三、四、桑"等字的声母就是这个音素。

[z]擦音、浊音。湖南湘潭话"似"字的声母就是这个音素。

(5)舌尖中音。发音时,舌尖与上齿龈接触形成阻碍。下面的音素都是用这种发音部位发出来的。

[t]塞音、清音、不送气。相当于汉语拼音方案里的d。北京话的"大、担、当"等字的声母,广州话"笔、不"等字的韵尾,就是这个音素。

[t']塞音、清音、送气。相当于汉语拼音方案里的t。北京话"他、推、汤"等字的声母就是这个音素。

[d]塞音、浊音、不送气。苏州话"同、定、独"等字的声母就是这个音素。

[dʻ]塞音、浊音、送气。

[n]鼻音、浊音。相当于汉语拼音方案里的n。北京话"男、拿、乃"等字的声母就是这个音素。

[l]边音、浊音。相当于汉语拼音方案里的l。北京话"篮、拉、来"等字的声母就是这个音素。

[r]滚音、浊音。俄语p的读音就是这个音素。

[ɬ]边擦音、清音,发音方法与发l音相仿,只是气流较l强,使之在舌头的两边形成很重的摩擦。台山话"三、四"等字的声母就是这个音素。

[ɮ]边擦音、浊音。

(6)舌尖后音。发音时,舌尖向上翘起,与硬腭前部接触形成阻碍。下面的音素都是用这种发音部位发出来的。

[ṭ]塞音、清音、不送气。

[ṭʻ]塞音、清音、送气。

[ḍ]塞音、浊音、不送气。

[ḍʻ]塞音、浊音、送气。

[tʂ]塞擦音、清音、不送气。相当于汉语拼音方案里的zh。北京话"占、珍、章"等字的声母就是这个音素。

[tʂʻ]塞擦音、清音、送气。相当于汉语拼音方案里的ch。北京话"产、昌、衬"等字的声母就是这个音素。

[dʐ]塞擦音、浊音、不送气。湖南双峰话"治、池"等字的声母就是这个音素。

[dʐʻ]塞擦音、浊音、送气。

[ɳ]鼻音、浊音。河北深县"南"字的声母就是这个音素。

[ʂ]擦音、清音。相当于汉语拼音方案里的sh。北京话"山、商、身"等字的声母就是这个音素。

[ʐ]擦音、浊音。相当于汉语拼音方案里的r。北京话"然、让、任"等字的声母就是这个音素。

(7)舌叶音。发音时舌面边缘跟上臼齿相接,舌面前部向上齿龈和前硬腭靠拢,嘴唇向前突出。下面的音素都是用这种发音部位发出来的。

[tʃ]塞擦音、清音、不送气。广州话"支、者"等字的声母就是这个音素。英语China(中国)里也有这个音[tʃaɪnə]。

[tʃ']塞擦音、清音、送气。广州话"耻、吵"等字的声母就是这个音素。

[dʒ]塞擦音、浊音、不送气。

[dʒ']塞擦音、浊音、送气。

[ʃ]擦音、清音。广州话"烧、试"等字的声母就是这个音素。英语sharp(尖锐)里的sh就是发这个音[ʃaːp]。

[ʒ]擦音、浊音。英语pleasure(愉快)里就有这个音[pleʒə]。

(8)舌面前音。发音时,舌面前部平举,与硬腭接触形成阻碍。下面的音素都是用这种发音部位发出来的。

[ȶ]塞音、清音、不送气。

[ȶ']塞音、清音、送气。

[ȡ]塞音、浊音、不送气。

[ȡ']塞音、浊音、送气。

[tɕ]塞擦音、清音、不送气。相当于汉语拼音方案里的j。北京话"鸡、坚、金"等字的声母就是这个音素。

[tɕ']塞擦音、清音、送气。相当于汉语拼音方案里的q。北京话"期、迁、亲"等字的声母就是这个音素。

[dʑ]塞擦音、浊音、不送气。苏州话"琴、强"等字的声母就是这个音素。

[dʑ']塞擦音、浊音、送气。

[ɲ]鼻音、浊音。成都话"年、严",苏州话"吟、任"等字的声母就是这个音素。

[ɕ]擦音、清音。相当于汉语拼音方案里的x。北京话"希、先、心"等字的声母就是这个音素。

[ʑ]擦音、浊音。浙江永康话"社、树、时"等字的声母就是这个音素。

(9)舌面中音。发音时,舌位较舌面前音稍后些。舌面中部与硬腭接触形成阻碍。下面的音素都是用这种发音部位发出来的。

[c]塞音、清音、不送气。浙江永康话"结、金"等字的声母就是这个音素。

[c']塞音、清音、送气。永康话"吃、曲"等字的声母就是这个音素。

[ɟ]塞音、浊音、不送气。永康话"乔、求"等字的声母就是这个音素。

[ɟ']塞音、浊音、送气。

[ɲ]鼻音、浊音。开封话"女、念、娘"等字的声母就是这个音素。

[ç]擦音、清音。永康话"晓、休"等字的声母就是这个音素。

[j]擦音、浊音。在汉语里,处于音节开头儿的i、y,往往带有一些摩擦成分,读成j、ɥ。如北京话的"语言"就读成[ɥyjɛn]。

(10)舌根音。发音时,舌根与软腭接触形成阻碍,下面这些音素都是用这种发音部位发出来的。

[k]塞音、清音、不送气。相当于汉语拼音方案里的g。北京话"干、搞"等字的声母,广州话"黑、石、落"等字的韵尾就是这个音素。

[k']塞音、清音、送气。相当于汉语拼音方案里的k。北京话"看、考"等字的声母就是这个音素。

[g]塞音、浊音、不送气。湖南双峰话"狂、件"等字的声母就是这个音素。

[g']塞音、浊音、送气。

[ŋ]鼻音、浊音。相当于汉语拼音方案里的ng。北京话"更、京、江"等字的韵尾,成都、重庆话"袄",湖南双峰话"颜、熬",广州话"牙、瓦"等字的声母就是这个音素。

[x]擦音、清音。相当于汉语拼音方案里的h。北京话"好、汉"等字的声母就是这个音素。

[ɣ]擦音、浊音。湖南双峰话"怀、肥"等字的声母就是这个音素。

(11)喉音。发音时,声带紧缩,把气流闭塞住,形成阻碍,下面的音素都是用这种发音部位发出来的。

[ʔ]塞音、清音、不送气。云南玉溪话"肝、缸"等字的声母,苏州话"色、目"等字的韵尾就是这个音素。

[ʔ']塞音、清音、送气。云南玉溪话"宽、开"等字的声母就是这个音素。

[h]擦音、清音。苏州话"花",广州话"希、许"等字的声母就是这个音素。

[ɦ]擦音、浊音。上海话的"红",浙江永康话的"和、换"等字的声母就是这个音素。

国际音标常用辅音表

发音方法	发音部位		双唇	齿唇	齿间	舌尖前	舌尖中①	舌尖后	舌叶	舌面前	舌面中	舌根	喉
塞音	清	不送气	p				t	ʈ		ȶ	c	k	ʔ
		送气	pʻ				tʻ	ʈʻ		ȶʻ	cʻ	kʻ	ʔʻ
	浊	不送气	b				d	ɖ		ȡ	ɟ	g	
		送气	bʻ				dʻ	ɖʻ		ȡʻ	ɟʻ	gʻ	
塞擦音	清	不送气		pf	tθ	ts		tʂ	tʃ	tɕ			
		送气		pfʻ	tθʻ	tsʻ		tʂʻ	tʃʻ	tɕʻ			
	浊	不送气		bv	dð	dz		dʐ	dʒ	dʑ			
		送气		bvʻ	dðʻ	dzʻ		dʐʻ	dʒʻ	dʑʻ			
鼻音	浊		m	ɱ			n	ɳ		ȵ	ɲ	ŋ	
边音	浊						l						
滚音	浊						r						
边擦音	清						ɬ						
	浊						ɮ						
擦音	清		ɸ	f	θ	s		ʂ	ʃ	ɕ	ç	x	h
	浊		β	v	ð	z		ʐ	ʒ	ʑ	j	ɣ	ɦ

---

① 分得粗一点,也可以把"舌尖中"合并到"舌尖前"里去(见本部分附录《国际音标表》)。

辅音音素发音练习（一）

pa	p'a	ba	b'a	ma	ɸa	βa			
pfa	pf'a	bva	bv'a	ɱa	fa	va			
tθa	tθ'a	dða	dð'a		θa	ða			
tsa	ts'a	dza	dz'a		sa	za			
ta	t'a	da	d'a	na	la	ra	ɬa	ɮa	
ʈa	ʈ'a	ɖa	ɖ'a	tʂa	tʂ'a	dʐa	dʐ'a	ɳa	ʂa ʐa
tʃa	tʃ'a	dʒa	dʒ'a	ʃa	ʒa				
ȶa	ȶ'a	ȡa	ȡ'a	tɕa	tɕ'a	dʑa	dʑ'a	ȵa	ɕa ʑa
ca	c'a	ɟa	ɟ'a	ɲa	ça	ja			
ka	k'a	ga	g'a	ŋa	xa	ɣa			
ʔa	ʔ'a	ha	ɦa						

辅音音素发音练习（二）

pa	ta	ʈa	ȶa	ca	ka	ʔa
p'a	t'a	ʈ'a	ȶ'a	c'a	k'a	ʔ'a
ba	da	ɖa	ȡa	ɟa	ga	
b'a	d'a	ɖ'a	ȡ'a	ɟ'a	g'a	
pfa	tθa	tsa	tʂa	tʃa	tɕa	
pf'a	tθ'a	ts'a	tʂ'a	tʃ'a	tɕ'a	
bva	dða	dza	dʐa	dʒa	dʑa	
bv'a	dð'a	dz'a	dʐ'a	dʒ'a	dʑ'a	
ma	ɱa	na	ɳa	ȵa	ɲa	ŋa
la						
ra						

语言漫议

ɬa
ɮa
ɸa　fa　θa　sa　ṣa　ʃa　ça　ҫa　xa　ha
βa　va　ða　za　ẓa　ʒa　ʐa　ja　ɣa　ɦa

辅音音素发音练习(三)

ba　　b'a　　ma　　βa
bva　　bv'a　　m̪a　　va
dða　　dð'a　　ða
dza　　dz'a　　za
da　　d'a　　na　　la　　ra　　ɮa
ḍa　　ḍ'a　　dẓa　　dẓ'a　　ṇa　　ẓa
dʒa　　dʒ'a　　ʒa
ɖa　　ɖ'a　　dʐa　　dʐ'a　　ɳa　　ʐa
ɟa　　ɟ'a　　ɲa　　ja
ga　　g'a　　ŋa　　ɣa
ɦa

辅音音素符号书写练习

m	v	s	t	z	n	r	ṭ	ṇ	ç	ẓ
c	x									
b	f	θ	ð	d	l	ɬ	t	ɖ	ɟ	j
k	ɣ	ʔ	h	ɦ						
p	m̪	ḍ	ṣ	ẓ	ɳ	ʒ	ɲ	ç	g	ŋ
ɸ	β	ɮ	ʃ							

二、元音

元音是发音时气流在口腔不受任何阻碍的音素。区分元音有三个条件：1.舌位的高低；2.舌位的前后；3.圆唇与不圆唇。

舌位的高低是指发元音时舌面与上腭距离的远近。舌面离上腭远（口腔开度大）的叫"舌位低"，发出来的音叫"低元音"，反之，舌面离上腭近（口腔开度小）的叫"舌位高"，发出的音叫"高元音"。

舌位的前后是指发音时舌头隆起点在舌头前部或是后部。隆起点在前的叫"前元音"，隆起点在后的叫"后元音"，隆起点在中间的叫"央元音"。

圆唇与不圆唇是指发音时嘴唇的状态。发音时嘴唇向前拢圆的叫"圆唇"，反之，叫"不圆唇"。

为了便于对元音音素的位置形成一个直观的印象，语言学家们依据区分元音的三个条件，设计了下面这样一幅《舌面元音舌位图》：

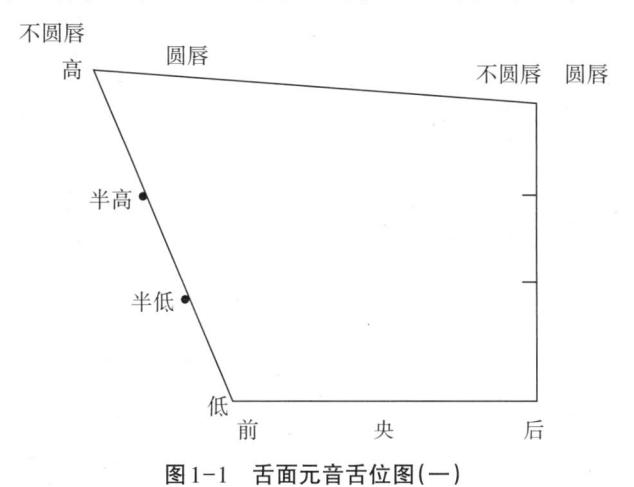

图1-1　舌面元音舌位图（一）

下面介绍一下国际音标常用元音的发音。

(1)舌面元音。发这种元音时，主要是舌面起作用，下面的音素都是舌面元音。

[i]高元音、前元音、不圆唇元音。相当于汉语拼音方案里的i。北京话"比、底"等字的韵母就是这个音素。

[e]半高元音、前元音、不圆唇元音。无锡话"梅"字的韵母就是这个音素。

[ɛ]半低元音、前元音、不圆唇元音。相当于汉语拼音方案里的ê。北京话的"爷、曰"等字音的第二个音素便是[ɛ]。

[a]低元音、前元音、不圆唇元音。相当于汉语拼音方案里的a。北京话"爱、安"等字音中的第一个音素便是[a]。

[ɑ]低元音、后元音、不圆唇元音。较汉语拼音方案里的a舌位靠后一些。北京话"熬、昂"等字音的第一个音素便是[ɑ]。

[ɔ]半低元音、后元音、圆唇元音。广州话"火"字的韵母就是这个音素。

[o]半高元音、后元音、圆唇元音。相当于汉语拼音方案里的o。北京话"跛、泼"等字的韵母就是这个音素。

[u]高元音、后元音、圆唇元音。相当于汉语拼音方案里的u。北京话"都、姑"等字的韵母就是这个音素。

现在把上面八个元音标在《舌面元音舌位图》上：

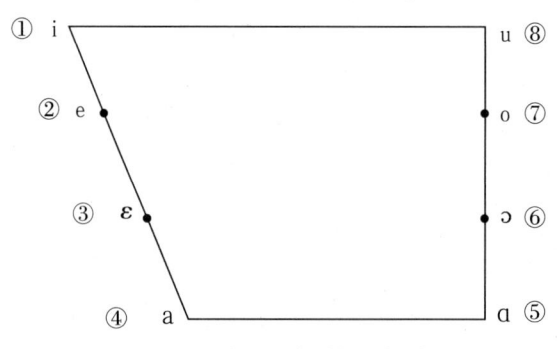

① i　　　　　　　　　　u ⑧
② e　　　　　　　　　　o ⑦
③ ɛ　　　　　　　　　　ɔ ⑥
④ a　　　　　　　　　　ɑ ⑤

图1-2　舌面元音舌位图(二)

研究语音学的人通常把上面这八个元音叫"标准元音"。由于它们是等距离、对称地排列在元音舌位图的高、低、前、后各点上，因而可以在学会这些音素的基础上，推出围绕在它们周围的其他元音音素的位置和读音来。

[y]第一号标准元音的圆唇音。相当于汉语拼音方案里的ü。北京话"举、取"等字的韵母就是这个音素。

[ø]第二号标准元音的圆唇音。苏州话"满、半、乱"等字的韵母就是这个音素。

[œ]第三号标准元音的圆唇音。广州话"朵"[tœ]、"略"[lœk]等字的韵母中就有这个音素。

[ɒ]第五号标准元音的圆唇音。南京话"巴、家、瓜"等字的韵母中就有这个音素。

[ʌ]第六号标准元音的不圆唇音。英语 but(但是)读音中就有这个音素[bʌt]。

[ɤ]第七号标准元音的不圆唇音。相当于汉语拼音方案里的 e。北京话"歌、德、河"等字的韵母就是这个音素。

[ɯ]第八号标准元音的不圆唇音。兰州话"二"字的读音中就有这个音素[ɤɯ]。

[æ]从舌位高低上看,这个音素介于标准元音三号和四号之间,是前元音、不圆唇元音。济南话"解、怪"等字音中就有这个音素。

[ɨ]高元音、央元音(舌的隆起点在[i]和[u]的中间)、不圆唇元音。

[ʉ]高元音、央元音、圆唇元音。

[ə]中性元音(舌位不高不低、不前不后、唇呈自然状态)。北京话"哥哥"中的第二个"哥"字(轻声音节)的韵母就是这个音素。

[ɐ]舌位较[ə]低些的央元音。广州话"心"[sɐm]字的韵母中就有这个音素。

现在把上面介绍的这些舌面元音都摆到《舌面元音舌位图》上去:

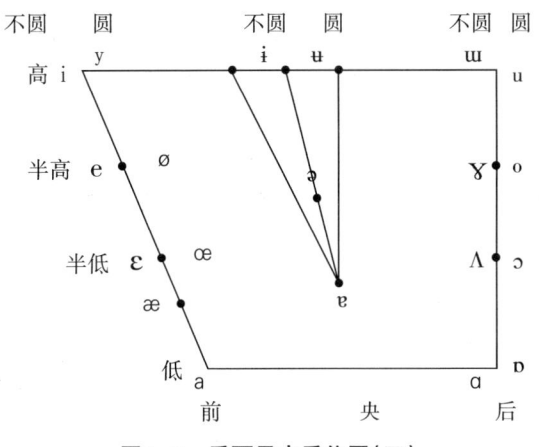

图 1-3　舌面元音舌位图(三)

(2)舌尖元音。发这种元音时,主要是舌尖起作用。下面的音素都是舌尖元音。

[ɿ]舌尖前元音(发音时舌尖向前伸,接近齿龈前部)、高元音、不圆唇元

音。相当于汉语拼音方案里的-i（舌尖前）。北京话"资、思"等字的韵母就是这个音素。

[ʅ]舌尖后元音（发音时舌尖向后翘起，接近齿龈后部）、高元音、不圆唇元音。相当于汉语拼音方案里的-i（舌尖后）。北京话"之、诗"等字的韵母就是这个音素。

[ɿ]是[ʅ]的圆唇音。苏州话"书"[sɿ]字的韵母就是这个音素。

[ʮ]是[ʅ]的圆唇音。湖北麻城话"树"[ʂʮ]字的韵母就是这个音素。

（3）卷舌元音。发舌面元音时，同时把舌尖卷起来对着硬腭，这种元音叫卷舌元音。

[ɚ]在发元音[ə]的同时，把舌尖卷起来对着硬腭前部就可发出这个音。相当于汉语拼音方案里的 er。北京话"儿、耳、二"等字的读音就是这个音素。

（4）鼻化元音。发这种元音时，气流从口腔和鼻腔同时流出。一般地说，元音都可发成鼻化元音。鼻化元音的符号是在一般元音上面加"~"，比如[ã]、[ũ]、[ɛ̃]等。宁波话"刚、方"等字的韵母就是[ã]，厦门话"英"字的读音是[ĩ]。

（5）半元音。介于元音和辅音之间的一种音素。在汉语里，出现在音节开头儿的高元音[i]、[u]、[y]，常常带有一定的摩擦成分，发成半元音[j]、[w]、[ɥ]。

元音音素发音练习（一）

i　i　e　e　ɛ　ɛ　a・a
ɑ　ɑ　ɔ　ɔ　o　o　u　u
i　e　ɛ　a　ɑ　ɔ　o　u
i—e　e—ɛ　ɛ—a　a—ɑ　ɑ—ɔ
ɔ—o　o—u
u　o　ɔ　ɑ　a　ɛ　e　i
u—o　o—ɔ　ɔ—ɑ　ɑ—a　a—ɛ　ɛ—e
ɛ—e　e—i

u u o o ɔ ɔ ɑ ɑ

a a ɛ ɛ e e i i

i e ɛ a ɑ ɔ o u

u o ɔ ɑ a ɛ e i

元音音素发音练习（二）

y y ø ø œ œ ɐ ɐ ʌ ʌ ɤ ɤ ɯ ɯ

y ø œ ɐ ʌ ɤ ɯ

y—ø ø—œ œ—ɐ ɐ—ʌ ʌ—ɤ ɤ—ɯ

ɯ ɤ ʌ ɐ œ ø y

ɯ—ɤ ɤ—ʌ ʌ—ɐ ɐ—œ œ—ø ø—y

i—y e—ø ɛ—œ ɑ—ɒ ɔ—ʌ o—ɤ u—ɯ

y ø œ ɒ ʌ ɤ ɯ

ɯ ɤ ʌ ɒ œ ø y

æ æ e ə a ɐ ɨ ɨ ũ ũ ʉ ʉ

ʉ ʉ ɨ ɨ ɐ a ə e æ æ

元音音素发音练习（三）

ɿ ɿ ʅ ʅ ʮ ʮ ʯ ʯ

ɚ ɚ ã ã ɔ̃ ɔ̃ õ õ ũ ũ

ĩ ĩ ẽ ẽ ɛ̃ ɛ̃ ɑ̃ ɑ̃ ɚ ɚ

i—j u—w y—ɥ

ɥ—y w—u j—i

元音音素符号书写练习

e	ɛ	ɜ	ɑ	ɔ	o	u	ø	œ
ɒ	ʌ	ɤ	ɯ	ə				
i	y	ɿ	ʅ	ʮ	ʯ	j	w	ɥ
ũ	ĩ	ã	ɛ̃	ɜ̃	ỹ			

国际音标的附加符号

～ 两可，标在两音中间，如 n~l

˜ 鼻化，标在音素上面，如 ã、õ

˳ 清音化，标在音素下面，如 b̥、d̥

ˬ 浊音化，标在音素下面，如 s̬、t̬

˯ 轻读，标在音素下面，如 i̯

˒ 口较关，标在音素下面，如 ɑ˒

˓ 口较开，标在音素下面，如 ɔ˓

┴ 舌较高，标在音素下面或右面，如 o̝ 或 o┴

┬ 舌较低，标在音素下面或右面，如 o̞ 或 o┬

＋ 舌较前，标在音素右面，如 t+

－ 舌较后，标在音素右面，如 t-

ͻ 唇较圆，标在音素右面，如 oͻ

ᴄ 唇较展，标在音素右面，如 oᴄ

ˌ 自成音节，标在音素下面，如 m̩n̩

' 送气，标在音素右上角，如 '

⌒ 两音同发，标在音素上面或下面，如 t͡s 或 t͜s

˪ 齿化，标在音素下面，如 t̪

三、声调辨识及标记法

汉语是有声调的语言。要调查和分析汉语方言,必须做到能准确地辨识声调并掌握一套记录声调的方法。

调查、分析一种汉语方言的声调,可以从两方面入手。一是研究它的"调值",一是研究它的"调类"。"调值"是指某一声调具体的高低升降读法;"调类"是按照调值分出来的声调类别(在同一方言内,调值相同的字归为一个调类)。

调类归纳出来后,还要参照古声调以确定其调类名称(这个问题留待后面谈语音调查方法时再讲)。这里只是先对大家进行一些审辨调值的训练,并且使大家学会标记声调的方法。

(一)标记调类的符号

标记调类时,可以直接写出声调名称来,如"平声、上声、去声、入声"等,也可以不写字而用符号标志:

东—平声　　　董—上声　　　送—去声　　　屋—入声

˳东　　　　　˚董　　　　　送˳　　　　　屋˳

˳诗　　　　　˳时　　　　　˚使　　　　　试˳　　　　　失˳

(阴平)　　　(阳平)　　　(上声)　　　(去声)　　　(入声)

(二)标记调值的符号

记录调值,人们通常采用"五度坐标法",即先画一条竖线,从下到上分成四格五点,用这五个点分别表示"低、半低、中、半高、高"。如:

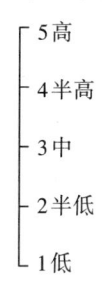

```
┌─ 5 高
├─ 4 半高
├─ 3 中
├─ 2 半低
└─ 1 低
```

图1-4　普通话调值五度标记图(一)

有了这个"坐标",就可以用它当"标尺"。在它的左面用直线或曲线标出声调的具体高低、升降、曲直等形式。比如今北京语音四个声调的调值分别是:

阴平　　　　阳平　　　　上声　　　　去声

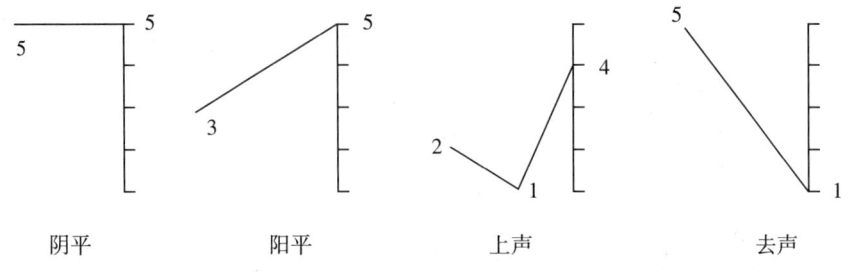

图1-5　普通话调值五度标记图(二)

方言调值(包括变调)要比上面这几种调值复杂些,要做到能够准确地审辨、记录方言调值,必须认真做一些关于调值的口、耳练习。

平调:

A（55）　A（55）　A（33）　A（33）　A（11）
A（11）　A（55）　A（55）　A（33）　A（33）
A（11）　A（11）　A（55）　A（33）　A（11）
A（55）　A（11）　A（33）　A（55）　A（11）
A（55）　A（55）　A（33）　A（33）　A（11）
A（11）　A（55）　A（55）

升调:

A（35）　A（35）　A（13）　A（13）　A（15）
A（15）　A（35）　A（35）　A（13）　A（13）
A（15）　A（15）　A（35）　A（13）　A（15）
A（35）　A（15）　A（13）　A（35）　A（15）
A（35）　A（35）　A（13）　A（13）　A（15）
A（15）　A（35）　A（35）

降调:

A（51）　A（51）　A（53）　A（53）　A（31）
A（31）　A（51）　A（51）　A（53）　A（53）

A（31）　　A（31）　　A（51）　　A（53）　　A（31）

A（51）　　A（31）　　A（53）　　A（51）　　A（31）

A（51）　　A（51）　　A（53）　　A（53）　　A（31）

A（31）　　A（51）　　A（51）

升降调：

A（131）　　A（131）　　A（353）　　A（353）　　A（353）

A（353）　　A（131）　　A（131）　　A（131）　　A（353）

A（131）　　A（353）　　A（353）　　A（131）　　A（353）

A（131）　　A（131）　　A（131）　　A（353）　　A（353）

A（353）　　A（353）　　A（131）　　A（131）

降升调：

A（535）　　A（535）　　A（313）　　A（313）　　A（313）

A（313）　　A（535）　　A（535）　　A（535）　　A（313）

A（535）　　A（313）　　A（313）　　A（535）　　A（313）

A（535）　　A（535）　　A（535）　　A（313）　　A（313）

A（313）　　A（313）　　A（535）　　A（535）

对比：

A（35）　　A（35）　　A（53）　　A（53）　　A（35）

A（53）　　A（35）　　A（53）　　A（53）　　A（53）

A（31）　　A（31）　　A（53）　　A（31）　　A（13）

A（31）　　A（15）　　A（15）　　A（51）　　A（51）

A（15）　　A（51）　　A（15）　　A（51）　　A（131）

A（131）　　A（313）　　A（313）　　A（131）　　A（313）

A（131）　　A（313）　　A（353）　　A（353）　　A（535）

A（535）　　A（353）　　A（535）　　A（353）　　A（535）

附录

国际音标表

方法		部位	双唇	齿唇	齿间	舌尖前	舌尖后	舌叶(舌尖及面)	舌面前	舌面中	舌根(舌面后)	小舌	喉
辅音	塞	清 不送气	p			t	ṭ		ȶ	c	k	q	ʔ
		清 送气	pʻ			tʻ	ṭʻ		ȶʻ	cʻ	kʻ	qʻ	ʔʻ
		浊 不送气	b			d	ḍ		ȡ	ɟ	g	G	
		浊 送气	bʻ			dʻ	ḍʻ		ȡʻ	ɟʻ	gʻ	Gʻ	
	塞擦	清 不送气	Pf	tθ	ts	tṣ	tʃ	tɕ					
		清 送气	pfʻ	tθʻ	tsʻ	tṣʻ	tʃʻ	tɕʻ					
		浊 不送气	bv	dð	dz	dẓ	dʒ	dʑ					
		浊 送气	bvʻ	dðʻ	dzʻ	dẓʻ	dʒʻ	dʑʻ					
	鼻	浊	m	ɱ		n	ɳ		ɲ̟	ɲ	ŋ	N	
	滚	浊				r						R	
	闪	浊				ɾ	ɽ						
	边	浊				l	ɭ		ʎ				
	边擦	清				ɬ							
		浊				ɮ							
	擦	清	ɸ	f	θ	s	ṣ	ʃ	ɕ	ç	x		h
		浊	β	v	ð	z	ẓ	ʒ	ʑ	j	ɣ		ɦ
	无擦通音及半元音	浊	w	ɥ	ʋ				j(ɥ)		(w)		
元音	高 半高 半低 低		圆唇元音 (ɿʮʯɰ) (ø ɵ) (œ ɔ) (ɒ)			舌尖元音 前 后 ɿ ʅ ɿʻ ʅʻ			舌面元音 前 中 后 i y ɨ ʉ ɯ u e ø ɤ o ɛ œ ɜ ʌ ɔ æ a ɑ ɒ				

(贰)汉语音韵概要

现代汉语的各种方言都是由古代汉语发展、演变来的。为了更透彻地弄清现代汉语各种方言的情况,有必要了解一些古代汉语的音韵常识。下面简要地介绍一点《广韵》所反映的中古汉语语音系统的情况。

一、中古音的声母

由于古时候没有音标符号,古人把同一声母的字归成一类,选出其中一个字来作这一类字的声母"标目字"。如:

标目字	例字
帮	波 杯 包 般 奔
滂	颇 胚 抛 潘 喷
并	婆 培 袍 盘 盆
明	魔 梅 茅 瞒 门

(一)《广韵》的声母

《广韵》共有四十个声母[①],分作四系十二组。现在按照发音部位和发音方法把这些声母的名称及其在今北京音系里的读音列表如下:

[①] 丁声树、李荣两位先生编的《汉语音韵讲义》中说:"古声母沿用旧来的'三十六字母'而略有变动。旧来的'照、穿、床、审'四母,依据陈澧考定,每母各分为二。'照二穿二床二审二'改称'庄、初、崇、生'。'照三穿三床三审三'改称'章、昌、船、书'。旧来的'喻'母也依陈澧考定分为两类。'喻三'改称'云','喻四'改称'以'。'娘'母没有独立的必要,并在'泥'母里头。这样,在'三十六字母'里添了五个,去了一个,共计四十个声母。"

《广韵》声母标目字及其今北京读音表

发音部位		发音方法	全清	次清	全浊	次浊
唇	重唇	帮系	帮组 帮 paŋ	滂 p'aŋ	並 piŋ	明 miŋ
	轻唇		非组 非 fei	敷 fu	奉 feŋ	微 uei
舌头		端系	端组 端 tuan	透 t'ou	定 tiŋ	
			泥组			泥 ni（娘 niaŋ）
半舌						来 lai
齿头			精组 精 tɕiŋ 心 ɕin	清 tɕ'iŋ	从 ts'uŋ 邪 ɕie	
舌上		知系	知组 知 tʂʅ	彻 tʂ'ɤ	澄 tʂ'əŋ	
正齿			庄组 庄 tʂuaŋ 生 ʂəŋ	初 tʂ'u	崇 tʂ'uŋ	
			章组 章 tʂaŋ 书 ʂu	昌 tʂ'aŋ	船 tʂ'uan 禅 ʂan	
半齿			日组			日 zʅ
牙		见系	见组 见 tɕiɛn	溪 tɕ'i	群 tɕ'yn	疑 i
喉			晓组	晓 ɕiau	匣 ɕia	
			影组 影 iŋ		云 yn	
						以 i

中古音和今音声母的读音有许多是不同的,由于古时候没有录音设备,古音究竟怎样读没有留下音档,但音韵学家们可以根据古代文献资料,对古音的读法进行推论、构拟,从而求出古音的实际音值来(因为是"推"出来的,

不同的音韵学家构拟的音值往往有些差别),为了便于弄清中古音与今方音的承袭、演变情况,现将《广韵》声母的拟音列表如下:

《广韵》声母拟音表①

发音部位		发音方法		全清	次清	全浊	次浊
唇	重唇	帮系	帮组	帮[p]	滂[pʻ]	并[b]	明[m]
	轻唇		非组	非[f]	敷[fʻ]	奉[v]	微[ɱ]
舌头		端系	端组	端[t]	透[tʻ]	定[d]	
			泥组				泥[n](娘[ɳ])
半舌							来[l]
齿头			精组	精[ts] 心[s]	清[tsʻ]	从[dz] 邪[z]	
舌上		知系	知组	知[ʈ]	彻[ʈʻ]	澄[ɖ]	
正齿			庄组	庄[tʃ] 生[ʃ]	初[tʃʻ]	崇[dʒ]	
			章组	章[tɕ] 书[ɕ]	昌[tɕʻ]	船[dʑ] 禅[ʑ]	
半齿			日组				日[ɲʑ]
牙		见系	见组	见[k]	溪[kʻ]	群[g]	疑[ŋ]
喉			晓组		晓[x]	匣[ɣ]	
			影组	影[ʔ]			云[j]
							以[ø]

音韵学家把"发音方法"分为"清、浊"两大类。"清"又分"全清、次清"两小类;"浊"又分"全浊、次浊"两小类。现将其与今语音学术语对照于下:

全清——包括不送气的清塞音、塞擦音、擦音;

次清——包括送气的清塞音、塞擦音、擦音;

---

①关于古音的拟音问题,各家的见解不全相同。本书广韵声母、韵母拟音表系参照王力《汉语音韵学》、邵荣芬《汉语语音史讲话》、李新魁《古音概说》以及一些兄弟院校方言教材等整理排列的,并非定论,仅供参考。

全浊——包括浊塞音、塞擦音、擦音；

次浊——包括鼻音、边音、半元音以及零声母。

(二)古今声母的演变情况

1.关于"清、浊"

总起来说,古音较今音浊声母多,现在大多数汉语方言把古代全浊声母读成了清声母。如：

例字	古声母	今声母(普通话)
並	[b]	[p]
奉	[v]	[f]
定	[d]	[t]
从	[dz]	[tsʻ]
邪	[z]	[ɕ]
澄	[ɖ]	[tʂʻ]
崇	[dʐ]	[tʂʻ]
船	[dʑ]	[tʂʻ]
禅	[ʐ]	[ʂ]
群	[g]	[tɕʻ]
匣	[ɣ]	[ɕ]

古音全浊声母的痕迹,在今某些方言中仍可找到印证。比如今吴方言中就还保留着古代全浊声母,仍把"並、定"等字的声母读成[b]、[d],而不读[p]、[t]。

古音声母的清、浊与今声调的分类有关。一般说来,古清声母字大都转变为今"阴"类声调,古浊声母字转变为今"阳"类声调。如:

例字	古调类	今调类(包括方言)
诗(书母、全清) 时(禅母、全浊)	平	阴平 阳平
使(生母、全清) 是(禅母、全浊)	上	阴上(方言) 阳上(方言)
试(书母、全清) 事(崇母、全浊)	去	阴去(方言) 阳去(方言)
失(书母、全清) 石(禅母、全浊)	入	阴入(方言) 阳入(方言)

古声母的清、浊,与今声母送气、不送气也有关系。"並、定、从、澄、崇、船、群"七个全浊声母,在今北京语音里,按古声调的不同分为送气和不送气两类,其规律是:古平声,今送气;古仄声(上、去、入),今不送气。如:

古並母 $\begin{cases}$ "蒲",平声,今北京语音读为送气声母[p'](平声送气);
"步",去声,今北京语音读为不送气声母[p](仄声不送气); $\end{cases}$

古定母 $\begin{cases}$ "图",平声,今北京语音读为送气声母[t'](平声送气);
"渡",去声,今北京语音读为不送气声母[t](仄声不送气); $\end{cases}$

古群母 $\begin{cases}$ "奇",平声,今北京语音读为送气声母[tɕ'](平声送气);
"极",入声,今北京语音读为不送气声母[tɕ](仄声不送气); $\end{cases}$

2. 关于"精"组、"见"组字声母的分化

古声母"精"组字(精、清、从、心、邪)和"见、晓"组(见、溪、群、晓、匣)的声母,在今普通话里的分化与韵母的"洪、细"有关。其规律是:

古"精"组字声母在"洪音"(今开、合两呼)前,今音读[ts、ts'、s];在"细音"(今齐、撮两呼)前,今音读[tɕ、tɕ'、ɕ]。

古"见、晓"组字声母在"洪音"(今开、合两呼)前,今音读[k、k'、x];在"细

音"(今齐、撮两呼)前,今音读[tɕ、tɕʻ、ɕ]。(见下表)

	古声母	洪	普通话声母	细	普通话声母
精组	精	栽、租	[ts]	姐	[tɕ]
	清	猜、粗	[tsʻ]	且、趋	[tɕʻ]
	从	罪	[ts]	聚	[tɕ]
		才	[tsʻ]	齐	[tɕʻ]
	心	娑、苏	[s]	些、胥	[ɕ]
	邪	俗	[s]	斜、徐	[ɕ]
见晓组	见	该、姑	[k]	皆、拘	[tɕ]
	溪	开、枯	[kʻ]	启、区	[tɕʻ]
	群	跪	[k]	忌	[tɕ]
		逵	[kʻ]	奇、瞿	[tɕʻ]
	晓	海、呼	[x]	戏、虚	[ɕ]
	匣	亥、胡	[x]	械、穴	[ɕ]

语音学上有分不分尖、团的说法。所谓"分尖团",就是指古精组、见组字在今细音前读音不同。比如河南郑州人,把古精组字"精"读作[tsiŋ],把古见组字"经"读作[tɕiŋ],这就是分尖、团。所谓"尖团不分",就是指古精、见组字在今细音前读音相同。比如北京人把"精、经"两字都读成[tɕiŋ],这就是"尖团不分"。[ts、tsʻ、s]+[i]、[y]为尖音,[tɕ、tɕʻ、ɕ]+[i]、[y]为团音。

"分尖团"的是既有[ts、tsʻ、s]+[i]、[y]的音节,又有[tɕ、tɕʻ、ɕ]+[i]、[y]的音节。今北京语音不分尖团,只有[tɕ、tɕʻ、ɕ]+[i]、[y]的音节,没有[ts、tsʻ、s]+[i]、[y]的音节,实际上是只有"团音",没有"尖音"。

二、中古音的韵母

韵母和声母一样,由于没有音标符号,古人把同韵的字归在一起,选出其中一个字来作这一类字的韵母"标目字"。如:

标目字	例字
麻	巴 爬 拿 茶 沙
模	菩 徒 奴 枯 胡
灰	杯 胚 培 推 盃
豪	褒 袍 刀 桃 高

(一)《广韵》的韵母

《广韵》共有206韵,是分得很细的。其划分条件大致是凡韵腹、韵尾、声调以及韵头不同的,就分别划为不同的韵。比如:

韵腹不同的:覃[t'Am]　　　　　谈[t'ɑm]

韵尾不同的:送[suŋ]　　　　　屋[ʔuk]

声调不同的:东[˳tuŋ]　　　　　董[˚tuŋ]

韵头不同的:仙[ɕian]　　　　　桓[xuan]

音韵学家们按照韵腹和韵尾相同或相近的原则,把《广韵》的206韵归并成16摄,每摄也选出一个"标目字"。现在把《广韵》的全部韵、摄列表如下:

《广韵》韵、摄及其今读音表

调＼韵＼摄	平	上	去	入
果	歌[kɤ] 戈[kɤ]	哿[kɤ] 果[kuo]	简[kɤ] 过[kuo]	
假	麻[ma]	马[ma]	祃[ma]	
遇	鱼[y] 虞[y] 模[mu]	语[y] 麌[y] 姥[mu]	御[y] 遇[y] 暮[mu]	

语言漫议

续表

摄＼韵＼调	平	上	去	入
蟹	齐[tɕ'i] 佳[tɕia] 皆[tɕie] 灰[xuei] 咍[xai]	荠[tɕi] 蟹[ɕie] 骇[xai] 贿[xuei] 海[xai]	霁[tɕi] 祭[tɕi] 泰[t'ai] 卦[kua] 怪[kuai] 夬[kuai] 队[tuei] 代[tai] 废[fei]	
止	支[tʂʅ] 脂[tʂʅ] 之[tʂʅ] 微[uei]	纸[tʂʅ] 旨[tʂʅ] 止[tʂʅ] 尾[uei]	寘[tʂʅ] 至[tʂʅ] 志[tʂʅ] 未[uei]	
效	萧[ɕiau] 宵[ɕiau] 肴[iau] 豪[xau]	篠[ɕiau] 小[ɕiau] 巧[tɕ'iau] 皓[xau]	啸[ɕiau] 笑[ɕiau] 效[ɕiau] 号[xau]	
流	尤[iou] 侯[xou] 幽[iou]	有[iou] 厚[xou] 黝[iou]	宥[iou] 候[xou] 幼[iou]	
咸	覃[t'an] 谈[t'an] 盐[ian] 添[t'ian] 咸[ɕian] 衔[ɕian] 严[ian] 凡[fan]	感[kan] 敢[kan] 琰[ian] 忝[t'ian] 豏[ɕian] 槛[tɕian] 俨[ian] 范[fan]	勘[k'an] 阚[k'an] 艳[ian] 桥[t'ian] 陷[ɕian] 鉴[tɕian] 酽[ian] 梵[fan]	合[xɤ] 盍[xɤ] 叶[ie] 帖[t'ie] 洽[tɕ'ia] 狎[ɕia] 业[ie] 乏[fa]
深	侵[tɕ'in]	寝[tɕ'in]	沁[tɕ'in]	缉[tɕi]

续表

摄＼调韵	平	上	去	入
山	元[yan] 寒[xan] 桓[xuan] 删[ʂan] 山[ʂan] 先[ɕian] 仙[ɕian]	阮[ʐuan] 旱[xan] 缓[xuan] 潸[ʂan] 产[tʂ'an] 铣[ɕian] 狝[ɕian]	愿[yan] 翰[xan] 换[xuan] 谏[tɕian] 祵[tɕian] 霰[ɕian] 線[ɕian]	月[ye] 曷[xɤ] 末[mo] 鎋[ɕia] 黠[ɕia] 屑[ɕie] 薛[ɕye]
臻	真[tʂən] 谆[tʂuən] 臻[tʂən] 文[uən] 殷[in] 魂[xuən] 痕[xən]	轸[tʂən] 准[tʂuən] 吻[uən] 隐[in] 混[xuən] 很[xən]	震[tʂən] 稕[tʂuən] 问[uən] 焮[ɕin] 慁[xuən] 恨[xən]	质[tʂʅ] 术[ʂu] 栉[tʂʅ] 物[u] 迄[tɕ'i] 没[mo]
宕	阳[iaŋ] 唐[t'aŋ]	养[iaŋ] 荡[taŋ]	漾[iaŋ] 宕[taŋ]	药[iau] 铎[tuo]
江	江[tɕiaŋ]	讲[tɕiaŋ]	绛[tɕiaŋ]	觉[tɕye]
曾	蒸[tʂəŋ] 登[təŋ]	拯[tʂəŋ] 等[təŋ]	证[tʂəŋ] 嶝[təŋ]	职[tʂʅ] 德[tɤ]
梗	庚[kəŋ] 耕[kəŋ] 清[tɕ'iŋ] 青[tɕ'iŋ]	梗[kəŋ] 耿[kəŋ] 静[tɕiŋ] 迥[tɕyŋ]	映[iŋ] 诤[tʂəŋ] 劲[tɕiŋ] 径[tɕiŋ]	陌[mo] 麦[mai] 昔[ɕi] 锡[ɕi]
通	东[tuŋ] 冬[tuŋ] 钟[tʂuŋ]	董[tuŋ] 肿[tʂuŋ]	送[suŋ] 宋[suŋ] 用[yŋ]	屋[u] 沃[uo] 烛[tʂu]

像声母一样，中古音的韵母与今韵母也是有差异的。现将音韵学家们给《广韵》韵母所做的拟音列表于下：

《广韵》韵母拟音表

摄	平	上	去	呼	等	平、上、去音值	入	入声音值
果摄	歌戈	哿果	箇过	开口 合口 合口	一 一 三	[ɑ] [uɑ] [i̯uɑ]		
假摄	麻	马	祃	开口 开口 合口	二 三 二	[a] [i̯a] [ua]		
遇摄	鱼虞模	语麌姥	御遇暮	合口 合口 合口	三 三 一	[i̯uo] [i̯u] [uo]		
蟹摄	齐 佳皆 灰咍	荠 蟹骇 贿海	霁 祭 泰 卦怪夬 队代废	开口 合口 开口 合口 开口 合口 开口 合口 开口 合口 合口 开口 开口 合口	四 四 三 三 一 一 二 二 二 二 二 二 一 一 三 三	[iɛi] [iuɛi] [i̯æi] [i̯uæi] [ɑi] [uɑi] [æi] [uæi] [ɐi] [uɐi] [ai] [uai] [uɒi] [ɒi] [i̯ɐi] [i̯uɐi]		
止摄	支脂之微	纸旨止尾	寘至志未	开口 合口 开口 合口 开口 开口 合口	三 三 三 三 三 三 三	[i̯e] [i̯ue] [i] [i̯u] [i] [i̯əi] [i̯uəi]		

续表

摄	平	上	去	呼	等	平、上、去音值	入	入声音值
效摄	萧宵肴豪	篠小巧皓	啸笑效号	开口 开口 开口 开口	四 三 二 一	[iɛu] [iæu] [au] [ɑu]		
流摄	尤侯幽	有厚黝	宥候幼	开口 开口 开口	三 一 三	[i̯əu] [əu] [i̯eu]		
咸摄	覃谈盐添咸衔严凡	感敢琰忝豏槛俨范	勘阚艳㮇陷鉴酽梵	开口 开口 开口 开口 开口 开口 开口 合口	一 一 三 四 二 二 三 三	[ɑm] [am] [i̯æm] [i̯ɛm] [ɐm] [am] [i̯ɐm] [i̯uɐm]	合盍叶帖洽狎业乏	[ɑp] [ap] [i̯æp] [i̯ɛp] [ɐp] [ap] [i̯ɐp] [i̯uɐp]
深摄	侵	寝	沁	开口	三	[i̯em]	缉	[i̯ep]
山摄	元寒桓删山先仙	阮旱缓潸产铣狝	愿翰换谏祸霰线	开口 合口 开口 合口 开口 合口 开口 合口 开口 合口 开口 合口	三 三 一 一 二 二 二 二 四 四 三 三	[i̯æn] [i̯uæn] [ɑn] [uɑn] [an] [uan] [an] [uan] [i̯ɛn] [i̯uɛn] [i̯æn] [i̯uæn]	月曷末鎋黠屑薛	[i̯æt] [i̯uæt] [ɑt] [uɑt] [at] [uat] [at] [uat] [i̯ɛt] [i̯uɛt] [i̯æt] [i̯uæt]

语言漫议

续表

摄	平	上	去	呼	等	平、上、去音值	入	入声音值
臻摄	真谆臻文殷魂痕	轸準吻隐混很	震稕问焮恩恨	开口 合口 开口 合口 开口 合口 开口	三 三 三 三 三 一 一	[i̯en] [i̯uen] [i̯en] [i̯uen] [i̯ən] [uən] [ən]	质术栉物迄没	[i̯et] [i̯uet] [i̯et] [i̯uet] [i̯ət] [uət]
宕摄	阳唐	养荡	漾宕	开口 合口 开口 合口	三 三 一 一	[i̯aŋ] [i̯uaŋ] [aŋ] [uaŋ]	药铎	[i̯ak] [i̯uak] [ak] [uak]
江摄	江	讲	绛	开口	二	[ɔŋ]	觉	[ɔk]
曾摄	蒸登	拯等	证嶝	开口 合口 开口 合口	三 三 一 一	[i̯əŋ] [əŋ] [uəŋ]	职德	[i̯ək] [i̯uək] [ək] [uək]
梗摄	庚 耕清青	梗 耿静迥	映 诤劲径	开口 开口 合口 合口 开口 合口 开口 合口 开口 合口	二 三 二 三 二 二 三 三 四 四	[ɐŋ] [i̯ɐŋ] [uɐŋ] [i̯uɐŋ] [æŋ] [uæŋ] [i̯ɛŋ] [i̯uɛŋ] [ieŋ] [iueŋ]	陌 麦昔锡	[ɐk] [i̯ɐk] [uɐk] [æk] [uæk] [i̯ɛk] [iuɛk] [iek] [iuek]
通摄	东冬钟	董肿	送宋用	合口 合口 合口 合口	一 三 一 三	[uŋ] [i̯uŋ] [uoŋ] [i̯uoŋ]	屋沃烛	[uk] [i̯uk] [uok] [i̯uok]

(二)有关《广韵》韵母的一些情况

1.关于韵摄

由《广韵》韵母拟音表中可以看出"摄"是韵的一种大的分类,每一摄又包括若干个韵。比如"果韵"就包括平声"歌、戈"、上声"哿、果"、去声"个、过"等六个韵。"咸摄"包括平声"覃、谈、盐、添、咸、衔、严、凡";上声"感、敢、琰、忝、豏、槛、俨、范";去声"勘、阚、艳、㮇、陷、鉴、酽、梵"以及入声"合、盍、叶、帖、洽、狎、业、乏"等32个韵。这样归纳下来,16摄里共有舒声韵172个(平57、上55、去60),共有入声韵34个,两项合在一起,共为206韵。现将各摄所含韵数列表于下:

韵摄	平	上	去	入	共计韵数
果	2	2	2		6
假	1	1	1		3
遇	3	3	3		9
蟹	5	5	9		19
止	4	4	4		12
效	4	4	4		12
流	3	3	3		9
咸	8	8	8	8	32
深	1	1	1	1	4
山	7	7	7	7	28
臻	7	6	6	6	25
宕	2	2	2	2	8
江	1	1	1	1	4
曾	2	2	2	2	8
梗	4	4	4	4	16
通	3	2	3	3	11
共计韵数	57	55	60	34	206

按声调分,16摄中"果、假、遇、蟹、止、效、流"等7个韵摄只有舒声(平、上、去),没有入声;"咸、深、山、臻、宕、江、曾、梗、通"等9个韵摄既有舒声,又有入声。

按韵尾分,16个韵摄的情况是:

"果、假、遇"三摄无韵尾;

"蟹、止"两摄是[i]韵尾;

"效、流"两摄是[u]韵尾;

"咸、深"两摄舒声是[m]韵尾,入声是[p]韵尾;

"山、臻"两摄舒声是[n]韵尾,入声是[t]韵尾;

"宕、江、曾、梗、通"五摄舒声是[ŋ]韵尾,入声是[k]韵尾。既有舒声又有入声的韵摄,舒声韵尾都是鼻音音素[m、n、ŋ],入声韵尾都是塞音音素[p、t、k],同一韵摄舒、入韵尾的发音部位是相同的:

韵尾 \ 发音部位 \ 韵摄	咸、深	山、臻	宕、江、曾、梗、通
	双唇	舌尖中	舌根
舒声韵尾	m	n	ŋ
入声韵尾	p	t	k

2.关于等、呼

"等"和"呼"是两个概念,是汉语音韵学家分析汉语语音的一种方法。宋、元等韵图把韵母分为两呼——开口呼、合口呼,又把两呼各分为"四等",以反映韵母发音状况的不同。下边把"等"和"呼"分开来谈一下。

(1)关于"等"。

由于古今语音的变迁,单凭今音,往往不易辨明某韵应属何"等"。按照有关资料分析,四等大约是这样分的:

一等韵——韵母中没有[i]介音,主要元音开口度最大,舌位较后;

二等韵——韵母中没有[i]介音,主要元音开口度次大,舌位较前;

三等韵——韵母中有[i]介音,主要元音开口度较小,舌位较前;

四等韵——韵母中有[i]介音,主要元音开口度最小,舌位最前。

试看下面的例子：

例字	韵	条件	等
寒	[-ɑn]	没有[i]，主要元音[ɑ]是开口度最大的后元音	一
删	[-an]	没有[i]，主要元音[a]较[ɑ]开口度略小，舌位也较前	二
仙	[-iæn]	有[i]，主要元音[æ]较[a]开口度略小，舌位也较前	三
先	[-iɛn]	有[i]，主要元音[ɛ]较[æ]开口度略小，舌位也较前	四

为了使大家对上述几个主要元音的开口度和舌位弄得更清楚，现在把它们放到《元音舌位图》上再看一下。

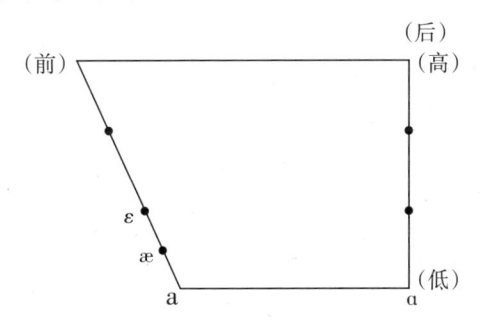

图 2-1　舌面元音舌位图

"等"主要是对韵说的，但由于韵要和声母组成音节，故而"等"也要牵涉到声。请看下表：

声母＼等	一	二	三	四
帮滂並明	√	√	√	√
非敷奉微			√	
端透定	√			√
泥来	√	√	√	√
精清从心	√		√	√
邪			√	
知彻澄(娘)		√	√	
庄初崇生		√	√	

续表

声母＼等	一	二	三	四
章昌船书禅			√	
日			√	
见溪疑	√	√	√	√
群			√	
晓	√	√	√	√
匣	√	√		√
影	√	√	√	√
云以			√	

由上表可以看出，"帮、滂、並、明、端、透、定、泥、来、精、清、从、心、见、溪、疑、晓、匣、影"等声母可与一、四等韵配合。

"帮、滂、並、明、泥、来、知、彻、澄、庄、初、崇、生、见、溪、疑、晓、匣、影"等声母可与二等韵配合。

除"端、透、定、匣"外，各个声母都可与三等韵配合，其中只在三等韵才出现的声母有"非、敷、奉、微、邪、章、昌、船、书、禅、日、群、云、以"等。

凡能与一等韵配合的，也一定可与四等韵配合。

又据《广韵韵母拟音表》看，"蟹、效、咸、山"诸韵摄一、二、三、四等俱全。"梗"摄有二、三、四等，"果、遇、流、臻、宕、曾、通"诸摄只有一、三等；"假"摄只有二、三等；"江"摄只有二等；"止、深"摄只有三等。

一、二等韵都没有[i]介音，发音时口腔共鸣空隙较大，称为"洪音"；三、四等韵都有[i]介音，发音时口腔共鸣空隙较小，称为"细音"。

(2) 关于"呼"。

"呼"是就韵母中第一个元音音素发音时嘴唇的状态来说的，分成开口呼、合口呼两类：凡介音或主要元音是[u]，发音时嘴唇拢圆的叫合口呼韵母；凡介音或主要元音不是[u]，发音时嘴唇不呈圆形的叫开口呼韵母。比如"寒"[-ɑn]字的韵母中没有[u]作介音，主要元音也不是[u]，发音时唇不圆，是

"开口呼"。"桓"[-uan]字的韵母中有[u]介音,发音时嘴唇要拢圆,是"合口呼"。《广韵》里的韵,有的同时兼有开口呼、合口呼,如"麻"韵;有的韵只有开口呼,没有合口呼,如"歌"韵;有的韵只有合口呼,没有开口呼,如"鱼"韵。

《广韵》16摄的开、合情况如下:

兼有开口呼、合口呼的韵摄——果、假、蟹、止、咸、山、臻、宕、曾、梗。

只有开口呼的韵摄——效、流、深、江。

只有合口呼的韵摄——遇、通。

随着语音的不断发展,中古音"等"、"呼"的情况与今音相比也产生了变化,到明朝时就有人主张并等,把开、合各四等并为开、合各两等。清潘耒在《类音》中,以唇的形状(实际上是音节中第一个元音唇的状态)为标准,定为"开口呼、齐齿呼、合口呼、撮口呼",统称"四呼",沿用至今。

中古音"等"、"呼"转为今音"四呼"的情况可由下表反映出来:

古四等＼今四呼＼古二呼	开	合
一、二等(洪)	开口呼	合口呼
三、四等(细)	齐齿呼	撮口呼

三、古今声调演变情况

由中古汉语到现代汉语各方言,声调也发生了一定程度的变化。比如,在北京语音里,将古平声字按照古声母的清、浊分成阴、阳两类:古清声母平声字今为阴平,古浊声母平声字今为阳平。古上声中的清声母和次浊声母字今仍为上声,古全浊声母上声字转到今去声。古去声字无论声母清、浊,今仍为去声。古入声在今北京话里不再单独成为一个调类,而是将古入声字中的清声母字散归到今阴平、阳平、上声、去声里,将古入声中的全浊声母字归并到今阳平,次浊声母字归到今去声。这就是所谓"平分阴阳,入派三声"。

古、今(北京)声调对应表

古声调	古清浊	例字	今北京声调 阴平	阳平	上声	去声
平	清	全 清	刚知婚			
		次 清	开超初			
	浊	全 浊		穷陈寒		
		次 浊		鹅娘人		
上	清	全 清			古好纸	
		次 清			口丑楚	
	浊	全 浊				近柱厚
		次 浊			五老有	
去	清	全 清				盖汉正
		次 清				靠唱菜
	浊	全 浊				阵助树
		次 浊				岸闻怒
入	清	全 清	失惜说	识责福	窄百谷	释宿色
		次 清	踢出秃	察殼咳	曲尺朴	覆促鹊
	浊	全 浊		局宅食		
		次 浊				愕入六

　　就现代汉语各大方言区的情况看,北方方言的古今声调演变情况与北京语音大体相似。吴方言大都将古四声分为7个声调:比如苏州话就将古平、去、入各分为阴、阳两类;古上声中的清声母和次浊声母字仍为上声,全浊声母字归并到阳去。湘方言一般将古四声分为6个声调:比如长沙话将古平声和去声各分为阴、阳两类;除全浊上声字归到今阳去外,古上声仍为上声;古入声在长沙话里仍独立成为一个调类。赣方言古、今声调变化情况与湘方言大体相仿。客家话古平、上、去三声的变化与北方方言区相同,只

是将古入声分为阴、阳两类。闽方言一般是7个声调:古平、去、入都分成阴、阳两类;古上声除全浊声母字归到阳去外,余仍为上声。粤方言是现代汉语里声调最多的方言,有9~10个声调。比如在广州话里,古平声、上声、去声都分成阴阳两类,古入声又分成上阴入、下阴入和阳入三类。

(叁)汉语方言调查

一、语音调查方法

早在20世纪50年代,中国科学院语言研究所就为汉语方言调查设计了几种表格。用以调查方音的有:

(1)《汉语方言调查简表》;

(2)《汉语方言调查字音整理卡片》;

(3)《方言调查字表》。

以上三种表格各有各的用处,同时它们又互相配合,成为调查和整理方言语音的完整依据。

《汉语方言调查简表》(以下简称《简表》)是供调查方言时实地记音用的。分为语音和词汇、语法两大部分。语音部分包括"声调例字""声母例字""韵母例字""音系基础字"和"单字表"等五个部分。为了便于整理,除声调例字未编号外,其余四项全部例字都做了统一编号。计有:声母例字1~113号,韵母例字114~220号,音系基础字221~540号,单字表541~2136号。为了便于归类和查考,声母、韵母、音系基础字以及单字表中所收例字都是按照今北京语音的习惯音序排列的。实地调查时,可将方言读音记在每个例字下面,比如重庆方音:

     12 13
     扶——胡
     ₅fu ₅fu

为了保证调查材料的可靠性,书前还列出了要求发音合作人填写的情况表。

《汉语方言调查字音整理卡片》(以下简称《卡片》)是供整理《汉语方言调查简表》所记方言字音用的。《卡片》必须同《简表》配合使用。为了便于归类、查找,《简表》里所有例字的编号与《卡片》中例字的编号完全相同。比如

《简表》32页有个"望"字,编号为"1954",《卡片》里就有这样一张片子:

1954	wàŋ	[uaŋ]	省区
望			市县
			乡镇
			发音
			记音
		年 月 日	

使用时,先将《简表》上的方言记音抄到同一编号的卡片上,然后像打扑克一样,利用卡片按照不同目的进行归类。例如《卡片》第322号"猪"字重庆方音记作[₵tsu],《卡片》1026号"租"字重庆方音也是记作[₵tsu],这样就可以把两张卡片归在一起。看到这种在北京语音中应该分别读作[tʂ]、[ts]两组声母的字在××方言中读成了相同的,就说明这种方言[tʂ]与[ts]相混。

《方言调查字表》(以下简称《字表》)是供调查和整理方言的"语音系统"用的。共收常用字三千多个,依照《广韵》的声母、韵母、声调排列。以《字表》为依据进行某一种方言调查,可以求出该方言的语音系统在古今演变上的规律来。比如《字表》6页收有古"泥"声母字"奴",又有古"来"声母字"卢",这两个字在古音里声母是不同的,然而在今重庆话里两个字的读音却是相同的,都读[n]声母,这说明在今天重庆方言的语音系统里,古"泥、来"两个声母的字合二为一了,也就是人们常说的"鼻[n]、边[l]不分。"又比如《字表》6页的"姑"字和7页的"居"字,在中古音里的声母本是相同的,都是"见"母字,然而在今重庆话里,"姑"读作[ku],"居"却读作[tɕy]。什么条件使它们形成了不同的读音呢?看一看《字表》各页顶上所列的韵、摄情况就明白了。在中古音里"姑"是古"遇摄合口一等"字(洪音),"居"却是古"遇摄合口三等"字(细音)。很明显,这个事实告诉我们,在重庆方言里,古"见"母字,在今洪音前读[k]声母,在今细音前读[tɕ]声母。使用《方言调查字表》调查方言的人,必须受过语音学的基本训练,还得具有一定的汉语音韵学知识。

为了保证所记方音的可靠性,一定要选好发音人。发音人应选择成年前一直住在当地,成年后也很少离开本地的中、老年人。为了避免读书音影响,发音人的文化程度不要太高,还有一点要注意:发音人的发音器官必须正常。

现在以《简表》提供的语音例字为例,以重庆方言为调查对象,具体讲述一下调查方言语音的步骤和方法。

(一)关于声调的调查

"声调调查例字表"可以帮助我们求出某种方言有几个"调类"和每种调类的具体念法——"调值"来。

记录的步骤是:用"五度坐标"把声调例字表中每个字的方言"调值"记录下来,然后总起来,看看该方言共有几种不同的调值。再依据"在同一方言中,有几种调值就有几个调类"的原则,确定出该方言有几个"调类",进而再参照古调类及例字的古声母清、浊情况,确定出各调类的名称来。比如以重庆方言为例,可得出下列各表:

声调调查例字表

古调类	古清浊	行	例字	今广州调类	今北京调类	今重庆调类	新调查的方言填空专栏
平	清	1 2 3	刚知专尊丁边 安 开超初粗天偏 婚 商三 飞	阴平 53	阴平 55	阴平 55	
	全浊	4 5	穷陈床才唐平 寒 时详 扶	阳平 21	阳平 35	阳平 21	
	次浊	6	鹅娘人龙难麻文云				
上	清	7 8 9	古展纸走短比袄 口丑楚草体普 好 手死 粉	阴上 35	上声 214	上声 42	
	次浊	10	五女染老暖买武有	阳上 23			

续表

古调类	古清浊	行	例字	今广州调类	今北京调类	今重庆调类	新调查的方言填空专栏
去	全浊	11 12	近柱是坐断倍 厚 社似 父	阳上或阳去	去声 51	去声 214	
	清	13 14 15	盖帐正醉对变 爱 抗 唱菜 怕 汉 世送 放	阴去 33			
	全浊	16 17	共阵助暂大备 害 树谢 饭	阳去 22			
	次浊	18	岸 闰漏怒帽望用				
入	清	19 20 21	急竹职即得笔 一 曲 出七忒匹 黑 识惜 福	上(阴)入 5	阴平 阳平 上声 去声	阳平 21	
		22 23 24	各桌则接 百 约 却 尺切铁拍 歇 说削 发	下(阴)入 33			
	次浊	25	岳 入六纳麦物药	阳入 22	去声		
	全浊	26 27	局宅食杂读白 合 舌俗 服		阳平		

重庆方言声调表（一）

古调类	古清浊	行	例 字	重庆调值	重庆调类
平声	清	1 2 3	刚 开 婚	55	阴平
	全浊	4 5	穷 寒	21	阳平
	次浊	6	鹅		
上声	清	7 8 9	古 口 好	42	上声

113

续表

古调类	古清浊	行	例 字	重庆调值	重庆调类
	次浊	10	五		
	全浊	11 12	近 厚		
去声	清	13 14 15	盖 抗 汉	214	去声
	全浊	16 17	共 害		
	次浊	18	岸		
入声	清	19 20 21 22 23 24	急 曲 黑 各 却 歇	21	阳平
	次浊	25	岳		
	全浊	26 27	局 合		

重庆方言声调表（二）

古调类	古清浊	例 字	今重庆方言调类
平	清	诗 梯	阴平 55
	全浊	时 题	阳平 21
上	清	使矢 体	上声 42
	全浊	是士 弟	去声 214
去	清	试世 替	
	全浊	事侍 第	
入	清	识 滴	阳平 21
	全浊	石食 笛	

重庆方言声调表(三)

古调类	古清浊	例　字	今重庆方言调类
平	清	方 天 初 昏 胸	阴平　55
平	浊	房 田 锄 魂 雄	阳平　21
上	清	碗 委 隐 比 九 卷	上声　42
上	次浊	晚 尾 引 米 有 远	上声　42
去	清	到 四 试 见 救 汉	去声　214
上	全浊	稻 似 市 件 舅 旱	去声　214
去	全浊	盗 寺 示 健 旧 汗	去声　214
入	清	八 发 督 桌 失 湿	阳平　21
入	全浊	拔 罚 毒 浊 实 十	阳平　21

由重庆方言声调表(一)可以看出,重庆话共有四种调值,因而可以断定它有四个调类。参照重庆方言声调表(一)(二)(三)中所列古调类和古声母清浊的情况,可以求出古声调和今重庆方言声调有以下演变规律:

(1)古平声中的清声母音,今重庆话为"阴平";古平声中的浊声母字(包括全浊、次浊),今重庆话为"阳平"。

(2)古上声母中的清声母和次浊声母字,今重庆话仍为"上声"。

(3)古全浊上声字和古去声字(包括全清、次清、全浊、次浊声母),今重庆话为"去声"。

(4)古入声字,不论清、浊,今重庆话全归到"阳平"声里。

重庆话"阴平"的调值是高平调——55调,"阳平"的调值是低降调——21调,"上声"的调值是高降调——42调,"去声"的调值是降升调——214调。

(二)关于声母的调查

声母调查例字共有113个字。调查时可将方言读音记在每个字的下面。字表中有些字用横杠"—"相连,这是供比较字音用的。假若两个字的声母相同,就在横杠上打个√,如布√步;声母不同的就在上面打×,如门×闻。
　　　　　　　　　　　　　p　p　　　　　　　　　　　　　　　m　u
请看下表:

方言	例 字	反映情况
上海方言	布—步 p×b	有全浊塞音
重庆方言	p√p	无全浊塞音
广州方言	门—闻 m√m	[m-]、[u-]不分
重庆方言	m×u	[m-]、[u-]不混
北京语音	扶—胡 f×x	[fu]、[xu]不混
重庆方言	f√f	[fu]、[xu]不分

声母调查例字①

　　　1　　　2　　　　3　　　　4　　　　5
1.布帮—步並　　别並　　怕滂　　盘並
　　　6　　7　　　8　　　9　　　10　　11　　　12　　13
2.明明—闻微　　飞非—灰晓　　冯奉—红匣　　扶奉—胡匣
　　　14　　15　　　16　　17　　　18
3.到端—道定　　夺定　　太透　　同定
　　　19　　20　　　21　　22　　　23　　24　　　25　　26　　27
4.南泥—蓝来　　怒泥—路来　　女泥—吕来　　莲来—年泥—严疑
　　　28　　29　　　30　　31　　　32
5.贵见—跪群　　杰群　　开溪　　葵群

---

① 例字右下角小字为该例字的中古音声母。

33　34　35　36　37　38　39　　40　41
6. 岸疑—暗影　化晓—话匣　围云—危疑　微微　　午疑—武微
　　　42　43　　44　45　　　46　47
7. 精精—经见　　节精—结见　　酒精—九见
　　　48　49　　50　51　　　52　53
8. 秋清—丘溪　　齐从—旗群　　修心—休晓
　　　54　55　　56　57　　　58　59
9. 全从—拳群　　旋邪—玄匣　　税书—费敷
　　　60　61　62　　63　64　65
10. 糟精—招章—焦精　　仓清—昌昌—枪清
　　　66　67　68　69　　70　71　72
11. 曹从—巢崇—潮澄—桥群　　散心—扇书—线心
　　　73　74　75　　　76　77　78
12. 祖精—主章—举见　　醋清—处昌—去溪
　　　79　80　　　　81　82　83
13. 从从—虫澄　　　　苏心—书书—虚晓
　　　84　85　86　　87　88　89
14. 增精—争庄—蒸章　　僧心—生生—声书
　　　90　91　92　93　　94　95　96
15. 粗清—初初—锄崇—除澄　　思心—师生—施书
　　　97　98　　　　99　100　101
16. 认日—硬疑　　　　绕日—脑泥—袄影
　　　102　103　104　　105　106
17. 若日—　约影　闰日—运云　而日
　　　107　108　109　110　111　112　113
18. 延以—　言疑—　然日—　缘以—　元疑　软日—　远云

　　声母调查例字是按北京语音排列的,其顺序和用以反映的情况是:
　　1—13字是反映唇音情况的,包括声母的清浊,[m-]、[u-]分不分,[f-]、[x-]分不分等。

117

14—27字是反映舌尖中音情况的,包括声母的清浊和[n]、[l]分不分等。

28—41字是反映舌根音和零声母情况的。

42—57字是反映分不分尖团音的。

58—59字是反映[ʂ-]、[f-]分不分的。

60—96字是反映[ts、tsʻ、s]、[tʂ、tʂʻ、ʂ]、[tɕ、tɕʻ、ɕ]分不分的。

97—113字是反映[ʐ-]、鼻音声母、零声母情况的。

声母例字记完后,整理一下,就可以列出一个《××方言声母表》的初稿来。"初稿"的意思是说等调查完后面的"音系基础字"和"单字表",还可以回过头来对这个"声母表"作些补充、修订。比如重庆方言的声母表可以排成这个样子:

重庆方言声母表

发音方法		发音部位	双唇	唇齿	舌尖前	舌尖后	舌面	舌根
塞音	清	不送气	p 布步			t 到道		k 贵跪
		送气	pʻ 怕			tʻ 太		kʻ 开
塞擦音	清	不送气			ts 糟招		tɕ 精经	
		送气			tsʻ 仓昌		tɕʻ 秋丘	
鼻音	浊		m 门			n 怒路		ŋ 岸
擦音		清		f 扶胡	s 苏书		ɕ 修休	x 化
		浊			z 认			
零声母			而延围元					

由上表可以看出,与北京语音相比,重庆方言[fu]与[xu]不分,"夫""胡",都读成[fu]。[ts、tsʻ、s、z]与[tʂ、tʂʻ、ʂ、ʐ]不分,都读成[ts、tsʻ、s、z],如"糟=招"、"仓=昌"、"苏=书"、"日"读[z]。[n]与[l]不分,"怒"和"路"都读成[n]。另外,重庆方言还多一个[ŋ]声母,"岸"读[ŋanˀ]。与中古声母相比,除上述差异外,今重庆方言没有全浊声母,"布=步""到=道""贵=跪";不分尖团,"精=经""秋=丘""修=休"。

(三)关于韵母的调查

韵母调查例字共有107个字。记音方法和声母相同。

韵母调查例字[①]

	114	115	116	117	118	119	120
1.	爬假	河果	蛇假	资止—	支止—	知止	耳止

	121	122	123	124	125
2.	架假	茄果	野假	第蟹—	地止

	126	127	128
3.	花假	过果	故遇

	129	130	131
4.	靴果	居遇—	基止

	132	133	134	135	136	137	138	139	140
5.	辣山	舌山	色曾	合咸	割山	北曾—	百梗	直曾	日臻

	141	142	143	144	145	146	147	148
6.	夹咸	铁山—	踢梗	落宕—	鹿通	绿通—	接咸	急深

	149	150	151	152	153	154	155
7.	刮山	各宕—	郭宕—	国曾	活山	出臻	木通

	156	157	158	159	160
8.	确江	缺山	月山	欲通—	药宕

	161	162	163	164	165	166
9.	盖蟹	介蟹	倍蟹	妹蟹	饱效—	保效

	167	168	169	170	171
10.	桃效	斗流—	赌遇	丑流	母流

	172	173	174	175	176	177	178
11.	怪蟹—	桂蟹	帅止	条效	流流	烧效—	收流

	179	180	181	182	183	184
12.	短山—	胆咸—	党宕	酸山—	三咸—	桑宕

[①] 例字右下角小字为该例字的中古音所属韵摄。

	185	186	187	188	189	190	
13.	干山—	间山—	含咸—	衔咸—	根臻—	庚梗	
	191	192	193	194	195	196	197
14.	讲江—	减咸—	检咸—	紧臻—	心深—	新臻—	星梗
	198	199	200	201	202	203	
15.	良宕—	廉咸—	连山—	林深—	邻臻—	灵梗	
	204	205	206	207	208	209	210
16.	光宕—	官山—	关山—	魂臻—	横梗—	温臻—	翁通
	211	212	213	214	215		
17.	权山—	船山—	床宕—	圆山—	云臻		
	216	217	218	219	220		
18.	群臻—	琼梗—	穷通—	勋臻—	胸通		

韵母调查例字的排列顺序和用以反映的情况是：

114—131字（与前面的声母例字统一编号）在今北京语音里都是"开尾韵"。韵母情况要比声母复杂些，记音时要注意辨析整个字音，要比较和辨析韵母中的介音，要辨析主要元音，还要注意和辨析韵尾（包括无韵尾的"开尾韵"、元音充当韵尾的"元尾韵"、鼻音充当韵尾的"鼻尾韵"以及塞音充当韵尾的"塞尾韵"等）。比如：

方言	例字	反映情况
北京方言	资—支—知 ɿ × ʅ √ ʅ	有舌尖前和舌尖后两组元音
重庆方言	ɿ √ ɿ √ ɿ	只有舌尖前元音
昆明方言	居—基 i √ i	没有撮口呼韵母
重庆方言	y × i	有齐齿呼和撮口呼韵母

132—160字全都是古入声字。调查时要特别注意辨析这些字的韵尾,看它们是"开尾韵"还是"元尾韵"或者是"塞尾韵"。

161—178字在今北京语音里大都是[i]、[u]充当韵尾的"元尾韵"字,调查时也要注意所调查的方言与北京语音的异同。

179—220字在今北京语音里全部是[n]、[ŋ]充当韵尾的"鼻韵尾"字,调查时也要注意与其他方言作比较。

韵母例字记完后,整理一下,就可以排列出一个粗略的《××方言韵母表》来。比如重庆方言的韵母表可以排成这个样子:

重庆方言韵母表

韵尾＼韵头	开口呼	齐齿呼	合口呼	撮口呼
开尾韵	a 爬 o 过 ɛ 舌 ʅ 资支 ɚ 耳	i 第 ia 架 iɛ 别	u 故 ua 花 uɛ 国	y 居(yu 欲) yo 药 yɛ 靴
元尾韵	ai 盖 ei 倍 au 饱 əu 斗	iɛi 界 iau 条 iəu 九	uai 怪 uei 桂	
鼻尾韵	an 胆 ən 根 庚 aŋ 桑 oŋ 轰	iɛn 盐 in 心 星 iaŋ 良	uan 短 uən 温 uaŋ 光	yɛn 泉 yn 云 yŋ 胸

由上表可以看出,与北京语音相比,重庆方言[ʅ]、[ʅ]不分,"资=支"都读成[ʅ]。[ən]与[əŋ]、[in]与[iŋ]不分,"根=庚"、"心=星",把[əŋ]、[iŋ]读成[ən]、[in]。此外,重庆话里的"过"[ko],北京话读[kuo];重庆话里的"舌"[sɛ],北京话读[ʂɤ]。

(四) 关于"音系基础字"的记录

"音系基础字"是对前面"声调、声母、韵母"例字的补充,是为归纳音位、求出方言的语音系统用的。调查时,要求把每个字的声、韵、调都记下来。

1. 音系基础字

(1) 北京音系开尾字

221	222	223	224	225	226	227	228
把	麻	马	乏	搭	打	拿	纳
229	230	231	232	233	234	235	236
杂	擦	插	茶	杀	家	瞎	夏
237	238	239	240	241	242	243	244
压	雅	抓	刷	瓜	滑	画	瓦
245	246	247	248	249	250	251	252
袜	遮	车	惹	热	歌	格	课
253	254	255	256	257	258	259	260
刻	客	贺	饿	恶	驳	婆	佛
261	262	263	264	265	266	267	268
多	拖	脱	骡	左	坐	作	捉
269	270	271	272	273	274	275	276
说	祸	或	窝	卧	灭	解	借
277	278	279	280	281	282	283	284
切	歇	邪	鞋	写	血	夜	绝
285	286	287	288	289	290	291	292
雪	字	死	织	治	迟	尺	诗
293	294	295	296	297	298	299	300
湿	失	儿	二	比	笔	皮	米
301	302	303	304	305	306	307	308
滴	底	泥	你	礼	力	鸡	饥
309	310	311	312	313	314	315	316
积	欺	席	补	亩	符	福	付
317	318	319	320	321	322	323	324
土	奴	卒	足	俗	猪	树	古

325	326	327	328	329	330	331	332
哭	虎	护	乌	屋	五	驴	律
333	334	335	336	337	338	339	340
橘	锯	句	屈	徐	许	鱼	域

(2)北京音系i尾字

341	342	343	344	345	346	347	348
白	拍	牌	买	麦	戴	耐	来
349	350	351	352	353	354	355	356
宰	在	菜	摘	窄	柴	晒	改
357	358	359	360	361	362	363	364
海	矮	艾	爱	外	碑	美	肥
365	366	367	368	369	370	371	372
肺	类	贼	黑	队	腿	嘴	罪
373	374	375	376	377	378	379	
碎	追	垂	水	鬼	毁	位	

(3)北京音系u尾字

380	381	382	383	384	385	386	387
薄	抱	毛	刀	闹	老	草	照
388	389	390	391	392	393	394	395
告	飘	庙	料	角	叫	巧	笑
396	397	398	399	400	401	402	403
咬	某	浮	透	漏	走	抽	熟
404	405	406	407	408	409	410	411
瘦	受	肉	口	厚	[丢]	牛	柳
412	413	414					
六	救	幼					

(4)北京音系n尾字

415	416	417	418	419	420	421	422
办	满	慢	反	饭	淡	贪	烂
423	424	425	426	427	428	429	430
惨	斩	展	衫	山	敢	汉	汗

431 变	432 片	433 点	434 天	435 念	436 恋	437 贱	438 剑
439 见	440 牵	441 欠	442 先	443 限	444 烟	445 眼	446 验
447 乱	448 宽	449 换	450 碗	451 劝	452 选	453 愿	454 本
455 分	456 真	457 枕	458 沉	459 衬	460 深	461 人	462 肯
463 恨	464 恩	465 贫	466 近	467 引	468 印	469 顿	470 吞
471 论	472 寸	473 孙	474 准	475 春	476 顺	477 滚	478 困
479 问	480 训						

(5) 北京音系 ŋ 尾字

481 帮	482 忙	483 方	484 汤	485 浪	486 葬	487 厂	488 赏
489 让	490 港	491 娘	492 两	493 匠	494 墙	495 向	496 羊
497 壮	498 筐	499 狂	500 谎	501 网	502 往	503 烹	504 朋
505 猛	506 丰	507 奉	508 等	509 冷	510 郑	511 升	512 绳
513 兵	514 饼	515 病	516 凭	517 命	518 定	519 听	520 领
521 净	522 轻	523 请	524 醒	525 鹰	526 营	527 迎	528 冻
529 动	530 通	531 农	532 笼	533 送	534 终	535 荣	536 贡
537 孔	538 熊	539 永	540 用				

本表共收320个字,其顺序和用以反映的情况是:

221—340字是没有韵尾的开尾韵字;

341—379字是[i]作韵尾的元尾韵字;

380—414字是[u]作韵尾的元尾韵字;

415—480字是[n]作韵尾的鼻尾韵字;

481—540字是[ŋ]作韵尾的鼻尾韵字。

记录完"音系基础表"就可以参照前面声母、韵母例字的情况,编出一个粗略的《××方言声、韵配合表》来。如:

重庆方言声、韵配合表(一)

声母＼韵母	ɿ	a	o	ɛ	ɚ	ai	ei	au	əu	an	ən	aŋ	oŋ
p		巴	波	百		拜	贝	包		班	奔	帮	崩
p'		帕	破	拍		派	赔	泡		盼	盆	旁	碰
m		妈	模	默		卖	妹	冒		漫	门	忙	孟
f		发				废				饭	愤	放	风
t		大	多	得		代		刀	头	丹	邓	荡	洞
t'		他	拖	特		太		套	透	谈	吞	烫	同
n		拉	罗	勒		奈		闹	漏	烂	嫩	朗	弄
ts	知	杂	作	遮		在		照	周	占	正	帐	重
ts'	词	查	撮	车		菜		吵	抽	掺	趁	昌	冲
s	思	沙	所	舍		晒		少	守	扇	胜	上	宋
z	日		弱	热				绕	肉	然	认	让	绒
tɕ													
tɕ'													
ɕ													
k		嘎	歌	格		盖		告	够	干	更	港	工
k'		卡	渴	克		开		靠	扣	看	吭	康	空

续表

声母＼韵母	ʅ	a	o	ɛ	ɚ	ai	ei	au	əu	an	ən	aŋ	oŋ
ŋ						爱		傲	呕	岸	硬	昂	
x		哈	河	黑		害		号	厚	汗	恨	杭	哄
ø		啊	屙	诶	二								翁

重庆方言声、韵配合表（二）

声母＼韵母	i	ia	iɛ	iɛi	iau	ieu	iɛn	in	iaŋ	u	ua	uɛ	uai
p	笔	□	别		标		边	兵		不			
p'	皮		撇		漂		偏	拼		扑			
m	米	□	蔑		妙		棉	民		木			
f										夫			
t	地	□	跌		掉	丢	颠	丁	□	都			
t'	提	□	铁		跳		天	听		突			
n	里	□	列		疗	牛	年	林	娘	绿			
ts										做	抓		□
ts'										处	□		喘
s										树	刷		帅
z										如	□		
tɕ	及	家	姐	解	交	纠	尖	京	江				
tɕ'	齐	恰	切		乔	求	欠	亲	强				
ɕ	西	下	谢	谐	笑	秀	先	心	详				
k										古	瓜	国	怪
k'										苦	夸	阔	快
ŋ													
x											化	惑	坏
ø	一	压	爷		要	又	焉	英	央	乌	娃	喂	外

重庆方言声、韵配合表（三）

韵母 声母	uei	uan	uəu	uaŋ	y	yo	yɛ	yu	yɛn	yn	yŋ
p											
p'											
m											
f											
t	堆	短									
t'	退	团									
n	累	乱			女	略					
ʦ	追	钻	准	装							
ʦ'	脆	串	春	床							
s	税	酸	顺	双							
z	锐	软	润								
tɕ					驹	脚	厥	菊	倦	君	龚
tɕ'					去	雀	缺	屈	全	群	穷
ɕ					徐	学	血	俗	旋	旬	雄
k	贵	贯	棍	光							
k'	奎	宽	困	矿							
ŋ											
x	会	唤	混	晃							
ø	伪	万	问	望	鱼	约	越	欲	元	云	用

做出了上面这种《××方言声韵配合表》后，就可以据此编出《同音字表》的轮廓来。同音字表是把在本方言里声、韵、调都相同的常用字排在一起。表格的方式是以"韵母"为单位编排，最好一个韵母占一张，然后列上"声母""声调"。如下表：

重庆方言[u]韵同音字表

声\韵调	u 阴平55	阳平21	上声42	去声214
p p' m f	铺 夫敷孵呼	不 菩扑蒲葡脯仆 木目牧 扶符服伏福胡 忽孤	补 普谱 母亩 府斧腐虎	布步部薄 铺 付父附富妇负 护互户
t t' n	都	毒独读 图秃突徒途涂 屠 奴陆六驴律卢	堵 土吐 努鲁滷	杜度渡镀 兔 怒路露
ts ts' s z	租猪诸蛛朱 粗初 苏书酥梳舒	逐竹筑烛祝 除锄储出厨 叔熟蜀 入加褥	祖组阻主煮 楚础 鼠暑曙 乳汝	著驻住注铸 醋 素诉塑竖漱树
tɕ tɕ' ɕ				
k k' ŋ x	姑孤辜 枯	谷骨 哭窟	古估股鼓 苦	故固雇顾 库裤
ø	乌呜污	屋吴无物	五伍午武舞	雾务误

有了上面这种表格,就可以把"单字表"里的字或自己选择的常用字,按照方言读音分别填写到"同音字表"里去,不必再逐字单独记音。

2. 单字表

541—581

巴 疤 八 拔 霸 爸 罢 [妈] 骂 发 罚 法 发 答 达 大 他 塌 塔 踏 拉 腊 洒 渣 扎_{扎针} 闸 炸_{用油炸} 札 扎_{挣扎} 铡_{铡刀} 诈 乍 叉 差_{差价.差错} 搽_{搽粉} [查]_{调查} 察 差_{差别.差不多} 岔_{山岔路} 沙 傻_{傻子}

582—606

[俩]两个 加 佳 袷夹衣 假真假 贾 甲 假放假 嫁 价 掐 [卡]
恰 虾 霞 匣匣子 辖管辖 下下山 下上下 吓吓一跳 鸦 鸭 牙 哑 亚

607—616

爪爪子 [耍] 寡 挂 誇 [垮] 跨 华 划 挖

617—663

得 特乐快乐 勒勒索 则 择选择 责 侧 厕厕所 测 策 涩 瑟 啬
哲 折 者 浙 扯 彻 蛇 舌 折弄折了 舍(舍弃) 赦 舍 社
射 涉 设 鸽 阁 革 个 科 颗 壳 可 渴 克 何 禾
盒烟盒 核 蛾 讹 额

664—686

波 播 玻玻璃 拔 剥剥削 博 伯 簸簸一簸 簸簸箕 坡 泼泼水 破
迫 摸 魔 磨磨刀 模模范 磨石磨 抹抹墙 末 没沉没 莫 墨

687—727

朵 惰 它其他 托 驼 妥 挪挪动 糯糯米 罗 洛 昨 做 座
凿 搓 矬矮 错错误 蓑蓑衣 缩 锁 所 索 拙 桌 着着重 浊
镯手镯 戳 弱 锅 果 阔 括包括 扩扩充 豁豁口 火 货 和和灰
获 我 握掌握

728—757

蟹 撇撇开 爹 跌 叠 贴 帖请帖 捏 猎 劣 皆 截 洁
姐 界 且 怯畏怯 些 协 泻 卸 谢 械 蟹 泄泄漏 噎噎住了 也
叶 业

129

758—771

虐 略 掘 决 觉_{感觉} 瘸_{瘸腿} 却 靴 薛 削_{剥削} 学 悦 越 岳

772—846

姿 兹 紫 姊 子 自 雌 差_{参差} 瓷_{瓷器} 辞 祠 此 刺 赐
次 斯 私 四 似 寺 饲 蜘_{蜘蛛} 枝 脂 汁 只 执 值 职 侄
纸 只_{只有} 旨 制_{制度} 智 致 至 置 质 吃 池 匙 耻 齿 翅
赤 狮 尸 虱 时 十 实 食 识 石 矢 屎 史 始 世
誓 是 示 视 士 柿 事 试 市 恃 室 式 适 释 日

847—974

逼 鼻 彼 鄙 蔽 敝 闭 臂 避 篦_{梳头篦子} 毕 必 壁 批 披
匹_{一匹马} 劈 疲 譬 屁 迷 谜 秘 密 觅 低 堤 的_{的确} 敌
抵 帝 弟 递 梯 别 题 体 替 尼 腻 逆_{逆风} 犁 离
梨 李 例 丽_{美丽} 隶 利 立 粒 栗 历 几_{几乎} 迹 绩 激
集 即 疾 脊 籍_{籍贯} 级 及 吉 极 挤 己 几_{几个} 给_{供给}
祭 剂 计 寄 技 纪_{纪律,严纪} 记 忌 既 季 妻 七 脐 奇
其 期_{时期} 棋 启
起 契_{契约} 器 西 溪 牺 希 析 息 惜 吸 习 锡 洗 喜
细 系 戏 医 衣 一 宜 移 夷 疑 遗 倚 已 乙 艺 义
易_{容易} 意 异 亿 益 亦 译 易_{交易} 疫

975—1098

捕 布 部 薄 埠 不 铺_{铺设} 扑 蒲 仆 谱 普 铺_{店铺} 模_{模子}
暮 幕 目 牧 夫 肤 敷 服 府 腐 辅 傅 父 附 富
妇 复_(複) 复_(復) 都_{都城} 独 堵 肚_{猪肚} 杜 肚_{人的肚子} 度 秃 突
徒 吐_{吐痰} 兔 努 卢 鲁 露 禄 陆 录 租 族 组 阻 酥
素 速 宿 粟 诸 蛛 朱 竹 筑 烛 煮 嘱 著_{显著} 驻
柱 住 注 助 祝 厨 储_{储蓄} 楚 处_{处理} 畜_{畜牲} 触 梳_{梳头} 舒 殊

叔 赎 黍 鼠 数_动词_ 属 数_名词_ 竖 漱_漱口_ 术 如 乳 辱 入
褥 姑 估_估计_ 股 骨 谷_山谷_ 固 枯 苦 库 呼 忽 湖 [煳]
核_枣核儿_ 互 户 吴 无 伍_入伍_ 舞 误 恶_厌恶_ 务 物 勿

1099—1136

旅 虑 拘 菊 局 聚 据 巨 具 剧_戏剧_ 蛆_生蛆_ 区_区域_ 曲_曲折.歌曲_
麴_酒_ 渠 取 趣 须 嘘 絮 序 续 婿_女婿_ 恤 畜_畜牧_ 余_姓_ 愚
于 榆 语 与_及.给与_ 雨 与_参与_ 遇 裕 育 玉 狱

1137—1187

摆 柏_柏树_ 拜 败 稗_稗子_ 排 派 埋 卖 迈 脉 [歹] 带 贷
待 代 胎 抬 泰 态 乃 奶 奈 赖 灾 载_三年五载_ 再 载_载重_
猜 才 彩 蔡 腮 塞_塞住_ 赛 斋 择_择菜_ 债 差_出差_ 拆_拆开_ 筛_筛子_
骰_骰子_ 该 概 揩 慨_感慨_ 孩 害 哀 挨 碍

1188—1197

衰 率_统率_ 乖 拐 会_会计_ 块 快 怀 坏 歪

1198—1226

杯 卑 悲 贝 辈 被 备 坯_土坯_ 披 培 配 佩 梅 眉
每 昧 非 匪 废 痱_痱子_ 得_一定得去_ 内 勒_勒紧_ 雷 累_积累_ 累_疲累_
泪 肋 给_给你_

1227—1280

堆 对 兑 推 退 最 醉 催 脆 翠 虽 随 岁 穗 锥
吹 槌 谁 睡 蕊 锐 规 龟 归 轨 鳜_鳜鱼_ 柜 亏 愧 挥
回 悔 贿 会_开会.会不会_ 汇 溃_溃脓.崩溃_ 惠 讳 威 桅 为_作为_ 维
违 委 伪 尾 伟 卫 喂 为_为什么_ 未 魏 畏 胃

1281—1362

褒褒贬 包 剥剥皮 雹 宝 堡 报 暴 豹 鲍姓 抛 袍 跑 泡
猫 茅 矛 卯 冒 貌 茂 贸 袴 导 倒倒水 稻 盗 滔
逃 讨 套 挠阻挠 恼 捞 劳 涝旱涝不均 烙 遭 凿 早 躁急躁
灶 皂 操 糙 槽 骚 扫扫地 扫扫帚 朝朝夕 昭 着睡着 爪爪牙 罩
赵 抄略取.抄写 超 朝朝代 炒 梢树梢 稍 勺勺子 少多少 潲潲雨 少少年 绍
饶 绕 高 稿 搞 考 靠 蒿蓬蒿 豪 好好坏 好喜好 耗 号 熬熬肉
熬 傲

1363—1415

标 彪 表 鳔鱼鳔 瓢 漂漂白 [票] [漂]漂亮 苗 秒 妙 刁 钓
掉 调音调 挑 调调和 跳 鸟 尿 聊 疗 了了结 蕉 交 骄 浇
嚼 绞 脚 教教育 轿 锹 敲 樵 乔 鹊喜鹊 俏 窍 壳 消
削削皮 小 晓 孝 效 妖 肴 摇 舀舀水 要重要 疟发疟子 钥

1416—1458

谋 否 都都是 兜 抖 斗 豆 偷 头 楼 搂搂抱 邹 奏 骤
凑 搜 周 粥 轴 肘 帚 昼 皱 绸 愁 酬 臭香臭 手 兽
寿 柔 勾 狗 殼往上殼 叩叩头 扣扣住 侯 后 候 欧 藕 呕呕吐
沤久浸水中

1459—1484

纽 溜 刘 馏馏馒头 揪—把揪住 纠 久 灸针灸 就 究 舅 旧 囚
求 羞 朽 宿—夜叫—宿 秀 袖 忧 悠 幽 尤 有 又 柚

1485—1568

班 般 板 扮 半 伴 拌拌白菜 攀 潘 盼 判 蛮 瞒 漫
帆 翻 凡 烦 范 贩 担担任 丹 担挑担 旦 但 坍坍下来 滩 谭

中篇 专著摘录

谈 檀 毯 坦坦白 探试探 炭 男 难难易 难患难 篮 兰 览 懒
滥 暂 赞 参 餐 蚕 残 伞 沾 毡 盏 站 蘸蘸酱油 占
栈 战 搀 蝉 馋 缠 铲 产 膻 陕陕西 善 燃 染 甘 肝
感 杆 [赶] 干 堪 看看守 坎 看看见 函 寒 喊 旱 安 按

1569—1658

鞭 贬 扁 辨 便方便 辫 遍 便便宜 [骗] 绵 免 面 颠 典
店 电 殿 添 甜 田 舔以舌取物 拈拈起来 黏 碾 辇 撵 镰 联
怜 脸 敛 练 尖 歼歼灭 煎 监监视 兼 艰 奸 肩 剪 碱
简 茧 渐 箭 荐 简间断 件 建 健 签 迁 谦 铅 钱
前 钳 乾乾坤 浅 仙鲜 掀 咸 嫌 闲 贤 险 显 陷 苋苋菜
宪 现 县 淹 醃 岩 盐 颜 研 掩 演 厌 酽酽茶 雁
晏晏也 砚 燕燕子 宴宴会

1659—1682

端 断决断 断断绝 段 团 暖 卵 钻 算 专 转转运 赚 转转圆圈
篆 传传记 川传传达 喘 串 门门日 涮涮洗 观参观 管 贯

1683—1697

惯 款 欢 还还原 缓 唤 患 剜 弯 完 丸弹丸 玩玩耍 晚
玩游玩 万

1698—1717

捐 卷卷起 眷 绢 圈猪圈 倦 圈圆圈 泉 蜷蜷腿 犬 宣 悬 癣
楦鞋楦 冤 员 原 袁 院 怨

1718—1759

奔 笨 喷 盆 闷 芬 坟 粉 愤 粪 份一分两份 嫩 参参差 森

133

语言漫议

针 珍 胗胗肝 贞 侦 诊 镇 阵 振 陈 晨 趁 称称心.相称 参人参
身 神 婶 渗水渗透 甚 肾 慎 仁 忍 任 刃 跟 恳 很

1760—1828

宾 殡 [拼]拼命 频频繁 品 聘 民 敏 临 淋淋湿 鳞 赁租赁 吝
津 今 禁禁不住 巾 斤 尽尽先 仅 尽(尽) 进 禁禁止 劲有劲
侵 亲 秦 琴 勤 寝 辛 欣 信 音 因 殷 银 寅
饮饮酒 隐 尹 敦敦厚 盾矛盾 钝 屯 轮 尊 遵 村 皴脸皴 存 损
笋 唇 纯 蠢 润 [棍] 昆 坤 捆 昏 荤 浑浑浊 混 瘟
文 稳

1829—1843

均 俊 菌 裙 熏 寻 旬 迅 讯 匀均匀 允 熨 晕 韵 孕

1844—1900

邦 榜 棒 旁 胖肥胖 芳 妨 防 房 仿仿效 纺 访 放 当当家
[挡]阻挡 当上当 堂 倘倘使 烫 囊 郎 臧 藏西藏 苍 藏隐藏 丧婚丧 嗓
丧丧失 张 章 长生长 掌 丈 仗 帐 障保障 长长短 场 常 畅 唱
商 上上山 上在上 尚 瓢瓜瓢 壤土壤 冈 纲 杠 钢 康 慷慷慨 抗
行外行 [肮]肮脏 昂

1901—1931

凉 亮 将 疆 姜 江 蒋 酱 降下降 呛吃呛了 腔 强 抢
呛烟呛人 相相互 箱 香 详 降投降 想 享 饷 像 相相貌 项 巷
央 洋 仰 养 样

1932—1956

庄 桩木桩 状 撞 疮 窗 闯 创 霜 双 爽 广 逛 况
矿 荒 黄 晃晃眼 晃摇晃 汪 亡 王 望 忘 旺兴旺

1957—2012
崩 [甭]不用 彭 篷 捧 碰 盟 蒙 孟 梦 风 封 峰 逢
讽 凤 俸 缝一条缝 登 凳 邓 瞪 腾 能 棱 曾姓 赠 曾曾经
筝 正正月 整 证 政 称称呼 撑 橙 乘 承 呈 城 秤一杆秤
牲牲口 省 剩 胜 圣 盛兴盛 扔 仍 更更改 耕 更更加 坑
恒 衡 横蛮横

2013—2071
冰 丙 并合并 并 平 瓶 明 名 丁 顶 钉钉住 订订约 厅 亭
廷 挺 艇 凝 宁安宁 拎 陵 铃 岭 令 [另] 晶 更打更 京
井 景 颈 静 境 竟 敬 竞 清 倾 情 顷百亩 庆 腥
兴兴旺 行行为 形 省反省 性 兴高兴 杏 幸 应应用 鹦鹦鹉 英 婴 蝇
盈 萤 影 应答应

2072—2129
东 董 洞 铜 筒 桶 统 痛 脓 浓 弄 聋 隆 拢 陇
棕 宗 踪 总 粽粽子 纵放纵 聪 丛 松(鬆) 松 宋 诵 中当中
钟 种种类 中射中 仲 众 重重量 种种树 充 冲 春舂米 崇 重重复 宠
绒 茸鹿茸 融 公 弓 恭 拱拱手 供供养 共 空空虚 恐 控 轰
烘烘干 弘 洪 [哄]~骗

2130
瓮

2131—2136
瓮 兄 凶吉凶 雄 拥 勇

从调查的角度讲,求出了某方言的声、韵、调系统,编排出了"同音字表",可以说就已经完成了这种方言语音的调查任务。进一步就是探索这种方音与古音的演变规律以及和其他方音的对应规律了。

(五)关于古今语音的演变规律和方言间的语音对应规律

方言是一种语言的地方变体,是同一语言的地域性分支。现代汉语的各种方言都是从古代汉语发展来的,是同出一源的。由古代汉语到现代汉语各方言的演变情况是不完全相同的,古代读音相同的字在现代不同的方言里读音可能有了差别。对比古代同音字在今不同方言里的差异,就可以求出两种方言的对应规律来。因而可以说,古今语音的演变规律制约着方言间的语音对应规律。比如,中古语音的"並母、定母、群母"字都是全浊声母,今天吴方言还保持全浊声母,而今重庆方言没有全浊声母了,于是,古代本来应该读音相同的字在现代汉语的这两种方言里却不一样了。

声母演变、对应举例

古声母	並母	並母	並母	並母	演变和对应情况
古声调	平声	上声	去声	入声	
例字	陪	罢	倍	鳖	
吴方言	b—	b—	b—	b—	保持古全浊声母
重庆方言	p'—	p—	p—	p—	古全浊声母消失。古全浊平声今变送气清声母;古全浊仄(上、去、入)声今变不送气清声母

为了帮助方言地区的人学习民族共同语,研究方言的人通常在弄清某一方言自身情况的基础上,进一步探求该方言与民族共同语的语音对应规律。这也就是我们常说的"方音辨正"活动。前面提到,通过对古今语音演变规律的了解,可以为我们提供一些语音对应规律的线索,但要探求两种方言的对应规律(民族共同语也是在一种方言的基础上形成的),必须从这两种方言的现状出发,将两者进行比较,找出它们之间的相同点和相异点。比如把普通话和重庆方言的"声韵配合表"排列在一起,就会发现普通话分别

读[in]、[iŋ]两韵的字,重庆方言都读成了[in]韵。重庆人学习普通话时怎样解决这个[in]、[iŋ]不分的问题呢?还是要从对比出发,先确定学什么,再说怎样学。如:

声母	例字	普通话	重庆方言
p	宾 兵	in iŋ	in
pʻ	拼 乒	in iŋ	in
m	民 明	in iŋ	in
f			
t	丁	iŋ	in
tʻ	听	iŋ	in
n	您 宁	in iŋ	in
l	林 灵	in iŋ	in
k			
kʻ			
x			
tɕ	金 京	in iŋ	in
tɕʻ	亲 轻	in iŋ	in
ɕ	心 兴	in iŋ	in
tʂ			
tʂʻ			
ʂ			
ʐ			
ts			
tsʻ			
s			
ø	因 英	in iŋ	in

137

由上表可以得出以下结论:

(1)普通话[in]、[iŋ]韵和重庆话[in]韵一样,除零声母外,都只能与p、p'、m、t、t'、n、l、tɕ、tɕ'、ɕ等十个声母相拼(另有一个零声母)。

(2)普通话[in]不与声母t、t'相拼,重庆人将自己语音里与声母t、t'相拼的[in]韵全换成[iŋ]韵就是普通话的读音。由此可以推知下列各字在普通话里都应读[iŋ]韵:丁、叮、玎、疔、盯、町、酊、钉、顶、鼎、定、订、腚、锭、厅、汀、听、廷、亭、庭、停、蜓、婷、霆、挺、艇、铤、梃……

(3)普通话p、p'、m、n、l、tɕ、tɕ'、ɕ等八个声母及零声母与[in]、[iŋ]都能拼出字来,重庆人学习普通话就得记住其中哪些字该读[in]韵,哪些该读[iŋ]韵。

弄清了情况,明确了学习目标,进而还可以想些简便的学习方法。比如用来解决这种"两组字音相混"问题的办法有:①记少不记多,②利用汉字偏旁类推。分开来讲一下:

第一,"记少不记多"是指在相混的两组字中,只记常用字数目少的一种。只要记住了这一种,剩下的自然是那一种。比如上面谈到重庆方言有个[in]、[iŋ]不分的问题,在常用字范围内,普通话读[in]韵的字少于读[iŋ]韵的字,这样就可以只记[in]韵字,不必再去记[iŋ]韵字。

第二,"利用汉字偏旁类推"。现代汉字大都是"形声字",我们可以利用相同的"声旁"推出一些字的读音来。比如,记住"宾"字在普通话里读[in]韵,于是可以推知以它作偏旁的"傧、滨、缤、槟、镔、殡、鬓、嫔"等字在普通话里都应该读[in]韵。

二、词汇和语法调查方法

语言是一个整体,要调查、研究一种方言,对它的语音、词汇、语法三个方面都必须进行系统的调查。只有这样,才能弄清楚这种方言的全貌,才能使方言调查、研究工作有效地促进本民族语言的规范化,为更好更快地普及民族共同语服务,才能为研究本民族语言的发展史提供更翔实的参考材料。

(一)关于方言词汇的调查

中华人民共和国成立以来,汉语方言的调查研究工作一直是与汉语规范化和普及汉民族共同语——推广普通话等工作紧密配合的，自20世纪50年代以来，取得了很大成绩，应该充分肯定。但在前进中还有着一些需要进一步加强的环节，这就是，方音调查、推广北京语音方面抓得多，抓得好，可是方言词汇和语法方面的调查研究工作却做得较少，因而使有的人产生了错觉，以为调查方言只是调查方音，进而使人们误以为学习普通话也就只是学习北京语音。以往各地开办的推广普通话培训班，也大都只是教学普通话语音，讲述北京语音与本地方音的对应规律，很少，甚至完全不涉及词汇、语法的对应问题，这显然是不妥的。

语言是人类的交际工具。人们使用语言有"听"和"说"两个方面——"听"别人说的，自己也能开口"说"。就每一个人来讲，学习普通话也包括听和说两个方面。如果仔细观察、分析一下，就会发现我们当前的推普对象中普遍存在着"听的能力强，说的本事差"的现象。现在能听懂普通话的人是相当多的，城市如此，广大农村也如此，但是"说"的方面就不如"听"那么好了。一个说惯了自己方言的人，改成说普通话是会遇到许多障碍的，其中既有思想障碍，也有知识障碍。思想障碍比较好排除，只要在广大群众中加强宣传工作，讲明任何一个发达的民族，都要在其全民中推广他自己的民族共同语，然后再多举些因方言差异而影响人们交际的事例，使人们感到推广民族共同语的必要性和重要性，思想障碍就可以逐步消除掉。从知识方面讲，人们不能或不愿开口说普通话的一个重要原因，常常出在没有做好"方言词汇对应"上。有的人已经基本上掌握了北京语音，可是在他们说普通话时，语句中却夹杂着一些自己的方言词，他们把句子里属于普通话的词（大都是基本词）和自己的某些方言词语一律用北京语音讲出来，结果使人家听起来既不像普通话，也不像方言，成了引人发笑的"四不像"。比如四川有的地方把"塞住"叫"揍(音)到起"，把"占便宜"叫"拣粑和"，如果哪位四川人把"你快把瓶口塞住"用普通话语音说成[nǐ kʻuài pǎ pʻíŋ kʻǒu tsòu tàu tɕʻĭ]（你快把瓶口揍到起），把"你别想占便宜"说成[nǐ mò ɕiǎŋ tɕiǎn pʻā xó]（你莫想拣粑和），无论北方人还是四川人听了都会发笑。这一笑不要紧，却往往可能把说话人鼓了好大劲儿才开口说的勇气彻底打了下去，于是，他再也不愿说了，时间一久，就成了只能"听"不能"说"，或者是只能"听"，不愿或不敢"说"普通话的人。目前这种人是相当多的。北方官话区的人尚且如此，别的方言区的人就更不用说了。由此可见，重视方言词汇的调查，做好方言词汇的对应工作，在普及汉民族共同语的过程中占有十分重要的地位，应该给予充分重视。

早在1981年，中国社会科学院语言研究所方言组就在《方言》杂志上指出："我们认为，汉语方言进一步的调查研究应该以词汇、语法为重点（语音方面也还要继续注意）。就当前推广普通话、汉语规范化的需要而论，方言词汇的调查研究尤其重要……方言词汇经过调查研究后，可以编成方言词典，也可以编成方言和普通话对照的词汇手册，还可以写成专著或者论文。方言语法的研究成果也可以用专著或者论文的方式发表。"①

《汉语方言调查简表》中选列出172条词（或词组），供调查方言词汇时作参考。1981年第3期《方言》杂志上又发表了中国社会科学院语言研究所方言组编制的《方言调查词汇表》，这个词汇表较《简表》上的词汇条目收得更加齐全。2003年《方言》杂志第一期又发表了中国社会科学院语言研究所方言研究室资料室整理排列的《汉语方言词语调查条目表》，这个词语调查条目表较以前各表更加完备、周密，为我们提供了调查方言词汇时最好的提问依据。

调查一种方言的词汇时，必须先弄清楚这种方言的语音系统，这样在为所调查的词汇记音时就会减少许多麻烦。比如一旦弄清了某种方言的声母中[n]与[l]相混，只有[n]没[l]，于是在为词汇中出现的鼻、边音字注音时，就用不着花更多时间去一个字一个字地审辨是[n]还是[l]，统一写成[n]就行了。

调查词汇时，可按照《方言调查词汇表》中的编排顺序，用标目词逐条向发音合作人提问，请发音人将例词翻译成当地方言。如果当地方言与该词条中某一例词完全相同，记音人就可在这个词下面画一条横线，如"厨房 伙房 灶屋 厨屋 灶火 镬灶间"，然后再在这个词条后面注上当地的读音（用国际音标注出每个字的声母、韵母和声调来，有音变现象的也应标明。

---

① 见1981年第3期《方言》杂志第162页

下同)。如果整条词的例词中没有一个相同的,那就在该词条后面另写上方言词并注上音。如果有的方言词写不出恰当的汉字来,可以用发音人认为读音完全相同的"同音字"代替。假若连适当的同音字也找不到,就可以画一个□,然后注上音。如:

例词	方言词(重庆)
盖住	□[k'aŋ]到[tau]

与例词词义不完全相同的词,除注音外,还要解释词义并且写出含有本词的方言例句。多义词要分义项说明词义并按不同义项举出例句。如:

方言词 (重庆)	方言读音	释义	方言例句
扯火闪	tsʻɛ⁴²xo²¹san⁴²	打闪	~了,要落雨了。
□面	zua²¹ miɛn²¹⁴	和面、揉面	我来~,蒸包子吃。
晏	ŋan²¹⁴	①天色晚 ②迟到	①天都~了,还不快些回去! ②我来~了,没有赶上闹热。
按到	ŋan²¹⁴ tau	①按住 ②捉住 ③集中全力干一件事 ④按照 ⑤冲着、抓住不放	①把猪儿~！莫让它跑脱了。 ②这个花雀儿是我~的。 ③他一天到黑只晓得~书看。 　他只顾~酒喝,一点儿饭也不吃。 ④你~我说的做不得错。 ⑤他尽~我发脾气。 　你不要尽~我说要不要得?

附录
重庆方言词语调查举例

方言词	方言读音	释义
	一、天文	
太阳坝儿	tai iaŋpər	太阳照着的地方
月亮坝儿	yɛniaŋ pər	月亮照着的地方
阴凉坝儿	in niaŋpər	太阳照不到的地方
瓦块儿云	ua kuər yɛn	像瓦屋顶似的云
鲤鱼斑	ni y pan	像鲤鱼鳞的云
扯火闪	tsʻɛ xo san	闪电
绵绵雨	mian mian y	连阴雨
雪弹子	çyɛtan tsʅ	冰雹 落冰雹了
扯露水	tsʻnu suei	指东西被露水弄湿了
起雾罩	tçʻivu tsau	下雾
	二、地理	
岩脚	ŋai tçio	山岩下
堡坎	pau kʻan	用石条砌成的建筑物基脚或田土堤坎
堰塘	ian tʻaŋ	池塘
鹅卵石	o nuan sʅ	状似鹅卵的小石头
乡坝头	çiaŋpa təu	乡下 农村
坝子	pa tsʅ	平地
泡沙地	pʻau sati	含沙多的土地
连耳石	nian ər sʅ	铺地基的长石条
垭口	ia kʻuɛ	山口
正码头	tsən ma tʻəu	最大的过往人最多的码头

三、时令、时间

昨年子	tso nian tsʅ	去年
往年子	uaŋ nian tsʅ	前几年
春天家	tsʻuən tʻian tɕia	春天
年把两年	nian pa niaŋ nian	一年多至两年
天把	tʻian pa	一天左右
天把两天	tʻian pa niaŋ tʻian	一天至两天
哈哈儿	xa xər	一会儿,他~就来
架墨	tɕia mɛ	开始,电影还没有~
刹阁	sa ko	结束,电影~了

四、农事

晒坝	sai pa	场院
麦桩桩	mɛ tsuaŋ tsuaŋ	麦茬儿
耙梳	pʻa su	钉耙
撮箕	tsʻo tɕi	撮垃圾的簸箕
筲箕	sau tɕi	装菜等用的竹器
草帘子	tsʻau nian tsʅ	盖柴堆的草织品
活路	xonu	①出工、上工,上坡做工 ②生活的出路
点胡豆	tian futəu	种蚕豆
挞谷子	ta ku tsʅ	将谷子粒摔掉
歇稍	ɕiɛ sau	工间休息

五、植物

包谷	pau ku	玉米
红苕	xoŋ sau	白薯、红薯
荷心儿	xo xiər	藕
番茄	fan tɕ'iɛ	西红柿
麦秆秆	mɛ kan kan	麦秸挺儿
豌豆巅儿	uantəu tiər	嫩豌豆苗儿
胡豆瓣儿	futəu pər	豆瓣儿
火葱	xo ts'oŋ	小葱
枝圆儿	tsʅ yər	龙眼、桂圆
芭茅	pa mau	芦苇

六、动物

子鸡公	tsʅ tɕi koŋ	还未打鸣的公鸡
抱鸡婆	pau tɕi p'o	孵小鸡时的母鸡
角猪	ko tsu	配种用的公猪
曲蟮儿	tɕ'ysər	蚯蚓
鲫壳儿	tɕi k'uər	鲫鱼
威威	uei uei	鹅
耗子	xau tsʅ	老鼠
偷油婆	t'əu iəu p'o	蟑螂
虹虹猫儿	tin tin mər	蜻蜓
缺块儿	tɕ'yɛ k'uər	青蛙

七、房屋、器具

堂屋	t'aŋ vu	旧时指两居室中间的屋
门坎	mən k'an	门槛
瓢瓢儿	p'iau p'iər	勺子
案板	ŋan pan	砧板
补疤	pu pa	打补丁
阳沟	iaŋ kəu	上面未加盖的排水沟
绷子床	poŋ tsʅ ts'uaŋ	棕绷床
篾笆子	miɛ pa tsʅ	竹片儿用绳连接起来垫在木床架上供上面铺褥用的竹器
手烘笼儿	səu xoŋ nuər	手炉
甑子	ts'ɳ tsʅ	用木做的蒸饭的器具，桶状，内有竹编的箅子

八、人物

细娃儿	ɕi uər	小孩儿
幺儿	iau ər	对婴、幼儿的爱称
别个	piɛko	外人
穿穿儿客	ts'uan ts'uər k'ɛ	说生意的中人
棒棒	paŋ paŋ	对现代在车站、码头下苦力的人之称呼
偷儿贼	t'əu ər tsuei	小偷儿
龟儿	kuei ər	与龟孙子同义，骂人语
告花子	kau xua tsʅ	乞丐
单身汉儿	tan sənxər	单身汉
过婚嫂	ko xuən sau	二婚头

九、亲属

公公	koŋ koŋ	祖父
婆婆	p'o p'o	祖母
外公	uai koŋ	外祖父
外婆	uai p'o	外祖母
老汉儿	nau xər	父亲
大爸	ta pa	伯父
幺爸	iau pa	父亲最小的弟弟
姻伯	in pɛ	对姊妹公婆的称呼
兄弟伙	ɕioŋti xuər	哥儿们
走人户儿	tsəu zənfuər	走亲戚，我明天要～

十、身体

脑壳	nau k'o	头
后脑啄	xəu nau tsua	后脑勺儿
背脊骨	pei tɕi ku	脊骨
倒拐子	tau kuai tsʅ	胳膊肘儿
砣儿	t'o ər	拳头
腰杆	iau kan	腰
腿杆	t'uei kan	腿
螺蛳骨	no sʅ ku	踝子骨
流口水	niəu k'əu suei	流涎水
缺牙巴儿	tɕ'yɛ ia pər	指小孩儿门牙掉了

十一、病痛 医疗

屙肚子	otu tsɿ	泻肚
出麻子	tsʻu ma tsɿ	出麻疹
干疮	kan tsʻuaŋ	疥疮
驼子	tʻou tsɿ	罗锅儿
齁巴儿病	xəu pərpin	哮喘病
包包	pau pau	被打或被蚊、蚤、臭虫等咬后起的疙瘩
浆疤	tɕiaŋ pa	疮疤
号脉	xau mɛ	中医摸脉诊病
沙喉咙	sa xəu noŋ	嗓音沙哑的人
刮痧	kua sa	用铜钱沾油或水在背、颈、手腕处刮至出现红紫色以达到去暑热的目的

十二、衣服 穿戴

罩衣	tsau i	外衣
汗衫	xan san	线织的或布做的内衣
开衫儿	kʻai sər	用粗点的毛、腈纶等线织的外套
马夹	ma tɕia	用布料制作的背心
披衫	pʻei san	斗篷
围围儿	uei uər	小孩胸前戴的用来护衣裳的围嘴
帕帕儿	pʻa pʻər	小孩儿用的手绢
手箍箍儿	səu kʻu kʻuər	手镯
耳屎挖挖	ər tsɿ ua ua	耳挖子
纸煤子	tsɿ mei tsɿ	点烟用的纸捻儿

十三、饮食

晌午饭	sau vufan	中饭
炕干饭	k'oŋ kanfan	将米或过滤了的半生饭放在木制或其他材质的器皿里在火上蒸熟
担担儿面	tan tərmian	名小吃，不带汤放上青叶菜和作料搅拌后吃的面条
小面	ɕiaumian	不放肉的素面条
发糕	fa kau	米粉倒在模子里蒸熟的一种糕
泡菜	p'au ts'ai	经放有盐、花椒等作料的水泡熟了吃的蔬菜
香管儿	ɕiaŋ kuər	猪脚和猪肘之间的一段儿
坐墩子	tso tər	猪臀部的肉
耳子	ər tsɿ	木耳
醪糟儿蛋	nau tsərtan	和醪糟儿一起煮的荷包蛋

十四、红白大事

放人户	faŋ zənfu	女儿嫁人
送亲婆	soŋ tɕ'in p'o	送新娘到婆家的娘家人
月母子	yɛ mu tsɿ	产妇
做道场	tsu tau ts'aŋ	旧时人死后的迷信活动，如请跳神等
高烟囱	kau ian ts'oŋ	火葬场（戏语）
做生	tsu sən	生日时的庆贺仪式、筵席
闹房	nau faŋ	闹洞房
钱纸	tɕ'ian tsɿ	给死人烧的冥币
楼库	nəuk'u	给死者用纸做的衣裤、房屋、用具、仆人等
孝棒	ɕiao paŋ	哀杖

十五、迷信

拆字	tsʻɛtsʅ	算八字
端公	tuan koŋ	男巫
巫婆	vu pʻo	女巫
跳神	tʻiau sən	下神
号水	xau suei	一种迷信活动,即用灶里的柴灰化成水念上咒语,给人治病
灶神菩萨	tsau sən pʻu sa	灶王爷
请神	tɕʻin sən	下神
八字先生	patsʅ ɕian sən	算命的
天老爷	tian nau iɛ	老天爷
观花婆儿	kuan xua pʻər	巫婆

十六、讼事

接包袱	tɕiɛ pau fu	受贿
塞包袱	sɛ pau fu	贿赂
垮杆儿了	kʻua kər·nau	罢官了、散伙了
双手表	suaŋ səu piau	手铐(戏语)
敲沙罐儿	kʻau sakuər	枪毙
打脱离	ta tʻo ni	离婚
打官司	ta kuan sʅ	进行诉讼
坐鸡圈儿	tso tɕitɕyər	坐牢
按指拇儿印	ŋan tsʅ mərin	按手印
关倒起的	kuan tau tɕʻi ni	被关押着的

十七、日常生活

扎鬏鬏儿	tsa tɕiəu tɕiəuər	扎小辫儿
争起吃	tsən tɕ'i tsʅ	抢着吃
五香嘴儿	vu ɕiaŋ tsuər	喜欢吃零食的人。那个人是～
压马路	ia manu	在马路上散步
跷起睡	tɕyan tɕ'isuei	跷着腿睡
发梦冲	famoŋ ts'oŋ	说梦话或夜游
施尿	sʅniau	给婴幼儿把尿
掏耳屎	t'au ər sʅ	掏耳朵
扯嗝逗儿	ts'ɛ kɛ tər	吃饭噎住了
打瞌睡	ta k'osuei	打盹儿

十八、交际

莫客气	mo k'ɛtɕ'i	不要客气
捆不拢	ko pu noŋ	指两人不合
搭白	ta pɛ	插嘴
脏班子	tsaŋ pan tsʅ	丢脸
办酒	pan tɕiəu	办酒席
会人	xuei zən	访人
送礼性	soŋ niɕin	送礼
割肉	kozəu	买肉
吃油大	ts'ʅ iəuta	吃酒席或吃肉食类的饭菜
扯皮	ts'ɛ p'i	闹纠纷

十九、商业

摆摊摊儿的	pai t'an t'ər ni	小摊贩
跑单邦	p'au tan paŋ	来往于各地贩卖货物
相因	ɕiaŋ in	便宜
约秤	yots'ən	用另一把秤检查一下分量
争钱	tsən tɕ'ian	钱不足或欠钱 ①买18寸彩电我还~ ②我争他十块钱
幺师	iau ʂɿ	跑堂的
沽茶馆儿	ku ts'a kuər	坐茶馆
烧腊铺	sau nap'u	卤肉店
丘儿	tɕ'iəu ər	伙计
炭圆儿	t'an yər	煤球儿

二十、文化　教育

睁眼瞎子	tsən ian ɕia tsɿ	文盲、不识字
没考起	mei k'au tɕi	没考上
鸭蛋	iatan	零分
打墨水	ta mɛ suei	自己拿瓶去买散装墨水或往自来水笔中吸墨水
读望天书	tuuaŋ tian su	读书或听课不认真
打广广	ta kuaŋ kuaŋ	听课不专心,思想开了小差
打手板心儿	ta səu pər ɕin	打手心儿。旧时老师教育学生的一种手段
篾块儿	miɛ k'uər	竹制戒尺
发蒙儿	fa mər	儿童开始识字读书
墨盘儿	mɛ p'ər	砚台

二十一、游戏

逮猫儿	tai mər	捉迷藏
耍把戏	sua paɕi	变戏法儿
放火炮儿	faŋ xop'ər	放炮仗
幺台	iau t'ai	完结
木脑壳儿	mu nau kor	木偶儿戏
立羊角端	ni iaŋ ko tuan	打倒立
地耗子	ti xau tsʅ	"地老鼠"烟火中的一种
拱猪	koŋ tsu	扑克牌的一种玩法
丢色子	tiou sɛ tsʅ	掷色子
踩足球	tsua tsu tɕ'iəu	踢足球

二十二、动作

盯到	tin tau	死死地看着
踩了一脚	tsua·nau i tɕio	踢了一脚
款倒起了	k'uan tau tɕ'i·nau	被事物绊住。我遭绳绳~
诀架	tɕyɛtɕia	吵架
明侃	min k'an	明说
洗刷	ɕi sua	奚落
幺出去	iau ts'utɕ'i	赶出去
不依教	pu itɕiau	不依。这个娃娃夹得很，我尝了他一块菠萝他硬~
默倒	mɛ tau	以为。我~你们今天不来了嘞，你看，都过了十分钟了
泼烦	p'o fan	厌恶。我~那个人，最爱翻空话

二十三、位置

山高头	saŋ kau tʻəu	山上
井头	tɕin tʻəu	井里
沟沟头	kəu kəu tʻəu	沟里边
床脚	tsʻuaŋ tɕio	床底下
楼脚	nəu tɕio	楼下
咔咔角角	kʻa kʻa ko ko	角落
挨边儿	ŋai piər	靠近。不是司机刹车快,车子~过去,你娃娃今天连命都没得了
车子头	tsʻɛ tsʅ tʻəu	车子里
侧边	tsʻɛ pian	旁边
二天	ər tian	以后

二十四、形容词

孬	pʻiɛ	坏
闹热	nau zɛ	热闹
挖抓	ua tsua	脏
安逸	ŋan i	舒服
得行	tɛ ɕin	能干。这个人~
哈巴儿	xa pər	傻
满盘	man pʻan	全部
财喝喝儿的	tsʻai xo xər·ni	吝啬鬼
泡绍	pʻau sau	食物松软
活摇活甩	xo iau xo suai	活动,松的

二十五、代词等

别个	piɛko	人家
啷个	naŋko	怎样？
啷个办	naŋ kopan	怎么办？
不啷个	pu naŋko	不怎么样
为啥子	uei sa tsɿ	为什么？
啥子	sa tsɿ(tsɛ)	什么？
算不到啥子	suan pu tausa tsɛ	不算什么
崽儿些	tsai ər çi	男孩儿们
哪家屋头	na tçia vu t'əu	谁家？
两口儿	niaŋ k'ər	夫妻俩

二十六、副词等

跟到	kən tau	跟着,接着
哈儿	xa ər	一会儿。你等我一～,我们一路。
估到	ku tau	一定要。他～要跟我来,我把他莫法。
寡	kua	只。他～吃菜,不吃饭。
喜得好	çi tɛ xau	幸好。～我去了,不是还误大事了。
刁阻	tiau tsu	故意。他～不做的。
硬是	ŋən sɿ	真的,实在。这件事,我～不晓得。
起先	tɕ'i çian	先前,我～不晓得,后头才听到说。
格外	kɛuai	另外。～再拿一个,这个要不得。
通另	t'oŋnin	另外。～拿一个。

二十七、量词

一砣	i tʻo	①一群。~人 ②一拳。打你~
一扒拉	i pʻa na	一大群。商店一开门,~人就搡进来了
一泡	i pʻa	~尿。~屎。~口水
一窝	i o	一棵。~树。~白菜。~玫瑰花
一块	i kʻuai	~砖。~石头。~布。~表
一口	i kʻəu	~猪。~缸。~锅
一节	i tɕiɛ	~竹子。~甘蔗。~布
一层	i tsʻən	~纸。~布。~砂。~楼
一卡	i kʻa	大拇指与中指张开的长度。~长
一排	i pʻai	两臂平伸两手伸直的长度

(二)关于方言语法的调查

"语言的语法结构和基本词汇是语言的基础,是语言特点的本质"。[①]一般地说,一种语言的基本词汇和语法结构规律是比较稳定的,因而反映到本民族语言的各方言间,基本词汇和基本语法结构方面的差异较语音少些。尽管如此,绝不是说各方言在词汇、语法方面不会有任何差异,事实上,除前面已讲到的词汇差异外,汉语各方言间在语法方面也存在着不少差别。就词法而论,不同方言的词类划分可能大体相同,但是落到具体词上,可能就不完全一样了(这就与词汇差异又联系起来了)。比如普通话[②]与四川南部地区的筠连话都有"疑问代词"和"指示代词",但从下列比较表里可以看出两者的具体词却是不同的。

[①] 斯大林:《马克思主义与语言学问题》,人民出版社,1953年出版,第24页。
[②] 普通话是在北方方言基础上形成的现代汉语的民族共同语。民族共同语与本民族其他方言是"弟兄关系",而不是"父子关系",因而可以它为一方与其他方言作比较,说明方言间的差异。

语言漫议

词类	疑问代词		指示代词	
方言	普通话	筠连话	普通话	筠连话
人或事物	谁	舍[ʂai]个①	这	这[tsei]号
	什么	啥子	那	那[nai]号
	那	哪[nai]个		
处所	哪儿、哪里	舍点	这儿	这[tsei]点
	什么(地方)	舍跟前	那儿	那点
			这里、那里	这跟前、那跟前
时间	多会儿	舍会儿	这会儿(这时候)	这会儿[xūr]
	几时	啥子时候	那会儿(那时候)	那会儿
	什么(时候)	哪[nai]时候		
数量	几、多少	好多	这么些	这[tsei]些
			那么些	那[nai]些
性质、状态、方式、程度	怎么	□[tsaŋ]个起的	这么、这样	纵[tsuŋ]个
	怎样	咋个搞的	这么样	
	怎么样	咋个	那么、那样那么样	弄[nuŋ]个

对比例句：

普 通 话	筠 连 话
谁在唱歌？	舍个在唱歌？
你吃的是什么？	你吃的是啥子？
你到哪儿去啦？	你到舍点去来？
饭在什么地方？	饭在舍跟前？
你什么时候来的？	你舍会儿来的？
有多少饭？	饭有好多？
这是怎么回事？	这是咋个回事？
这儿有水。	这点有水。
你怎么这么干？	你咋个纵个干？

① "舍"[ʂai]是用筠连方言同音字代替的。

又比如普通话和四川南部的筠连话以及四川北部的苍溪话都有"时态助词",但是从下表可以看出无论从词形还是从读音上说,三者都有着明显的差别。

方言	普通话	筠连话	苍溪话
时态助词	着	斗起[toutɕ'i]①	嗒[ta]、倒[tao]、起、住[tsu]
例句	桌上放着一碗水。 门口站着一群人。 坐着吃好呢,还是站着吃好? 他说着说着就笑起来了。	桌子上放斗起一碗水。 门外先站斗起一伙人。 坐斗(起)吃好,还是站斗(起)吃好? 他说斗说斗就笑起来了。	桌子上搁嗒一碗水。 门口拥嗒一堆人。 坐倒吃好喃,还是站起吃好? 他说住说住就笑起来了。

从词的构造上讲,不同的方言往往有一些自己特有的"附加成分"。比如四川北部方言里常见的前附加成分就有以下这些:

梆——[pɑŋ]②

①胡豆没煮炧,梆硬。

②这捆柴捆得梆紧。

胖——[p'aŋ]

茅坑里的粪胖臭。

昂——[ŋaŋ]

这服中药昂苦。

呡——[min]

这颗糖呡甜。

抛——[p'ao]

这捆灯草抛轻。

---

① "斗"是用筠连方言同音字代替的。
② "梆、胖"等都是用方言同音字代替的。

溜——[niəu]

①你们屋里的泡菜溜酸。

②肉炖得溜炉。

③她把头发梳得溜光。

崭——[tsan]

①他把田欠得崭平。

②她今天儿去赶场,一身穿得崭新。

③那些娃儿排成队,走得崭齐。

焦——[tɕiao]

①太阳把田晒得焦干。

②饭锅巴焦黄。

黢——[tɕ'y]

今晚些莫月亮,黢黑。

稀——[ɕi]

①他把杯子打得稀烂。

②我的衣裳弄得稀脏。

□——[pia]

①这菜炒得莫味道,□淡。

②这糖不啥甜,□淡。

川北话里的这些前加成分,一般都是用来修饰形容词的,有"很、非常"等意味。在用法上有两个特点:①有些只是固定同一些对象搭配,如"哏甜""昂苦",不能再哏什么、昂什么,也不能说"哏苦""昂甜"。②这些前附加成分虽有"很、非常"的意思,但它们的修饰范围却远远不能与普通话里的"很、非常"相比,即使像"崭"这样使用频率较大的,最多也只是可以说"崭平、崭新、崭齐",再也不能"崭"别的什么了。

细细比较起来,不同方言间在语序上也可能存在着差异。还是以普通话和筠连话做比较。

方言	普通话	筠连话
例句	我应该来不应该？	我该不该来？
	我不认识他。	我不认得他。
	给我一本书。	给本书跟我。
	这个人比那个人高,可是没有那个人胖。	这个人高过那个人,可是比不过那个人胖。
	锅里还有饭没有？你去看一看去。	锅里还有没有饭？你去看看。
	不管你去不去,反正我是要去的。	不管你去不,横竖我是要去的。

附录
语法调查举例

1. 语序

以下各条例句都要请发音合作人翻译成本地话,并且记下音。

我应该来不应该?　　　　　(我应该不应该来?我应不应该来?)
他愿意说不愿意?　　　　　(他愿意不愿意说?他愿不愿意说?)
你打算去不打算?　　　　　(你打算不打算去?你打不打算去?)
你能来不能?　　　　　　　(你能不能来?你能来不能来?)
他敢去不敢?　　　　　　　(他敢不敢去?他敢去不敢去?)
还有饭没有?　　　　　　　(还有没有饭?还有饭没有饭?)
你到过北京没有?　　　　　(你到过北京没有到过?你有没有到过北京?)
(这事情)他知道不知道?　　(他知道[倒]知不倒?他知不知道?)
他不知道。　　　　　　　　(他知不倒)
他晓得不晓得?　　　　　　(他晓得晓不得?他晓不晓得?)
他不晓得。　　　　　　　　(他晓不得)
(这个字)你认得不认得?　　(你认得认不得?你认不认得?)
我不认得。　　　　　　　　(我认不得。)
你还记得不记得?　　　　　(你还记得记不得?你还记不记得?)

2. 比较

这个大,那个小,这两个东西哪个好一点儿呢?
这个比那个好。(这个比那个强。这个好过那个。这个强似那个。)
今天比昨天好多了。　明天比今天还要好。
那个没有(不如、不及、不跟)这个好。　这些房子没有(不如、不及、不跟)那些房子好。
这个有那个大没有?　(这个有没有那个大?)这个跟(和、同)那个一般大(一样大,一样大小,大小一样)。　这个跟(和、同)那个不一样(两样、不同)。

这个人比那个人高,可是没有那个人胖。

这群孩子像猴儿是的(似的,一样,一般),到处乱爬。

3. 例句

你贵姓？我姓王。　你姓王,我也姓王,咱们两个人都姓王。

(有人敲门)谁呀?(哪个呀？谁个呀?)我是老王。

老张呢？老张还在家里呢。

他在干什么呢？他在吃着饭呢。(他正在吃饭呢。他吃着饭呢。)

他还没有吃完(说完)吗？还没有呢。大约再有一会儿就吃完(说完)了。

他说就走,怎么这半天了还没走呢？

他正在那儿跟一个朋友说着话呢。

你上哪儿去？我上街去。你多会儿去?(多晚儿去？多咱儿去?)我说话(马上)就去。

你去干什么去？我去买菜去。你先去吧,我们等一会儿再去。

好好儿地走！不要跑！小心跌下去爬也爬不上来！

你告诉他(你对他说,你对他讲)不在那儿,也不在这儿。到底是在哪儿呢？

怎么办呢?(咋办呢？咋整呢？咋个整呢?)不是那么办,是要这么办的。

要多少(好多)才够呢？太多了,要不了那么多,只要这么多就够了。

不管怎么忙,也要好好儿学习。

他今年多大岁数？也不过三十来岁吧。

这个东西有多重呢？怕有五十多斤重吧。

给我一本书!(给本书我！把本书我!)我没有书嘿。

饭好了,快来吃来吧(快来吃吧,快吃来吧)。

锅里还有饭没有？你去看一看去。我去看了,没有了(没了,没得了)。

吃了饭要慢慢儿地走。不要(别、白)跑！没关系(百不咱儿,没什么,没啥子,不碍事,不碍)。

来闻闻这朵花儿香不香！香得很,是不是？

语言漫议

你是抽烟呢？还是喝茶？(你是抽烟啊,是喝茶？你抽烟啊,是喝茶？)
烟也好(也罢),茶也好(也罢),我都不喜欢。
医生叫你多睡一睡。抽烟或者喝茶都不行。
不早了,快去吧！这会儿还早着呢。等一会儿再去好罢。
吃了饭再去好不好？吃了饭再去就来不及了(不赶趟儿了)。
不管(不论)你去不去,反正(横竖、横直)我是要去的。
你爱去不去。你爱去就去,不爱去就不去_{问有无"爱信不信,爱听不听"一类说法}
我非去不可！我非得去！我非去不行！
咱们一边儿走一边儿说。(一头走,一头说。只管走,只管说。)
说了一遍,又说了一遍。请你再说一遍。越走越快,越说越多。
这东西好是好,可是太贵。这东西贵是贵,可是结实。
他在哪儿吃的饭？他(是)在我家家里吃的饭。
真的吗？真的！他是在我家家里吃的饭。
昨天通知六点起床,我五点半就起来了,你怎么七点才起来？
三四个人盖一床大被子　　一床大被子盖三四个人
一个大饼夹一个油条　　一个油条夹一个大饼
两个人坐一张凳子　　一张凳子坐两个人
一辆车装三千斤麦子　　三千斤麦子装一辆车
一辆车装不了三千斤麦子_{车子小,麦子多}　　三千斤麦子装不了一辆车_{车子大,麦子少}
十个人吃一锅饭　　一锅饭吃十个人
十个人吃不了这一锅饭_{饭太多}　　这锅饭吃不了十个人_{饭不够}
小屋子堆东西,大屋子住人。　　这屋子住不下十个人。
东房没有住过人。　　这毛驴拉过车,没骑过人。
这匹小马儿没有骑过人,你小心点儿骑。
我坐过船,没骑过马。

4.了

他吃了饭了,你吃了饭没有呢？我喝了茶了还渴。

我吃了晚饭,溜达了一会儿,后来回来就睡下了,做了(梦见)个梦。

我照了相了　　我照相了　　我照了一张相 "我照了相"能否单独说?

有了人,什么事都好办。

不要把茶碗砸了!吃了这碗饭!把这碗饭吃了!

下雨了　　雨不下了　　天要晴了

请了一桌客　　逃了两次　　打了一下　　去了一趟

迟了就不好了,咱们快点走吧!

好得不得了　　坏得不得了　　了不得　　可了不得

三天里头做了(老)做不了(老)。你办不了(老),我办得了(老)能办到。

你骗(哄、冤)不了(老)我。

了了这桩儿事再走。

5. 着

他们正在说着话呢。

桌上放着一碗水。门口站着一群人。

坐着吃好,还是站着吃好?　　想着说,不要抢着说。　　说着说着,笑起来了。大着胆子说罢!

这个东西重着呢(沉着呢)。　　他对人可好着呢。这小伙子有劲着呢。

站着!路上小心着!等我想一想着!

雪一着地就化了。

睡着了　　猜着(见)了　　担着了　　担真了

猜(得)着(见)猜不着(见)　担(得)着(真)担不着(真)　着火了　点着了

着(招)凉了　　甭着(招)急,慢慢儿的来。

——着呢(的了) 表示正做什么或夸大

我正在这儿找着呢,还没找着呢。　　我正在这儿寻的了,还没拉家寻着了。

厉害着呢(的了)　有钱着呢(的了)　阔着呢(的了)好看着呢(的了)

6. 得

这些果子吃得吃不得?　　这是熟的,吃得。那是生的,吃不得。

(你们)来(得)了来不了？我没事，来得了。他太忙，来不了。

这个东西很重，拿得动拿不动？我拿得动，他拿不动。 真不轻，重得连我都拿不动了。

他手巧，画得很好看。我手笨，画得不好看。

他忙得很，忙得连饭都忘了吃。看他急得，急得脸都红了。

你说得很好，你还会说点儿什么呢？

(做)得了　　(做)好了

挺得意　　挺得法

说得说不得_{问可否}　　他说得快不快_{问情况}　　他说(得)快说不快_{问能力}

丢得街上去　　搁得桌子上了　　掉(跌)得地上了_{指人或物悬空落下}

甭(别)走了，住得我家(家)里吧！

7. 的

这是他的书。那本书是他哥哥的。桌子上的书是谁的？是老王的。

屋里坐着很多的人，看书的看书，看报的看报，写字的写字。(有的看书，有的看报，有的写字。)

这个合作社，谁的主任？老王的主任，小张的副主任。

要说他的好话，不要说他的坏话。

上次是谁请的客，是我请的。你是哪年来的？我是前年到的北京。

你说的是谁？我不是说的你。他那天是见的老张，不是见的老王。

只要他肯来，我就没的说了。从前有的做，没的吃。现在有的做，也有的吃。

三个的五个是八个。　一千的两千一共三千。

不管风啊雨的，一个劲儿干。上街买个葱啊蒜的，也方便。

伍的　什么的：柴米油盐伍的，都有的是。写字算账伍的，他都能行。

8. 后加成分

——极了　好极了　热极了　气人极了　头疼极了　有趣极了　有钱极了　有本事极了

——得很(得太　得极　之极)　好得很　热得很　气人得很　有意思得很　有本事得很

——要命(要死)　热得要命　热得要死　冷得要命　冷得要死　难得要命　难得要死

——不行　热得不行　怕得不行

——死了(死人　坏了)　舒服死了　舒服坏了　高兴死了　高兴坏了　热死了　热死人　气死了　气死人

——不了(不得了)　忙个不了　忙得不得了

——得慌(亨　夯)　憋得慌　热得慌　闷得慌　痒得慌

——拉瓜(巴)唧的　傻拉瓜(巴)唧的　烂拉瓜(巴)唧的

——不楞登的　傻不楞登的　花不楞登的

——不的(不唧唧的)　黄不的　酸不唧的

——最……不过　最好不过　最毒不过(长虫,蝎子)　最香不过(玫瑰花儿)

9.前加成分

梆——梆硬　梆紧

胖[ˌpʻaŋ]——胖臭　胖酸　胖苦　胖涩

飘——飘轻

溜——溜光

铮——铮亮

死——死慢　死磨　死笨　死赖　死不要脸　死等:坐下死等

崭——崭平　崭齐　崭新

生——生疼:天真冷,手冻得生疼。

齁[ˌxou]——齁咸　齁热　齁甜

焦——焦干　焦黄

精——精瘦(焦瘦):这孩子精瘦焦黄,一定有病。精稀:糨子精稀,不粘。精淡:盐放得少了,精淡。精湿(黢湿焦湿)

焦——焦黑_{漆黑}

稀——稀碎:玻璃打得稀碎　稀脆　稀酥　稀糟　稀烂　稀松(精松):稀松平常

倍儿——倍儿新　倍儿棒

怪——怪好　怪舒坦　怪羞　怪害臊　怪不好意思

老——老大　不老大　老高　老热　老狠

为了使人们对所调查的方言有一个总的印象,在分别调查了语音、词汇、语法以后,还可再选录一些该方言的民间歌谣和民间故事等,予以全面注音,供人们进一步对该方言做分析、研究时参考。

(肆)粤、闽、客方言简介

粤　方　言

一、粤方言的地域分布及其语音特点

粤方言分布在广东省中部和西南部、广西东部、南部等约一百多个县以及香港、澳门等地。此外，东南亚、南北美等地区的华侨和华裔也大都以粤方言为母语。粤方言是现代汉语方言中与民族共同语差别较大的方言之一。使用粤方言的人数约占汉族总人口的5%左右。粤方言以广州话为代表。

粤方言在语音上有以下主要特点：

(1)古见系字无论洪细都读[k、kʻ、h]声母。比如：见母开口一等字"根"和见母开口三等字"金"都读[k]声母；溪母开口一等字"叩"和群母开口三等字"求"都读[kʻ]声母；晓母开口一等字"海"和晓母开口三等字"希"都读[h]声母。

(2)古精组与知系字相混，都读[ʧ、ʧʻ、ʃ]声母。比如：精母字"租"和知母字"知"都读[ʧ]声母；清母字"粗"和初母字"抄"都读[ʧʻ]声母；心母字"三"和生母字"山"都读[ʃ]声母。

(3)保持古代全部鼻尾[m、n、ŋ]和全部塞尾[p、t、k]。比如：咸摄舒声字"淡"和深摄舒声字"林"都读"[-m]"尾；山摄舒声字"班"和臻摄舒声字"新"都读[-n]尾；宕摄舒声字"逛"和江摄舒声字"江"都读[-ŋ]尾。又如咸摄入声字"答"和深摄入声字"立"都读[-p]尾；山摄入声字"八"和臻摄入声字"笔"都读[-t]尾；宕摄入声字"脚"和江摄入声字"剥"都读[-k]尾。

(4)有9个调类，是汉语中调类最多的一种方言。即"平、上、去"各分阴、阳，"入"又分作上阴入、下阴入和阳入。此外，入声有塞音韵尾[p、t、k]。

二、广州音系简介

(一)广州方言声母表

发音方法 \ 发音部位			双唇	唇齿	舌叶	舌尖中	舌面中	舌根	喉
塞音	清	不送气	p 巴别			t 丹大		k 根金	
		送气	p' 抛盘			t' 他田		k' 抗求	
塞擦音	清	不送气			ʧ 租知				
		送气			ʧ' 粗抄				
鼻音	浊		m 马微			n 怒		ŋ 岸牛	
边音	浊					l 兰			
擦音	清			f 夫灰	ʃ 三山				h 好希
半元音			w 委永				j 烟翁		
零声母			ø 欧							
自成音节			ŋ̍ 误							

(二)广州方言声母例字古、今读音说明

例字	广州读音	北京读音	古声母	声母	韵母	声调	韵摄	开合	等第
巴	pa	pa	帮	麻	平	假	开	二
别	pit	pie	並	薛	入	山	开	三
抛	p'au	p'au	滂	肴	平	效	开	二
盘	p'un	p'an	並	桓	平	山	合	一
马	ma	ma	明	马	上	假	开	二
微	mei	uei	微	微	平	止	开	三
委	wɐi	uei	影	纸	上	止	合	三
永	wIŋ	iuŋ	云	梗	上	梗	合	三
夫	fu	fu	非	虞	平	遇	合	三
灰	fui	xuei	晓	灰	平	蟹	合	一

168

续表

例字	广州读音	北京读音	古	声母	韵母	声调	韵摄	开合	等第
租	tʃou	tsu		精	模	平	遇	合	一
知	tʃi	tʂʅ		知	支	平	止	开	三
粗	tʃ'ou	ts'u		清	模	平	遇	合	一
抄	tʃ'au	tʂ'au		初	肴	平	效	开	二
三	ʃam	san		心	谈	平	咸	开	一
山	ʃan	ʂan		生	山	平	山	开	二
丹	tan	tan		端	寒	平	山	开	一
大	tai	ta		定	箇	去	果	开	一
他	t'a	t'a		透	歌	平	果	开	一
田	t'in	t'iɛn		定	先	平	山	开	四
怒	nou	nu		泥	暮	去	遇	合	一
兰	lan	lan		来	寒	平	山	开	一
烟	jin	ian		影	先	平	山	开	四
翁	juŋ	uəŋ		影	东	平	通	合	一
根	kɐn	kən		见	痕	平	臻	开	一
金	kɐm	tɕin		见	侵	平	深	开	三
抗	k'ɔŋ	k'aŋ		溪	宕	去	宕	开	一
求	k'ɐu	tɕ'iou		群	尤	平	流	开	三
岸	ŋɔn	an		疑	翰	去	山	开	一
牛	ŋɐu	niou		疑	尤	平	流	开	三
好	hou	xau		晓	晧	上	效	开	一
希	hei	çi		晓	微	平	止	开	三
欧	ɐu	ou		影	侯	平	流	开	一
误	ŋ̩	u		疑	暮	去	遇	合	一

(三)广州方言声母特点

(1)从发音部位看,广州音系与北京音系相比,多一类"舌叶音"[tʃ、tʃ'、ʃ]和喉音[h],没有"舌尖前音"[ts、ts'、s]和"舌尖后音"[tʂ、tʂ'、ʂ]。

(2)古全浊声母变为清声母后,送不送气的情况与北京语音大体相似:大都是平声—送气,仄声—不送气。比如同为并母字,平声"盘"读[p']声母,入声"别"读[p]声母。同为定母字,平声"田"读[t']声母,去声"大"读[t]声母。

(3)古见系字无论洪细都读[k、k'、h]声母。比如"根、金"都读作[k]声母;"抗、求"都读作[k']声母;"好、希"都读作[h]声母。

(4)古精组字与知系字都读作[tʃ、tʃ'、ʃ]声母。比如"租、知"都读作[tʃ]声母;"粗、抄"都读作[tʃ']声母;"三、山"都读作[ʃ]声母。

(5)f~h相混。比如非母字"夫"和晓母字"灰"都读作[f]声母。

(6)古代明母和微母字广州都读作[m]声母。比如明母字"马"和微母字"微"都读[m]声母。

(7)古代疑母、影母、云母字,今广州仍保持辅音声母读音。如疑母字"岸"读作[ŋɔnˀ]、"牛"读作[˳ŋɐu];影母字"烟"读作[˳jin],"翁"读作[˳juŋ];云母字"永"读作[ˬwɪŋ]。

(四)广州方言韵母表

韵头\韵尾	开口呼	齐齿呼	合口呼	撮口呼
开(元)尾韵	a巴家 ɛ爹蛇 œ朵靴 ɔ波多 ai拜快 ɐi米鸡 ei被基 ɔi代内 au抛交 ɐu走旧 ou报杜 œy女堆	i衣知 iu表照	u夫固 ua瓜夸 ɔu过 uai怪 uɐi柜葵 ui杯梅	y朱树
鼻尾韵	am担三 ɐm林心 an办山 ɐn笨勋 œn顿准 ɔn杆寒 aŋ棚猛 ɐŋ朋 ɛŋ镜 œŋ香祥 ɔŋ旁方 uŋ种	im闪点 in边见 ɪŋ兄	 uan关 uɐn群昆 un官款 uaŋ框 uɐŋ轰 uɔŋ光	yn短泉

170

续表

韵尾＼韵头	开口呼	齐齿呼	合口呼	撮口呼
塞尾韵	ap 答纳 ɐp 执盒 at 八煞 ɐt 笔吉 øt 出律 ɔt 割 ak 百策 ɐk 北刻 ɛk 石 œk 弱脚 ɔk 霍觉 uk 牧曲	ip 接协 it 跌揭 ɪk 历击	uat 刮 uɐt 橘 ut 括阔 uɔk 郭	yt 夺脱
自成音节	ŋ̍ 误			

(五)广州方言韵母例字古、今读音说明

例字	广州读音	北京读音	古	声母	韵部	声调	韵摄	开合	等第
衣	ji	i		影	微	平	止	开	三
知	tʃi	tʂʃ		知	支	平	止	开	三
夫	fu	fu		非	虞	平	遇	合	三
固	ku	ku		见	暮	去	遇	合	一
朱	tʃy	tʂu		章	虞	平	遇	合	三
树	ʃy	ʂu		禅	虞	去	遇	合	三
巴	pa	pa		帮	麻	平	假	开	二
家	ka	tɕia		见	麻	平	假	开	二
瓜	kua	kua		见	麻	平	假	合	二
夸	k'ua	k'ua		溪	麻	平	假	合	二
爹	tɛ	tie		知	麻	平	假	开	三
蛇	ʃɛ	ʂɤ		船	麻	平	假	开	三
朵	tœ	tuo		端	果	上	果	合	一
靴	hœ	ɕye		晓	戈	平	果	合	三
波	pɔ	po		帮	戈	平	果	合	一

语言漫议

续表

例字	广州读音	北京读音	古	声母	韵部	声调	韵摄	开合	等第
多	tɔ	tuo		端	歌	平	果	开	一
过	kuɔ	kuo		见	戈	平	果	合	一
拜	pai	pai		帮	怪	去	蟹	开	二
快	fai	kʻuai		溪	夬	去	蟹	合	二
怪	kuai	kuai		见	怪	去	蟹	合	二
米	mɐi	mi		明	荠	上	蟹	开	四
鸡	kɐi	tɕi		见	齐	平	蟹	开	四
柜	kuɐi	kuei		群	至	去	止	合	三
葵	kʻuɐi	kʻuei		群	脂	平	止	合	三
被	pei	pei		并	寘	去	止	开	三
基	kei	tɕi		见	之	平	止	开	三
代	tɔi	tai		定	代	去	蟹	开	一
内	nɔi	nei		泥	队	去	蟹	合	一
杯	pui	pei		帮	灰	平	蟹	合	一
梅	mui	mei		明	灰	平	蟹	合	一
抛	pʻau	pʻau		滂	肴	平	效	开	二
交	kau	tɕiau		见	肴	平	效	开	二
走	tʃɐu	tsou		精	厚	上	流	开	一
旧	kɐu	tɕiou		群	宥	去	流	开	三
报	pou	pau		帮	号	去	效	开	一
杜	tou	tu		定	姥	上	遇	合	一
表	piu	piau		帮	小	上	效	开	三
照	tʃiu	tʂau		章	笑	去	效	开	三
女	nøy	ny		泥	语	上	遇	合	三
堆	tøy	tuei		端	灰	平	蟹	合	一
担	tam	tan		端	谈	平	咸	开	一
三	ʃam	san		心	谈	平	咸	开	一
林	lɐm	lin		来	侵	平	深	开	三
心	ʃɐm	ɕin		心	侵	平	深	开	三
闪	ʃim	ʂan		书	琰	上	咸	开	三
点	tim	tiɛn		端	忝	上	咸	开	四
办	pan	pan		并	裥	去	山	开	二
山	ʃan	ʂan		生	山	平	山	开	二
关	kuan	kuan		见	删	平	山	合	二

续表

例字	广州读音	北京读音	古	声母	韵部	声调	韵摄	开合	等第
笨	pɐn	pən		並	混	上	臻	合	一
勋	fɐn	çyn		晓	文	平	臻	合	三
群	k'ɐn	tç'yn		群	文	平	臻	合	三
昆	k'ɐn	k'ən		见	魂	平	臻	合	一
顿	tøn	tuən		端	恩	去	臻	合	一
准	tʃøn	tʂuən		章	准	上	臻	合	三
杆	kɔn	kan		见	旱	上	山	开	一
寒	hɔn	xan		匣	寒	平	山	开	一
边	pin	piɛn		帮	先	平	山	开	四
见	kin	tçiɛn		见	霰	去	山	开	四
官	kun	kuan		见	桓	平	山	合	一
款	fun	k'uan		溪	缓	上	山	合	一
短	tyn	tuan		端	缓	上	山	合	一
泉	tʃ'yn	tç'uan		从	仙	平	山	合	三
棚	p'aŋ	p'əŋ		並	耕	平	梗	开	二
猛	maŋ	məŋ		明	梗	上	梗	开	二
框	k'uaŋ	k'uaŋ		溪	阳	平	宕	合	三
朋	p'aŋ	p'əŋ		並	登	平	曾	开	一
轰	kuaŋ	xuŋ		晓	耕	平	梗	合	二
镜	kɛŋ	tçiŋ		见	映	去	梗	开	三
兄	hıŋ	çiuŋ		晓	庚	平	梗	合	三
香	hœŋ	çiaŋ		晓	阳	平	宕	开	三
祥	ʃʃœŋ	çiaŋ		邪	阳	平	宕	开	三
旁	p'ɔŋ	p'aŋ		並	唐	平	宕	开	一
方	fɔŋ	faŋ		非	阳	平	宕	合	三
光	kuɔŋ	kuaŋ		见	唐	平	宕	合	一
种	tʃuŋ	tʂuŋ		章	肿	上	通	合	三
答	tap	ta		端	合	入	咸	开	一
纳	nap	na		泥	合	入	咸	开	一
执	tʃɐp	tʂʅ		章	缉	入	深	开	三
盒	hɐp	xɤ		匣	合	入	咸	开	一
接	tʃip	tçie		精	叶	入	咸	开	三
协	hip	çie		匣	帖	入	咸	开	四
八	pat	pa		帮	黠	入	山	开	二
煞	ʃat	ʂa		生	黠	入	山	开	二

语言漫议

续表

例字	广州读音	北京读音	古	声母	韵部	声调	韵摄	开合	等第
刮	kuat	kua		见	鎋	入	山	合	二
笔	pɐt	pi		帮	质	入	臻	开	三
吉	kɐt	tɕi		见	质	入	臻	开	三
橘	kuɐt	tɕy		见	术	入	臻	合	三
出	tʃʻøt	tʂʻu		昌	术	入	臻	合	三
律	løt	lӳ		来	术	入	臻	合	三
割	kɔt	kɤ		见	曷	入	山	开	一
跌	tit	tie		定	屑	入	山	开	四
揭	kʻit	tɕie		见	月	入	山	开	三
括	kʻut	kʻuo		见	末	入	山	合	一
阔	fut	kʻuo		溪	末	入	山	合	一
夺	tyt	tuo		定	末	入	山	合	一
脱	tʻyt	tʻuo		透	末	入	山	合	一
百	pak	pai		帮	陌	入	梗	开	二
策	tʃʻak	tsʻɤ		初	麦	入	梗	开	二
北	pɐk	pei		帮	德	入	曾	开	一
刻	hɐk	kʻɤ		溪	德	入	曾	开	一
石	ʃɛk	ʂʅ		禅	昔	入	梗	开	三
历	lɪk	li		来	锡	入	梗	开	四
击	kɪk	tɕi		见	锡	入	梗	开	四
弱	jœk	ʐuo		日	药	入	宕	开	三
脚	kœk	tɕiau		见	药	入	宕	开	三
霍	fɔk	xuo		晓	铎	入	宕	合	一
觉	kɔk	tɕye		见	觉	入	江	开	二
郭	kuɔk	kuo		见	铎	入	宕	合	一
牧	mʊk	mu		明	屋	入	通	合	三
曲	kʻʊk	tɕʻy		溪	烛	入	通	合	三
误	ŋ̍	u		疑	暮	去	遇	合	一

(六)广州方言韵母特点

(1)从韵头方面看,广州音系与北京音系一样,都有开、齐、合、撮四呼。从韵尾方面看,广州方言较北京音系多一类"塞尾韵"。

(2)与北京音系相比,广州比北京多一个鼻音韵尾[m]。比如把咸摄字"担"读[tam]、"三"读[sam]、"闪"读[ʃim]、"点"读[tim];把深摄字"林"读[lɐm]、"心"读[ʃɐm]。这些字在北京语音中都读作[n]尾。

(3)广州方言有长、短元音之分,而且两相对应。通常是a、ɛ、œ、ɔ、i、u、y是长元音;ɐ、e、ø、o、ɪ、ʊ是短元音。比如"拜、快"读长元音韵母[ai],"米、鸡"读短元音韵母[ɐi],"抛、交"读长元音韵母[au],"走、旧"读短元音韵母[ɐu];"但、三"读长元音韵母[am],"林、心"读短元音韵母[ɐm];"办、山"读长元音韵母[an],"笨、勋"读短元音韵母[ɐn];"棚、猛"读长元音韵母[aŋ],"朋"读短元音韵母[ɐŋ];"答、纳"读长元音韵母[ap],"执、盒"读短元音韵母[ɐp];"百、策"读长元音韵母[ak],"北、刻"读短元音韵母[ɐk]等等。

(4)广州方言完整地保留了古代全部入声字的塞音韵尾[p、t、k]。比如"答、纳、执盒、接、协"等咸、深两摄入声字都读[p]尾;"八、煞、刮、笔、吉、橘、出、律、割、跌、揭、括、阔、夺、脱"等山、臻两摄入声字都读[t]尾;"百、策、北、刻、石、历、击、弱、脚、霍、觉、郭、牧、曲"等宕、江、曾、梗、通等摄入声字都读[k]尾。

(七)广州方言声调表①

古声调＼广州声调	调类	调值	例字
平	阴平	53	诗非梯
	阳平	21	时扶明
上	阴上	35	使俯起
	阳上	23	市妇五
去	阴去	33	试富片

---

① 阴去与下阴入声调值虽同为33,阳去与阳入调值虽同为22,但下阴入和阳入都有塞音韵尾。

续表

古声调＼广州声调	调类	调值	例字
	阳去	22	事附又
平	上阴入	5	识竹畜
	下阴入	33	约屑铁
	阳入	22或2	食白入

(八)广州方言声调例字古、今读音说明

例字	广州调类	北京调类	古调类	声母	清浊
诗	阴平	阴平	平声	书母	全清
非	阴平	阴平	平声	非母	全清
梯	阴平	阴平	平声	透母	次清
时	阳平	阳平	平声	禅母	全浊
扶	阳平	阳平	平声	奉母	全浊
明	阳平	阳平	平声	明母	次浊
使	阴上	上声	上声	生母	全清
俯	阴上	上声	上声	非母	全清
起	阴上	上声	上声	溪母	次清
市	阳上	去声	上声	禅母	全浊
妇	阳上	去声	上声	奉母	全浊
五	阳上	上声	上声	疑母	次浊
试	阴去	去声	去声	书母	全清
富	阴去	去声	去声	非母	全清
片	阴去	去声	去声	滂母	次清
事	阳去	去声	去声	崇母	全浊
附	阳去	去声	去声	奉母	全浊
又	阳去	去声	去声	云母	次浊
识	上阴入	阳平	入声	书母	全清
竹	上阴入	阳平	入声	知母	全清
畜	上阴入	去声	入声	彻母	次清
约	下阴入	阴平	入声	影母	全清
屑	下阴入	去声	入声	心母	全清
铁	下阴入	上声	入声	透母	次清
食	阳入	阳平	入声	船母	全浊
白	阳入	阳平	入声	并母	全浊
入	阳入	去声	入声	日母	次浊

(九)广州方言声调特点

(1)广州方言共有9个调类,是汉语方言中声调最多的方言。

(2)古平、上、去三个调类都按声母清浊不同分为阴、阳两类声调。计有"阴平、阳平、阴上、阳上、阴去、阳去"等6个调类。古入声又按声母清、浊及长短元音分为"上阴入、下阴入和阳入"等3个调类。

(3)入声字有[p、t、k]三个塞音韵尾。

(十)广州调类与古调类对比表

古调类	古清浊	广州调类 例字	阴平	阳平	阴上	阳上	阴去	阳去	上阴入	下阴入	阳入
平	清	全清	诗非								
		次清	梯								
	浊	全浊		时扶							
		次浊		明							
上	清	全清			使俯						
		次清			起						
	浊	全浊				市妇					
		次浊				五					
去	清	全清					试富				
		次清					片				
	浊	全浊						事附			
		次浊						又			
入	清	全清							识竹	约屑	
		次清							畜	铁	
	浊	全浊									食白
		次浊									入

177

(十一)广州方言与北京语音对应举例

(1)声母对应

广州	北京	例字
p	p	巴波表(帮母)病备(並母)
	pʻ	品(滂母)
	m	秘(帮母)
pʻ	pʻ	普怕(滂母)皮平(並母)
	p	棒(並母)编(帮母)
m	m	妈眉民买(明母)
(零声母)	u	文尾望(微母)
	p	剥(帮母)
f	f	非分风(非母)房父(奉母)
	kʻ	枯科苦(溪母合口)况库(晓母)
	x	花欢婚荒虎(晓母)
	ç	勋训(晓母合口三等)
t	t	刀低丹(端母)大道(定母)
	tʻ	踏特(透母、定母)
tʻ	tʻ	他拖讨(透母)头田(定母)
	t	淡第(定母)
n	n	拿奴年泥(泥母)
l	l	拉来鲁力(来母)
k	k	该高岗(见母)跪(群母)
	tç	交斤君(见母)近巨(群母)
kʻ	kʻ	楷靠抗(溪母)葵(群母)
	tçʻ	溪(溪母)求琴(群母)
	k	概给(见母)
	ç	吸(晓母)
ŋ	ø	翱偶额(疑母)
	i-	牙颜咬(疑母)
	-n	牛倪(疑母)
	u-	巍瓦我(疑母)
	y-	岳乐(疑母)
h	x	黑海好(晓母)厚寒(匣母)
	ç	希虾轩(晓母)鞋(匣母)
	kʻ	开可康(溪母)
	tçʻ	巧气去(溪母)

续表

广州	北京	例字
tʃ	ts	资宗作(精母)泽(澄母)
	tɕ	尖接(精母)贱(从母)
	tʂ	知(知母)助(崇母)
	s	寺(邪母)
	ɕ	谢序(邪母)
tʃʻ	tɕʻ	瞧(从母)
	tsʻ	猜粗(清母)才(从母)
	tɕʻ	妻千秋(清母)全(从母)
	tɕ	践坐(从母)
	tʂʻ	车春(昌母)陈(澄母)叉(初母)
	ʂ	奢始(书母)杉晒刷(生母)
	s	赐塞松(心母)似(邪母)
	ɕ	邪祥徐肖(邪母、心母)
	tʂ	柱(澄母)诊(章母)重(邪母)
ʃ	s	苏三扫(心母)遂(邪母)
	ɕ	消先写(心母)
	ʂ	山沙(生母)树(禅母)事(崇母)枢(昌母)
	tʂʻ	崇(崇母)常晨(禅母)乘船(船母)
	tsʻ	岑(崇母)
j	ø	叶跃孕(以母)研(疑母)幽(影母)
		鸳(影母)元月(疑母)
		丸婉(影母)、完(匣母)
		恩翁(影母)玉(疑母)勇(以母)儿(日母)
	ʐ	忍日热(日母)
	ɕ	欣休(晓母)贤形(匣母)
	tɕ	丘钦泣(溪母)
w	n	虐拟孽(疑母)
	u-	蛙窝威(影母)王(云母)歪(晓母)
	y-	云韵永(云母)
	i-	遗尹颖(以母)

(2)韵母对应

广州	北京	例字
i	i	医移以义疑
	ɿ、ʅ	子此知池诗始
	ɚ	儿耳二
	ɤ	厕
u	u	姑呼府父
y	u	朱主暑树
	y	迂鱼雨遇
a	a	巴怕马拿茶沙
	ia	家卡夏
	ua	瓜夸画
ɔ	o	玻坡磨
	uo	多妥罗果和
	ɤ	哥科可贺
	u	阻楚梳
œ	uo	朵
	ye	靴
ɛ	ɤ	遮车奢
	ie	爹姐谢
a:i	ai	拜太乃晒
	ie	街解介
	uai	快乖坏
	a	大
ei	ei	被披美非
	i	比皮离希
	ɿ	四肆
a:u	au	包抛矛考稍
	iau	交巧孝咬
	ou	肘帚
	ua	抓
ou	au	报帽老好
	ou	都
	o	模
	y	驴
	uo	做

续表

广州	北京	例字
ɐi	u	普徒奴路苏
	i	米低鸡系
	ʅ	制逝
	ei	肺废
	uei	挥威桂愧
ɔi	ai	代胎来采
	uai	外
	ei	内
øy	y	拘女吕许取
	ei	雷累类泪
	uo	骡
	uai	衰帅
	u	除厨
	uei	堆推追吹水
u:i	ei	杯配梅
	uei	灰奎
	uai	侩刽
ɐu	ou	口头楼抽收
	iou	牛流九秋修
	u	亩浮
i:u	iau	焦瞧宵表漂苗刁挑消
	au	朝潮绍饶
	iou	丢
a:m	an	胆贪南蓝衫
	ian	监陷
	ən	参(~参)
ɐm	an	甘堪暗含
	ən	斟沉深任
	in	今琴侵林
	yn	寻
a:n	an	丹摊难山范
	ian	间闲眼
	uan	关宦湾
ɐn	ən	奔分根珍陈身人
	in	宾贫敏斤亲

181

语言漫议

续表

广州	北京	例字
	uan	饨吞昏滚坤
	yn	军裙熏
a:ŋ	əŋ	崩朋孟冷耕坑横
	ɑŋ	棒
	iŋ	硬
ɐŋ	iŋ	幸杏
	əŋ	登腾能增
	ən	肯
	uŋ	轰宏
ɛŋ	iŋ	柄钉听精轻领影
	əŋ	郑城声
øn	in	津秦信衾
	uan	敦伦准春顺
	ən	榛臻
	yn	讯
œŋ	ɑŋ	章昌商
	iɑŋ	疆强香良
	uɑŋ	窗双
ɔn	an	干看汉岸
ɔŋ	ɑŋ	帮宠盲方当汤郎冈康
	uɑŋ	光匡荒望庄床
	iɑŋ	江讲绛巷项
im	an	詹占蝉闪冉
	ian	点添念廉欠暹
in	ian	边篇典天连先
	yan	轩
	an	展扇然
iŋ	iŋ	平明丁京青兴
	əŋ	征呈升
	ən	贞桢认
	yn	琼
	yŋ	荣
	in	劲
un	an	般潘瞒
	uan	官宽欢

182

续表

广州	北京	例字
	ən	本盆门
uŋ	uŋ	东通龙农公空红钟翁
	əŋ	捧碰猛封
	yŋ	穷胸雍
yn	uan	端团暖乱专川酸
	yan	捐权宣鸳
	un	尊存孙
aːp	a	答踏纳腊杂眨插霎
	ia	夹侠鸭
	i	集
ɐp	i	辑立急吸
	ɿ	拾汁湿
	ɤ	阁瞌盒
	u	入
	ei	给
aːt	a	八札察杀辣发乏
	ia	压瞎
	ua	刮滑
ɐt	i	笔匹密吉七
	ɿ	质实失日
	u	不拂物忽窟突
	ɤ	咳核瑟
	a	拔伐
	y	橘屈郁
	o	佛
	ua	袜
aːk	o	伯迫墨默
	ai	百麦摘拆
	ɤ	得特勒格客责策
	ei	北肋塞黑贼
	uo	捆惑
	ua	画划
	ia	吓
ɛk	i	壁劈笛赐脊席
	ɿ	只赤石

语言漫议

续表

广州	北京	例字
œt	i	栗
	u	出术
	y	律戌
œk	uo	琢酌烁
	ye	掠鹊跃
	iau	脚雀削药
ɔt	ɤ	割喝褐
ɔk	o	驳莫
	u	朴扑
	uo	托落作索捉朔国获
	ye	觉确学岳
	iau	角壳
	ɤ	各鹤颚
ip	ie	聂业猎妾协蝶贴
	ɤ	涉摄折
	ian	歉腌
it	ie	别铁列节切歇
	ɤ	哲撤设热
	i	必
	ʅ	秩
ik	i	碧力积激夕益
	ʅ	直殖式食
	ie	液
	y	域
ut	o	钵泼末
	uo	括阔活
	ei	没
uk	u	福独秃录烛谷哭屋辱
	y	菊曲续育浴
	ou	粥妯熟
	iou	六
yt	uo	夺脱苗啜说
	ye	决薛月
	ie	劣
	i	乙

闽　方　言

一、闽方言的地域分布及其语音特点

闽方言分布在福建省、广东省东部潮汕地区、海南岛和雷州半岛部分地区、浙江省南部温州部分地区和舟山群岛、台湾省大多数汉人的居住区。此外，南洋群岛中的大量华侨也使用闽方言。使用闽方言的人数约占汉族总人口的4.2%。这一方言区内部分歧较大，按传统习惯，又可以分为闽南、闽北两个次方言[①]。

闽南方言分布在福建省南部厦门、漳州、泉州和广东东部的潮汕地区、海南岛、浙江舟山群岛等地，台湾大部分地区也是讲闽南话。闽南方言以厦门话为代表，使用人数约占汉族总人口的3%。

闽北方言分布在福建省北部、闽江流域一带，以福州话为代表，使用人数约占汉族总人口的1.2%。

尽管闽方言内部分歧较大，但在语音上还是存在许多共同特点。

闽方言在语音上有以下主要特点：

(1) 都只有四组声母：即双唇、舌尖前、舌尖中、舌根。闽方言是汉语各方言中声母最少的一种方言。

(2) 古代全浊声母变成清声母。无论平、仄大都不送气。比如把並母平声字"爬"和並母仄声字"罢"都念作[p]声母。把定母平声字"蹄"和定母仄声字"笛"都念作[t]声母。

(3) 古知组字大都读作[t、t']声母。比如知母字"致"厦门读作[ti˧]，福州读作[tei˧]；彻母字"耻"厦门读作[t'i]，福州读作[tei]；澄母字"稚"厦门读作[ti˧]，福州读作[tei˧]。

[①] 黄伯荣编《现代汉语》中将闽方言分为闽南（以厦门话为代表）、闽东（以福州话为代表）、闽北（以建瓯话为代表）等次方言。

(4)古章组字及部分庄组字读[ts、tsʻ、s]声母。比如章母字"纸"厦门和福州都作[˚tsi];昌母字"翅"厦门读作[tsʻiˀ],福州读作[tsʻieˀ];生母字"驶"厦门读作[˚su],福州读作[˚sy]。

(5)古见系字无论洪、细都读[k、kʻ、h]声母。比如见母开口一等字"刚"和见母开口三等字"姜"厦门和福州都读作[k]声母。溪母开口一等字"康"和溪母开口三等字"羌"厦门和福州分别读作[kʻ]和[k]声母。

(6)厦门和福州都有7个声调:阴平、阳平、上声、阴去、阳去、阴入、阳入。入声有塞音韵尾。

二、闽南方言的代表——厦门音系简介

(一)厦门方言声母表

发音方法 \ 发音部位			双唇	舌尖前	舌尖中	舌根
塞音	清	不送气	p 布陪缚		t 第同直	k 高缴乔
		送气	pʻ 怕沛芳		tʻ 态拆篆	kʻ 考窍去
	浊	不送气	b 蜜闷舞			g 岸牛议
塞擦音	清	不送气		ts 槽藏照		
		送气		tsʻ 仓倡础		
鼻音	浊		m 麻冥冒		n 拿帘让	ŋ 雅硬悟
边音	浊				l 拉难日	
擦音	清			s 斯陕山		h 华法戏
零声母			安以弯			

(二)厦门方言声母例字古、今读音说明

例字	厦门读音	北京读音	古	声母	韵部	声调	韵摄	开合	等第
布	pɔ	pu		帮	暮	去	遇	合	一
陪	pue	p'ei		并	灰	平	蟹	合	一
缚	pɔk	fu		奉	药	入	宕	合	三
怕	p'ã	p'a		滂	祃	去	假	开	二
沛	p'ai	p'ei		滂	泰	去	蟹	开	一
芳	p'aŋ(白)	faŋ		敷	阳	平	宕	合	三
蜜	bit	mi		明	质	入	臻	开	三
闷	bun	mən		明	恩	去	臻	合	一
舞	bu	u		微	麌	上	遇	合	三
麻	mã	ma		明	麻	平	假	开	二
冥	mĩ(白)	miŋ		明	青	平	梗	开	四
冒	mõ	mau		明	号	去	效	开	一
糟	tso	tsau		精	豪	平	效	开	一
藏	tsɔŋ	ts'aŋ		从	唐	平	宕	开	一
照	tsiau	tʂau		章	笑	去	效	开	三
仓	ts'ɔŋ	ts'aŋ		清	唐	平	宕	开	一
倡	ts'iɔŋ	ts'aŋ		昌	漾	去	宕	开	三
础	ts'ɔ	tʂ'u		初	语	上	遇	合	三
斯	su	sɻ		心	支	平	止	开	三
陕	siam	ʂan		书	琰	上	咸	开	三
山	san	ʂan		生	山	平	山	开	二
第	te	ti		定	霁	去	蟹	开	四
同	tɔŋ	t'uŋ		定	东	平	通	合	一
直	tit	tʂɻ		澄	职	入	曾	开	三
态	t'ai	t'ai		透	代	去	蟹	开	一
拆	t'ik(文)	tʂ'ai		彻	陌	入	梗	开	二
篆	t'uan(文)	tʂuan		澄	狝	上	山	合	三
拿	nã	na		泥	麻	平	假	开	二
帘	nĩ	liɛn		来	盐	平	咸	开	三
让	nĩũ	ʐaŋ		日	漾	入	宕	开	三
拉	la	la		来	合	入	咸	开	一
难	lan	nan		泥	寒	平	山	开	一

续表

例字	厦门读音	北京读音	古	声母	韵部	声调	韵摄	开合	等第
日	lit(文)	ʐʅ	日	日	质	入	臻	开	三
高	ko	kau		见	豪	平	效	开	一
缴	kiau	tɕiau		见	篠	上	效	开	四
乔	kiau	tɕ'iau		群	宵	平	效	开	三
考	k'o	k'au		溪	晧	上	效	开	一
窍	k'iau(文)	tɕ'iau		溪	啸	去	效	开	四
去	k'u	tɕ'y		溪	语	上	遇	合	三
岸	gan	an		疑	翰	去	山	开	一
牛	giu(文)	niou		疑	尤	平	流	开	三
议	gi	i		疑	寘	去	止	开	三
雅	ŋã	ia		疑	马	上	假	开	二
硬	ŋĩ	iŋ		疑	映	去	梗	开	二
悟	ŋɔ̃	u		疑	暮	去	遇	合	一
华	hua	xua		匣	麻	平	假	合	二
法	huat	fa		非	乏	入	咸	合	三
戏	hi	ɕi		晓	寘	去	止	开	三
安	an	an		影	寒	平	山	开	一
以	i	i		以	止	上	止	开	三
弯	uan	uan		影	删	平	山	合	二

(三)厦门方言声母特点

(1)从发音部位看,厦门音系只有四组部位,比北京音系少唇齿、舌尖后和舌尖前三组声母。从发音方法看,厦门和北京一样都有五种方法,但厦门有两个浊塞音[b]、[g]。比如把明母字"闷"读作[bunˀ],把疑母字"牛"读作[˛giu]。

(2)古非组字北京语音中的唇齿音[f],厦门读为[p]、[p']。比如奉母字"缚"读作[pɔkˀ]、敷母字"芳"读作[˛p'aŋ]。

(3)古知组字大都与端母字相混,读作[t、t']声母。比如知母字"致"读作[tiˀ],彻母字"拆"读作[t'ıkˀ],澄母字"直"读作[titˀ]。

(4)古章组及部分庄组字大都与精母字相混,读作[ts、tsʻ]声母。比如章母字"照"读作[tsiau⁰],昌母字"倡"读作[ˬtsʻiɔŋ],初母字"础"读作[ºtsʻɔ],生母字"山"读作[ˬsan]。

(5)古见系字无论洪、细都读[k、kʻ、h]声母。比如见母一等字"高"和见母四等字"缴"都读[k]声母;溪母一等字"考"和溪母四等字"窍"都读[kʻ]声母。

(6)古全浊声母变清后,无论平、仄大都不送气。比如:全浊并母字"陪"读[p]声母,全浊定母字"同"读[t]声母,全浊群母字"乔"读[k]声母。

(7)古疑母字大都保持辅音声母。比如:疑母字"雅"读[ºŋã],"硬"读[ŋĩ²],"悟"读[ŋɔ̃²]。

(8)[b]与[m],[g]与[ŋ]混用,可视为同一音位。

(四)厦门方言韵母表

韵头 韵尾	开口呼	齐齿呼	合口呼
开(元)尾韵	a 巴嘉较 e 迷鸡势 o 波多高 ɔ 布斗初 ai 排带利 au 包教灶	i 知米二 ia 者社借 io 茄小摇 iau 苗料小 iu 九舟筹	u 输居士 ua 卦夸华 ue 杯灰买(白) uai 块槐 ui 对非水
鼻化韵	ã 马麻拿(文) ẽ 婴 ɔ̃ 摩努火 aĩ 买耐 aũ 矛闹	ĩa 成艾 ĩ 你天钳 ĩaũ 鸟 ĩũ 常	ũã 山官安 ũãĩ 悬横 ũĩ 梅

续表

韵尾 \ 韵头	开口呼	齐齿呼	合口呼
鼻尾韵	am 男三衔 an 间山兰 aŋ 港项 ɔŋ 方东双	iam 点欠炎 im 临枕金 iɛn 免天战 in 民紧因 iaŋ 凉双 ɪŋ 朋肩青 iɔŋ 向长	uan 团官酸 un 伦本银
塞尾韵	ap 答合鸽 at 八达实 ak 确六学(文) ɔk 北作沃 aʔ 搭 eʔ 册 oʔ 学(白) auʔ 雹 ɔʔ 膜	iap 帖接业 ip 立急集 iɛt 别舌穴 it 必乞一 ɪk 伯麦或 iɔk 六鹊玉 iaʔ 壁 ioʔ 药 iʔ 舌 ĩʔ 物	uat 夺说法 ut 突出骨 uaʔ 活 ueʔ 八 uʔ 托 uiʔ 挖
自成音节或声化韵	m̩ 茅 ŋ̍ 荒		

(五)厦门韵母例字古、今读音说明

例字	厦门读音	北京读音	古	声母	韵部	声调	韵摄	开合	等第
知	ti	tʂʅ		知	支	平	止	开	三
迷	be	mi		明	齐	平	蟹	开	四
二	li	ɚ		日	至	去	止	开	三
输	su	ʂu		书	虞	平	遇	合	三
居	ku	tɕy		见	鱼	平	遇	合	三
士	su	ʂʅ		崇	止	上	止	开	三
巴	pa	pa		帮	麻	平	假	开	二
嘉	ka	tɕia		见	麻	平	假	开	二
较	ka(白)	tɕiau		见	效	去	效	开	二
者	tsia	tʂɤ		章	马	上	假	开	三
社	sia	ʂɤ		禅	马	上	假	开	三
借	tsia	tɕie		从	祃	去	假	开	三
卦	kua	kua		见	卦	去	蟹	合	二
夸	kʻua	kʻua		溪	麻	平	假	合	二
华	hua	xua		匣	麻	平	假	合	二
米	bi	mi		明	荠	上	蟹	开	四
鸡	ke(文)	tɕi		见	齐	平	蟹	开	四
势	se(文)	ʂʅ		书	祭	去	蟹	开	三
布	pɔ	pu		帮	暮	去	遇	合	一
斗	tɔ(文)	tou		端	侯	去	流	开	一
初	tsʻɔ(文)	tʂʻu		初	鱼	平	遇	合	三
杯	pue	pei		帮	灰	平	蟹	合	一
灰	hue(文)	xuei		晓	灰	平	蟹	合	一
买	bue(白)	mai		明	蟹	上	蟹	开	二
波	po	po		帮	戈	平	果	合	一
多	to	tuo		端	歌	平	果	开	一
高	ko	kau		见	豪	平	效	开	一
茄	kio	tɕʻie		群	戈	平	果	开	三
小	sio(白)	ɕiau		心	小	上	效	开	三
摇	io(白)	iau		以	宵	平	效	开	三
排	pai	pʻai		並	皆	平	蟹	开	二
带	tai(文)	tai		端	泰	去	蟹	开	一
利	lai(白)	li		来	至	去	止	开	三
块	kʻuai	kʻuai		溪	怪	去	蟹	合	二

语言漫议

续表

例字	厦门读音	北京读音	古	声母	韵部	声调	韵摄	开合	等第
槐	huai	xuai		匣	皆	平	蟹	合	二
对	tui	tuei		端	队	去	蟹	合	一
非	hui	fei		非	微	平	止	合	三
水	sui(文)	ʂuei		书	旨	上	止	合	三
包	pau	pau		邦	肴	平	效	开	二
教	kau(文)	tɕiau		见	效	去	效	开	二
灶	tsau(白)	tsau		精	号	去	效	开	一
苗	biau	miau		明	宵	平	效	开	三
料	liau	liau		来	啸	去	效	开	四
小	siau(文)	ɕiau		心	小	上	效	开	三
九	kiu(文)	tɕiou		见	有	上	流	开	三
舟	tsiu	tʂou		章	尤	平	流	开	三
筹	tiu	tʂ'ou		澄	尤	平	流	开	三
马	mã(文)	ma		明	马	上	假	开	二
麻	mã(文)	ma		明	麻	平	假	开	二
拿	nã	na		泥	麻	平	假	开	二
成	tsĩã(白)	tʂ'əŋ		禅	清	平	梗	开	三
艾	hĩã(白)	ai		疑	泰	去	蟹	开	一
山	suã(白)	ʂan		生	山	平	山	开	二
官	kuã(白)	kuan		见	桓	平	山	合	一
安	uã(白)	an		影	寒	平	山	开	一
婴	ẽ(白)	iŋ		影	清	平	梗	开	三
摩	mɔ̃	mo		明	戈	平	果	合	一
努	nɔ̃	nu		泥	姥	上	遇	合	一
火	hɔ̃(文)	xuo		晓	果	上	果	合	一
你	nĩ(文)	ni		泥	止	上	止	开	三
天	t'ĩ(文)	t'iɛn		透	先	平	山	开	四
钳	k'ĩ(白)	tɕ'ian		群	盐	平	咸	开	三、
买	mãĩ(文)	mai		明	蟹	上	蟹	开	二
耐	nãĩ	nai		泥	代	去	蟹	开	一
悬	kũãĩ(白)	ɕyan		匣	先	平	山	合	四
横	hũãĩ	xəŋ		匣	映	去	梗	合	二
梅	mũĩ(文)	mei		明	灰	平	蟹	合	一
矛	mãũ	mau		明		平	流	开	三

续表

例字	厦门读音	北京读音	古	声母	韵部	声调	韵摄	开合	等第
闹	naũ(文)	nau		泥	效	去	效	开	二
鸟	nĩãũ(文)	niau(文)		端	篠	上	效	开	四
常	sĩũ(白)	tṣʻaŋ		禅	阳	平	宕	开	三
男	lam	nan		泥	覃	平	咸	开	一
三	sam(文)	san		心	谈	平	咸	开	一
衔	ham(文)	ɕiɛn		匣	衔	平	咸	开	二
点	tiam	tiɛn		端	忝	上	咸	开	四
欠	kʻiam	tɕʻiɛn		溪	酽	去	咸	开	三
炎	iam	iɛn		云	盐	平	咸	开	三
临	lim(文)	lin		来	侵	平	深	开	三
枕	tsim	tṣən		章	寝	上	深	开	三
金	kim	tɕin		见	侵	平	深	开	三
间	kan(文)	tɕiɛn		见	山	平	山	开	二
山	san(文)	ʂan		生	山	平	山	开	二
兰	lan	lan		来	寒	平	山	开	一
免	biɛn	miɛn		明	狝	上	山	开	三
天	tʻiɛn(文)	tʻiɛn		透	先	平	山	开	四
战	tiɛn	tṣan		章	线	去	山	开	三
团	tʻuan(文)	tʻuan		定	桓	平	山	合	一
官	kuan(文)	kuan		见	桓	平	山	合	一
酸	suan(文)	suan		心	桓	平	山	合	一
民	bin	min		明	真	平	臻	开	三
紧	kin	tɕin		见	轸	上	臻	开	三
因	in	in		影	真	平	臻	开	三
伦	lun	luən		来	谆	平	臻	合	三
本	pun	pən		帮	混	上	臻	合	一
银	gun	in		疑	真	平	臻	开	三
港	kaŋ	kaŋ		见	讲	上	江	开	二
项	haŋ	ɕiaŋ		匣	讲	上	江	开	二
凉	liaŋ(白)	liaŋ		来	阳	平	宕	开	三
双	siaŋ(白)	ʂuaŋ		生	江	平	江	开	二
朋	pɪŋ	pʻəŋ		並	登	平	曾	开	一
肩	kɪŋ(白)	tɕiɛn		见	先	平	山	开	四
青	tsʻɪŋ(文)	tɕʻiŋ		清	青	平	梗	开	四

续表

例字	厦门读音	北京读音	古	声母	韵部	声调	韵摄	开合	等第
方	hɔŋ(文)	faŋ		非	阳	平	宕	合	三
东	tɔŋ(文)	tuŋ		端	东	平	通	合	一
双	sɔŋ(文)	ʂuaŋ		生	江	平	江	开	二
向	hiɔŋ(文)	ɕiaŋ		晓	漾	去	宕	开	三
长	tiɔŋ(文)	tʂʻaŋ		澄	阳	平	宕	开	三
答	tap(文)	ta		端	合	入	咸	开	一
合	hap(文)	xɤ		匣	合	入	咸	开	一
鸽	kap	kɤ		见	合	入	咸	开	一
帖	tʻiap	tʻie		透	帖	入	咸	开	四
接	tsiap(文)	tɕie		精	叶	入	咸	开	三
业	giap	ie		疑	业	入	咸	开	三
立	lip(文)	li		来	缉	入	深	开	三
急	kip	tɕi		见	缉	入	深	开	三
集	tsip	tɕi		从	缉	入	深	开	三
八	pat(文)	pa		帮	黠	入	山	开	二
达	tat	ta		定	曷	入	山	开	一
实	tsat(文)	ʂʅ		船	质	入	臻	开	三
别	piɛt	pie		并	薛	入	山	开	三
舌	siɛt(文)	ʂɤ		船	薛	入	山	开	三
穴	hiɛt	ɕye		匣	屑	入	山	合	四
夺	tuat(文)	tuo		定	末	入	山	合	一
说	suat(文)	ʂuo		书	薛	入	山	合	三
法	huat	fa		非	乏	入	咸	合	三
必	pit	pi		帮	质	入	臻	开	三
乞	kʻit	tɕʻi		溪	迄	入	臻	开	三
一	it	i		影	质	入	臻	开	三
突	tut	tʻu		透	没	入	臻	合	一
出	tsʻut	tʂʻu		昌	术	入	臻	合	三
骨	kut	ku		见	没	入	臻	合	一
确	kʻak	tɕʻye		溪	觉	入	江	合	二
六	lak(白)	liou		来	屋	入	通	合	二
学	hak(文)	ɕye		匣	觉	入	江	开	二
伯	pɪk(文)	po		帮	陌	入	梗	开	二
麦	mɪk(文)	mai		明	麦	入	梗	开	二

续表

例字	厦门读音	北京读音	古	声母	韵部	声调	韵摄	开合	等第
或	hɪk	xuo		匣	德	入	曾	合	一
北	pɔk(文)	pei		帮	德	入	曾	开	一
作	tsɔk(文)	tsuo		精	铎	入	宕	开	一
沃	ɔk(文)	uo		影	沃	入	通	合	一
六	liɔk(文)	liou		来	屋	入	通	合	三
鹊	ts'iɔk	tɕ'ye		清	药	入	宕	开	三
玉	giɔk(文)	y		疑	烛	入	通	合	三
搭	tap(文) taʔ(白)	ta		端	合	入	咸	开	一
壁	pɪk(文) piaʔ(白)	pi		帮	锡	入	梗	开	四
活	huat(文) uaʔ(白)	xuo		匣	末	入	山	合	一
册	ts'ɪk(文) ts'eʔ(白)	ts'ɤ		初	麦	入	梗	开	二
八	pat(文) pueʔ(白)	pa		帮	黠	入	山	开	二
学	oʔ(白)	ɕye		匣	觉	入	江	开	二
药	iɔk(文) ioʔ(白)	iau		以	药	入	宕	开	三
舌	siɛt(文) tsiʔ(白)	ʂɤ		船	薛	入	山	开	三
托	t'ɔk(文) t'uʔ(白)	t'uo		透	铎	入	宕	开	一
挖	uat(文) uiʔ(白)	ua		影	黠	入	山	合	二
雹	p'auʔ	pau		并	觉	入	江	开	二
膜	bɔk(文) mɔʔ(白)	mo		明	铎	入	宕	开	一
物	but(文) mɪʔ(白)	u		微	物	入	臻	合	三
茅	h m̩(白)	mau		明	肴	平	效	开	二
荒	h ŋ̍(白)	xuaŋ		晓	唐	平	宕	合	一

(六)厦门方言韵母特点

(1)从韵头方面看,厦门较北京音系少一类撮口呼。从韵尾方面看,厦门较北京多一类"鼻化韵"和一类"塞尾韵"。

(2)厦门方言完整地保存了古代汉语[m、n、ŋ]三个鼻音韵尾。与北京音系相比,厦门比北京多一个鼻音韵尾[m]。比如把咸摄字"男"读作[ˬnam]、"三"读作[ˬsam]、"衔"读作[ˬham]、"点"读作[ˊtiam]、"欠"读作[k'iamˋ]、"炎"读作[ˬiam],把深摄字"临"读作[ˬlim]、"枕"读作[ˊtsim]、"金"读作[ˬkim]。这些字在北京语音中都读[n]韵尾。

(3)厦门方言完整地保留了古代汉语全部入声字的塞音韵尾[p、t、k]。

195

比如"答、合、鸽、帖、接、业、立、急、集"等咸、深两摄入声字都读[p]尾;"八、达、实、别、舌、穴、夺、说、法、必、乞、一、突、出、骨"等山、臻两摄入声字都读[t]尾;"确、六、学、伯、麦、或、北、作、沃、六、鹊、玉"等宕、江、曾、梗、通诸韵摄入声字都读[k]尾。

(4)厦门方言的鼻化韵往往与相同音素构成的非鼻化韵相对应用以区分文读和白读。比如"麻",文读为鼻化韵[͜mã],白读为非鼻化韵[͜ba]。

(5)厦门方言大都把北京语音中的撮口呼韵母读成合口呼,比如把"居"读作[͜ku],把"悬"读作[kũãĩ]等。少数转读成"齐齿呼",比如把"橘"读作[kiɛt͜]、"徐"读[͜tsʻi]、"孕"读[in͜]。个别齐齿呼读作"开口呼",如把"许"读作[͜kʻɔ],"学"读作[hak͜]。(参见下表)

北京音系撮口呼与厦门方言对应情况

例字	北京撮口	—	厦门合口	例字	北京撮口	—	厦门齐齿	例字	北京撮口	—	厦门开口
女	ny		lu	橘	tɕy		kiɛt	许	ɕy		kʻɔ(白)
旅	ly		lu	菊	tɕy		kiɔk	婿	ɕy		se(文)
居	tɕy		ku	须	ɕy		tsʻiu(白)	学	ɕye		hak
举	tɕy		ku	徐	ɕy		tʻi(白)	乐	ye		gak
趋	tɕʻy		tsʻu	略	lye		liɔk				
取	tɕʻy		tsʻu	玄	ɕyan		hiɛn				
去	tɕʻy		kʻu	缘	yan		iɛn				
余	y		u	讯	ɕyn		sin				
御	y		gu	孕	yn		in				
寓	y		gu								
缺	tɕʻye		kʻuat								
捐	tɕyan		kuan								
全	tɕʻyan		tsuan								
选	ɕyan		suan								
袁	yan		uan								
均	tɕyn		kun								
群	tɕʻyn		kun								
旬	ɕyn		sun								
运	yn		un								

(6)厦门方言入声韵的读书音改为白话音,绝大部分都是由—p、—t、—k韵尾变为—ʔ韵尾[①]。

厦门方言—p、—t、—k尾改—ʔ尾对应表

例字	厦门文读	厦门白读	古	韵摄	开合	等第	声调	韵部	声母
搭	tap	taʔ		咸	开	一	入	合	端
甲	kap	kaʔ		咸	开	二	入	狎	见
活	huat	uaʔ		山	合	一	入	末	匣
八	pat	pueʔ		山	开	二	入	黠	帮
舌	siɛt	tsiʔ		山	开	三	入	薛	船
挖	uat	uiʔ		山	合	二	入	黠	影
作	tsɔk	tsoʔ		宕	开	一	入	铎	精
药	iɔk	ioʔ		宕	开	三	入	药	以
托	tʻɔk	tʻuʔ		宕	开	一	入	铎	透
百	pɪk	paʔ		梗	开	二	入	陌	帮
壁	pɪk	piaʔ		梗	开	四	入	锡	帮

(七)厦门方言声调表

古声调 \ 厦门声调	调类	调值	例字
平	阴平	55	诗开飞
	阳平	24	时同门
上	上声	51	使苦女
去	阴去	11	试贵费
	阳去	33	事运市
入	阴入	32	识铁色
	阳入	5	拾实密

[①]袁家桦:《汉语方言概要》,文字改革出版社,1989年,252页。

(八)厦门方言声调例字古今读音说明

例字	厦门调类	北京调类	古调类	声母	清浊
诗	阴平	阴平	平声	书母	全清
开	阴平	阴平	平声	溪母	次清
飞	阴平	阴平	平声	非母	全清
时	阳平	阳平	平声	禅母	全浊
同	阳平	阳平	平声	定母	全浊
门	阳平	阳平	平声	明母	次浊
使	上声	上声	上声	生母	全清
苦	上声	上声	上声	溪母	次清
女	上声	上声	上声	泥母	次浊
试	阴去	去声	去声	书母	全清
贵	阴去	去声	去声	见母	全清
费	阴去	去声	去声	敷母	次清
事	阳去	去声	去声	崇母	全浊
运	阳去	去声	去声	云母	次浊
市	阳去	去声	上声	禅母	全浊
识	阴入	阳平	入声	书母	全清
铁	阴入	上声	入声	透母	次清
色	阴入	去声	入声	生母	全清
拾	阳入	阳平	入声	禅母	全浊
实	阳入	阳平	入声	船母	全浊
密	阳入	去声	入声	明母	次浊

(九)厦门方言声调特点

(1)厦门方言共有7个调,除上声外,古"平、去、入"都按声母清、浊分为"阴、阳"两类。计有"阴平、阳平、上声、阴去、阳去、阴入、阳入"等7个调类。

(2)古全浊上声变"阳去"。比如厦门"阳去"中既包括古全浊去声字

"事"(崇母)和次浊去声字"运"(云母),也包括古全浊上声字"市"(禅母)。

(3)有[p、t、k]三个塞音韵尾。比如深摄入声字"拾"读作[sip̚],臻摄入声字"实"读作[sit̚],梗摄入声字"石"读作[sɪk̚]。

(十)厦门调类与古调类对比表

古调类	古清浊	例字\厦门声调	阴平	阳平	上声	阴去	阳去	阴入	阳入
平	清	全清	诗飞						
		次清	开						
	浊	全浊		时同					
		次浊		门					
上	清	全清			使				
		次清			苦				
	浊	全浊					市		
		次浊			女				
去	清	全清				试贵			
		次清				费			
	浊	全浊					事		
		次浊					运		
入	清	全清						识色	
		次清						铁	
	浊	全浊							拾实
		次浊							密

三、闽北方言的代表——福州音系简介

(一)福州方言声母表

发音方法 \ 发音部位			双唇	舌尖前	舌尖中	舌根
塞音	清	不送气	p 比盘飞		t 端知池	k 该基裙
		送气	p' 批盼肥		t' 态宅蜘	k' 楷起环
塞擦音	浊	不送气		ts 姿支泉		
		送气		ts' 此串衬		
鼻音	浊		m 迷味问		n 南你女	ŋ 芽咬耳
边音	浊				l 兰礼吕	
擦音	清			s 孙身船		x 洪护乏
零声母				鞍以话如		

(二)福州方言声母例字古、今读音说明

例字	福州读音	北京读音	古声母	韵部	声调	韵摄	开合	等第
比	pi	pi	帮	止	上	止	开	三
盘	puaŋ	p'an	並	桓	平	山	合	一
飞	puei(白)	fei	非	微	平	止	合	三
批	p'ie	p'i	滂	齐	平	蟹	开	四
盼	p'uaŋ	p'an	滂	裥	去	山	开	二
肥	p'i(文)	fei	奉	微	平	止	合	三
迷	mi	mi	明	齐	平	蟹	开	四
味	mei(白)	uei	微	未	去	止	合	三
问	muɔŋ(白)	uen	微	问	去	臻	合	三
姿	tsy	tsʅ	精	脂	平	止	开	三
支	tsie	tʂʅ	章	支	平	止	开	三

泉	tsuɔŋ	tɕʻyan	从	仙	平	山	合	三
此	tsʻy	tsʻɿ	清	纸	上	止	开	三
串	tsʻuɔŋ(文)	tʂʻuan	昌	线	去	山	合	三
衬	tsʻeiŋ(文)	tʂʻən	初	震	去	臻	开	三
孙	souŋ	suən	心	魂	平	臻	合	一
身	siŋ	ʂən	书	真	平	臻	开	三
船	suŋ	tʂʻuan	船	仙	平	山	合	三
端	tuaŋ	tuan	端	桓	平	山	合	一
知	ti	tʂɿ	知	支	平	止	开	三
池	tie	tʂʻɿ	澄	支	平	止	开	三
态	tʻai	tʻai	透	代	去	蟹	开	一
宅	tʻeiʔ(文)	tʂai	登	陌	入	梗	开	二
蜘	tʻi	tʂɿ	知	支	平	止	开	三
南	naŋ	nan	泥	覃	平	咸	开	一
你	ni	ni	泥	止	上	止	开	三
女	ny	ny	泥	语	上	遇	合	三
兰	laŋ	lan	来	寒	平	山	开	一
礼	lɛ	li	来	荠	上	蟹	开	四
吕	ly	ly	来	语	上	遇	合	三
该	kai	kai	见	咍	平	蟹	开	一
基	ki	tɕi	见	之	平	止	开	三
裙	kuŋ	tɕʻyn	群	文	平	臻	合	三
楷	kʻai	kʻai	溪	骇	上	蟹	开	二
起	kʻi	tɕʻi	溪	止	上	止	开	三
环	kʻuaŋ	xuan	匣	删	平	山	合	二
芽	ŋa	ia	疑	麻	平	假	开	二

咬	ŋau(文)	iau	疑	巧	上	效	开	二
耳	ŋi(文)	ɚ	日	止	上	止	开	三
洪	xuŋ	xuŋ	匣	东	平	通	合	一
护	xou	xu	匣	幕	去	遇	合	一
乏	xuaʔ	fa	奉	乏	入	咸	合	三
鞍	aŋ	an	影	寒	平	山	开	一
以	i	i	以	止	上	止	开	三
话	ua	xua	匣	夬	去	蟹	合	二
如	y	ʐu	日	虞	平	遇	合	三

(三)福州方言声母特点

(1)从发音部位看,福州音系和厦门音系一样,只有四组部位,比北京音系少"唇齿、舌尖后和舌面前"三组声母。从发音方法看,福州和北京一样,都有五种方法,而且清、浊也一样。

(2)古全浊声母变清后,无论平仄大都不送气。比如并母平声字"盘"读作[₋puaŋ],从母平声字"泉"读作[₋tsuɔŋ],澄母平声字"池"读作[₋tie],群母平生字"裙"读作[₋kuŋ]等,这些字在北京语音中都读作送气音。

(3)古非组字今北京语音中的"唇齿音"[f],福州读为[p、pʻ、x]。比如非母字"飞"读作[₋puei],奉母字"肥"读作[₋pʻi],"乏"读作[xuaʔ̥]。

(4)知组字大都与端组字相混,读作[t、tʻ]声母。比如知母字"知"读作[₋ti],"蜘"读作[₋tʻi],澄母字"池"读作[₋tie],"宅"读作[tʻeiʔ̥]。

(5)章组字及部分庄组字大都与精组字相混,读作[ts、tsʻ、s]声母。比如章母字"支"读作[₋tsie],昌母字"串"读作[tsʻuɔŋ°],船母字"船"读作[₋suŋ],初母字"衬"读作[tsʻeiŋ°]。

(6)古见系字无论洪细都读[k、kʻ、x]声母。比如见母三等字"基"读作[₋ki],溪母三等字"起"读作[ʻkʻi],群母三等字"裙"读作[₋kuŋ]。

(7)古疑母字大都保持辅音声母。比如疑母字"芽"读作[₋ŋa],"咬"读作[₋ŋau]。

（四）福州方言韵母表

韵头 韵尾	开口呼	齐齿呼	合口呼	撮口呼
开（元）尾韵	a 把差价 ɛ 牌犁街 œ 驴初疏 ɔ 保荷坡 ai 排待再 au 包跑茅 ɛu 邹搜愁	i 比持而 ia 写且野 ie 池闭披 ieu 肘帚丑	u 肤途炉 ua 瓜夸花 cu 郭靴普 uai 乖快槐 uei 培沛每	y 居驱虚 yɔ 桥锐
鼻尾韵	aŋ 班潘漫	iaŋ 定厅经 ieŋ 站缠蝉 iŋ 宾品敏	uaŋ 拌盘翻 uɔŋ 芳墙匠 uŋ 敦轮准	yɔŋ 姜酿强 yŋ 斤勤欣
塞尾韵	aʔ 答鸭葛 ieʔ 别撤灭 ɔʔ 桌镯学 eiʔ 识笔特 ouʔ 出福薄 øyʔ 促宿六 aiʔ 责策革 auʔ 各磕驳 œyʔ 北壳魄	iaʔ 吓额 iʔ 直实力	uaʔ 拨抹脱 uɔʔ 缺鹊勃 uʔ 牧服独	yɔʔ 剧歇虐 yʔ 逐熟玉

（五）福州韵母例字古、今读音说明

例字	福州读音	北京读音	古	声母	韵部	声调	韵摄	开合	等第
比	pi	pi		帮	止	上	止	开	三
持	tʻi	tʂʅ		澄	之	平	止	开	三
而	i	ɚ		日	之	平	止	开	三
肤	xu	fu		非	虞	平	遇	合	三
途	tu	tʻu		定	模	平	遇	合	一

语言漫议

炉	lu	lu	来	模	平	遇	合	一
居	ky	tɕy	见	鱼	平	遇	合	三
驱	kʻy	tɕʻy	溪	虞	平	遇	合	三
虚	xy	çy	晓	鱼	平	遇	合	三
把	pa	pa	帮	马	上	假	开	二
差	tsʻa	tʂʻa	初	麻	平	假	开	二
价	ka	tɕia	见	祃	去	假	开	二
写	sia	çie	心	马	上	假	开	三
且	tsʻia	tɕʻie	清	马	上	假	开	三
野	ia	ie	以	马	上	假	开	三
瓜	kua	kua	见	麻	平	假	合	二
跨	kʻua	kʻua	溪	祃	去	假	合	二
花	xua	xua	晓	麻	平	假	合	二
牌	pɛ	pʻai	並	佳	平	蟹	开	二
犁	lɛ	li	来	齐	平	蟹	开	四
街	kɛ	tɕie	见	佳	平	蟹	开	二
池	tie	tʂʅ	澄	支	平	止	开	三
闭	pie	pi	帮	霁	去	蟹	开	四
披	pʻie	pʻi	滂	支	平	止	开	三
驴	lœ(白)	ly	来	鱼	平	遇	合	三
初	tsʻœ(白)	tʂʻu	初	鱼	平	遇	合	三
疏	sœ(白)	ʂu	生	鱼	平	遇	合	三
保	pɔ	pau	帮	皓	上	效	开	一
荷	xɔ	xɤ	匣	歌	平	果	开	一
坡	pʻɔ	pʻo	滂	戈	平	果	合	一
郭	kuɔʔ	kuo	见	铎	入	宕	合	一

204

靴	kʻuɔ	ɕye	晓	戈	平	果	合	三
普	pʻuɔ	pʻu	滂	姥	上	遇	合	一
桥	kyɔ(白)	tɕʻiau	群	宵	平	效	开	三
锐	yɔ	ʐuei	以	祭	去	蟹	合	三
排	pai(文)	pʻai	並	皆	平	蟹	开	二
待	tai	tai	定	海	上	蟹	开	一
再	tsai	tsai	精	代	去	蟹	开	一
乖	kuai	kuai	见	皆	平	蟹	合	二
快	kʻuai(文)	kʻuai	溪	夬	去	蟹	合	二
槐	xuai	xuai	匣	皆	平	蟹	合	二
培	puei	pʻei	並	灰	平	蟹	合	一
沛	pʻuei	pʻei	滂	泰	去	蟹	开	一
每	muei	mei	明	贿	上	蟹	合	一
包	pau	pau	帮	肴	平	效	开	二
跑	pʻau	pʻau	並	肴	平	效	开	二
茅	mau	mau	明	肴	平	效	开	二
邹	tsɛu	tsou	庄	尤	平	流	开	三
搜	sɛu	sou	生	尤	平	流	开	三
愁	tsʻɛu	tʂʻou	崇	尤	平	流	开	三
肘	tieu	tʂou	知	有	上	流	开	三
帚	tsʻieu	tʂou	章	有	上	流	开	三
丑	tʻieu	tʂʻou	彻	有	上	流	开	三
班	paŋ	pan	帮	删	平	山	开	二
潘	pʻaŋ	pʻan	滂	桓	平	山	合	一
漫	maŋ	man	明	换	去	山	合	一
定	tiaŋ(白)	tiŋ	定	径	去	梗	开	四

语言漫议

厅	tʻiaŋ	tʻiŋ	透	青	平	梗	开	四
经	kiaŋ(白)	tɕiŋ	见	青	平	梗	开	四
拌	puaŋ	pan	並	缓	上	山	合	一
盘	puaŋ	pʻan	並	桓	平	山	合	一
翻	xuaŋ	fan	敷	元	平	山	合	三
战	tsieŋ	tʂan	章	线	去	山	开	二
缠	tieŋ	tʂʻan	澄	仙	平	山	开	三
蝉	sieŋ	tʂʻan	禅	仙	平	山	开	二
芳	xuɔŋ	faŋ	敷	阳	平	宕	合	三
墙	tsʻuɔŋ	tɕʻiaŋ	从	阳	平	宕	开	三
匠	tsʻuɔŋ	tɕiaŋ	从	漾	去	宕	开	三
姜	kyɔŋ	tɕiaŋ	见	阳	平	宕	开	三
酿	yɔŋ	niaŋ	泥	漾	去	宕	开	三
强	kyɔŋ	tɕʻiaŋ	群	阳	平	宕	开	三
宾	piŋ	pin	帮	真	平	臻	开	三
品	pʻiŋ	pʻin	滂	寝	上	深	开	三
敏	miŋ	min	明	轸	上	臻	开	三
敦	tuŋ	tuən	端	魂	平	臻	合	一
轮	luŋ	luən	来	谆	平	臻	合	三
准	tsuŋ	tʂuən	章	准	上	臻	合	三
斤	kyŋ	tɕin	见	殷	平	臻	开	三
勤	kʻyŋ	tɕʻin	群	殷	平	臻	开	三
欣	xyŋ	ɕin	晓	殷	平	臻	开	三
答	taʔ	ta	端	合	入	咸	开	一
鸭	aʔ	ia	影	狎	入	咸	开	二
葛	kaʔ	kɤ	见	曷	入	山	开	一

中篇　专著摘录

吓	xiaʔ(白)	ɕia(白)	晓	陌	入	梗	开	二
额	ŋiaʔ(白)	ɤ	疑	陌	入	梗	开	二
拨	puaʔ	po	帮	末	入	山	合	一
抹	muaʔ(文)	mo	明	末	入	山	合	一
脱	tʻuaʔ(文)	tʻuo	透	末	入	山	合	一
别	pieʔ	pie	並	薛	入	山	开	三
撇	pʻieʔ	pʻie	滂	屑	入	山	开	四
灭	mieʔ	mie	明	薛	入	山	开	三
桌	tɔʔ	tʂuo	知	觉	入	江	开	二
镯	sɔʔ	tʂuo	崇	觉	入	江	开	二
学	ɔʔ(白)	ɕye	匣	觉	入	江	开	二
缺	kʻuɔʔ(文)	tɕʻye	溪	屑	入	山	合	四
鹊	tsʻuɔʔ	tɕʻye	清	药	入	宕	开	三
勃	puɔʔ	po	並	没	入	臻	合	一
剧	kyɔʔ	tɕy	群	陌	入	梗	开	三
歇	xyɔʔ	ɕie	晓	月	入	山	开	三
虐	ŋyɔʔ	nye	疑	药	入	宕	开	三
直	tiʔ	tʂʅ	澄	职	入	曾	开	三
实	siʔ	ʂʅ	船	质	入	臻	开	三
力	liʔ	li	来	职	入	曾	开	三
牧	muʔ(文)	mu	明	屋	入	通	合	三
服	xuʔ	fu	奉	屋	入	通	合	三
独	tuʔ	tu	定	屋	入	通	合	一
逐	tyʔ	tʂu	澄	屋	入	通	合	三
熟	syʔ	ʂu	禅	屋	入	通	合	三
玉	ŋyʔ(文)	y	疑	烛	入	通	合	三

识	seiʔ(文)	ʂʅ	书	职	入	曾	开	三
笔	peiʔ	pi	帮	质	入	臻	开	三
特	teiʔ	tʻɤ	定	德	入	曾	开	一
出	tsʻouʔ	tʂʻu	昌	术	入	臻	合	三
福	xouʔ(文)	fu	非	屋	入	通	合	三
薄	pouʔ(文)	po(文)	並	铎	入	宕	开	一
促	tsʻøyʔ	tsʻu	清	烛	入	通	合	三
宿	søyʔ	su	心	屋	入	通	合	三
六	løyʔ(白)	liou	来	屋	入	通	合	三
责	tsaiʔ	tsɤ	庄	麦	入	梗	开	二
策	tsʻaiʔ	tsʻɤ	初	麦	入	梗	开	二
革	kaiʔ	kɤ	见	麦	入	梗	开	二
各	kauʔ	kɤ	见	铎	入	宕	开	一
磕	kʻauʔ	kʻɤ	溪	盍	入	咸	开	一
驳	pauʔ	po	帮	觉	入	江	开	二
北	pøyʔ	pei	帮	德	入	曾	开	一
壳	kʻœyʔ	kʻɤ	溪	觉	入	江	开	二
魄	pʻœyʔ	pʻo	滂	陌	入	梗	开	二

(六)福州方言韵母特点

(1)从韵头方面看,福州音系与北京音系一样,都有开、齐、合、撮四呼。从韵尾方面看,福州方言较北京音系多一类"塞尾韵"。

(2)与北京音系相比,福州方言无[n]韵尾,将北京读[n]韵尾的字读成[ŋ]韵尾。比如"班"读作[₋paŋ],"拌"读作[pʻuaŋ˧],"战"读作[tsieŋ˧],"宾"读作[₋piŋ],"敦"读作[₋tuŋ],"斤"读作[₋kyŋ]等。

(3)福州方言将古塞音韵尾[p、t、k]全部转化为一个喉塞音[ʔ]。

(七)福州方言声调表

古声调＼福州声调	调类	调值	例字
平	阴平	44	诗刚梯
平	阳平	52	时谈羊
上	上声	31	使古养
去	阴去	213	试盖铺
去	阳去	242	事议市
入	阴入	23	识激突
入	阳入	4	拾局译

(八)福州方言声调例字古、今读音说明

例字	福州调类	北京调类	古调类	声母	清浊
诗	阴平	阴平	平声	书母	全清
刚	阴平	阴平	平声	见母	全清
梯	阴平	阴平	平声	透母	次清
时	阳平	阳平	平声	禅母	全浊
谈	阳平	阳平	平声	定母	全浊
羊	阳平	阳平	平声	以母	次浊
使	上声	上声	上声	生母	全清
苦	上声	上声	上声	溪母	次清
养	上声	上声	上声	以母	次浊
试	阴去	去声	去声	书母	全清
盖	阴去	去声	去声	见母	全清

例字	福州调类	北京调类	古调类	声母	清浊
铺	阴去	去声	去声	滂母	次清
事	阳去	去声	去声	崇母	全浊
议	阳去	去声	去声	疑母	次浊
市	阳去	去声	上声	禅母	全浊
识	阴入	阳平	入声	书母	全清
激	阴入	阴平	入声	见母	全清
突	阴入	阴平	入声	透母	次清
拾	阳入	阳平	入声	禅母	全浊
局	阳入	阳平	入声	群母	全浊
译	阳入	去声	入声	以母	次浊

(九)福州方言声调特点

(1)福州方言共有7个声调,除上声外,"平、去、入"都按古声母清、浊分为"阴、阳"两类。计有阴平、阳平、上声、阴去、阳去、阴入、阳入7个调类。

(2)古全浊上声变"阳去"。比如福州"阳去"中既包括全浊去声字"事"(崇母)和次浊去声字"议"(疑母),也包括全浊上声字"市"(禅母)。

(3)入声字都有塞音[ʔ]作韵尾。比如古深摄字"拾"本应为[p]尾,福州读作[siʔ₂],臻摄字"突"本应为[t]尾,福州读作[touʔ₂],通摄字"局"本应读[k]尾,福州读作[kuɔʔ₂]。

(十)福州调类与古调类对比表

古调类 \ 古清浊 \ 例字		福州调类	阴平	阳平	上声	阴去	阳去	阴入	阳入
平	清	全清	诗刚						
		次清	梯						
	浊	全浊		时谈					
		次浊		羊					

续表

古调类	古清浊	福州调类 例字	阴平	阳平	上声	阴去	阳去	阴入	阳入
上	清	全清			使				
		次清			苦				
	浊	全浊					市		
		次浊			养				
去	清	全清				试盖			
		次清				铺			
	浊	全浊					事		
		次浊					议		
入	清	全清						识激	
		次清						突	
	浊	全浊							拾局
		次浊							译

客 家 方 言

一、客家方言的地域分布及其语音特点

现代汉语的各大方言区大都以该方言流行的地区为依据确定其名称的，比如北方方言流行在我国的北方，湘方言流行在湖南（简称湘），闽方言流行在福建（简称闽）等等，惟有客家方言区不是按地理区域命名。"客家"是对"土著"而言。"客"是外来的。根据历史资料考证，客家人原本是中原一带的汉人，由于战乱，自东晋开始，大量中原人举家南迁，近者到达江西，远者到达福建、广东。客家方言就是在这种大规模移民的历史背景下形成的一种独特的方言。使用客家方言的人数约占汉族总人口的百分之四。客家方言以广东境内的梅县话为代表。

客家方言分布在我国南部许多地方，主要基地是广东东部和北部、福建西部、江西南部、广西东部，此外，广西、湖南、四川等省区还有一些客家方言岛，台湾也有许多汉人说客家话。从客家人主要住地广东、福建、江西三省来看，目前客家方言比较集中的县市有以下这些：

广东：梅县、大埔、兴宁、五华、蕉岭、平远、丰顺、和平、龙川、紫金、河源、连平、始兴、英德、翁源、仁化、遂溪。

福建：长汀、连城、上杭、武平、永定、清流、宁化、三明市雪峰镇（旧明溪）、邵武、光泽、建宁、泰宁、将乐、顺昌。

江西：寻乌、安远、定南、龙南、仓南、信丰、南康、大余、崇义、上犹。

尽管客家话分布在许多省区，但在语音上仍有许多共同特点，其要者有：

（1）与北京音系相比，客家方言没有舌尖后音，将北京读作[tʂ、tʂ'、ʂ]声母的字读作[ts、ts'、s]声母。

（2）古全浊声母变成清声母后，无论平、仄大都读为送气音。

（3）古见系字无论洪细，都读作[k、k'、h]。

（4）没有"撮口呼"韵母，将北京音系中的撮口呼韵母读作齐齿呼。

（5）保持古代汉语全部鼻音韵尾[m、n、ŋ]。

（6）保持古代汉语全部塞音韵尾[p、t、k]。

（7）有6个声调。除古上声、去声外，古平声、入声都按声母清、浊分成阴、阳两类。

二、梅县音系简介

（一）梅县方言声母表

发音方法 \ 发音部位		双唇	唇齿	舌尖前	舌尖中	舌面前	舌根	喉
塞音	清 不送气	p 巴比补			t 多短答		k 该皆洁	
	清 送气	p' 怕倍肥			t' 他惰大		k' 楷杰茄	
塞擦音	清 不送气			ts 兹知志				
	清 送气			ts' 次自尺				
鼻音	浊	m 梅问网			n 拿男尼	ȵ 年牛娘	ŋ 艾偶岸	
边音	浊				l 拉兰旅			
擦音	清		f 非胡奉	s 司师诗				h 好海汗
	浊		v 伟温汪					
零声母		安因院						

(二)梅县方言声母例字古、今读音说明

例字	梅县读音	北京读音	古	声母	韵部	声调	韵摄	开合	等第
巴	pa	pa		帮	麻	平	假	开	二
比	pi	pi		帮	旨	上	止	开	三
补	pu	pu		帮	姥	上	遇	合	一
怕	pʻa	pʻa		滂	祃	去	假	开	二
倍	pʻi	pei		並	贿	上	蟹	合	一
肥	pʻi	fei		奉	微	平	止	合	三
梅	mɔi	mei		明	灰	平	蟹	合	一
问	mun	uən		微	问	去	臻	合	三
网	miɔŋ	uaŋ		微	养	上	宕	合	三
非	fi	fei		非	微	平	止	合	三
胡	fu	xu		匣	模	平	遇	合	一
奉	fuŋ	fəŋ		奉	肿	上	通	合	三
伟	vi	uei		云	尾	上	止	合	三
温	vun	uən		影	魂	平	臻	合	一
汪	vɔŋ	uaŋ		影	唐	平	宕	合	一
多	tɔ	tuo		端	歌	平	果	开	一
短	tɔn	tuan		端	缓	上	山	合	一
答	tap	ta		端	合	入	咸	开	一
他	tʻa	tʻa		透	歌	平	果	开	一
惰	tʻɔ	tuo		定	果	上	果	合	一
大	tʻai	ta		定	箇	去	果	开	一
拿	na	na		泥	麻	平	假	开	二
男	nam	nan		泥	覃	平	咸	开	一
尼	ni	ni		泥	脂	平	止	开	三
拉	la	la		来	合	入	咸	开	一

中篇　专著摘录

例字	梅县读音	北京读音	古	声母	韵部	声调	韵摄	开合	等第
兰	lan	lan		来	寒	平	山	开	一
旅	li	ly		来	语	上	遇	合	三
兹	tsɿ	tsɿ		精	之	平	止	开	三
知	tsɿ(文)	tʂɿ		知	支	平	止	开	三
志	tsɿ	tʂɿ		章	志	去	止	开	三
次	ts'ɿ	ts'ɿ		清	至	去	止	开	三
自	ts'ɿ	tsɿ		从	至	去	止	开	三
尺	ts'ak	tʂɿ		昌	昔	入	梗	开	三
司	sɿ	sɿ		心	之	平	止	开	三
师	sɿ	ʂɿ		生	脂	平	止	开	三
诗	sɿ	ʂɿ		书	之	平	止	开	三
年	ȵian	niɛn		泥	先	平	山	开	四
牛	ȵiu	niou		疑	尤	平	流	开	三
娘	ȵiɔŋ	niaŋ		泥	阳	平	宕	开	三
该	kɔi	kai		见	咍	平	蟹	开	一
皆	kiai	tɕie		见	皆	平	蟹	开	二
洁	kiat	tɕie		见	屑	入	山	开	四
楷	k'ɔi	k'ai		溪	骇	上	蟹	开	二
杰	k'iat	tɕie		群	薛	入	山	开	三
茄	k'iɔ	tɕ'ie		群	支	平	果	开	三
艾	ŋai(文)	ai		疑	泰	去	蟹	开	一
偶	ŋɛu	ou		疑	厚	上	流	开	一
岸	ŋan	an		疑	翰	去	山	开	一
好	hau	xau		晓	晧	上	效	开	一
海	hɔi	xai		晓	海	上	蟹	开	一
汗	hɔn	xan		匣	翰	去	山	开	一
安	ɔn	an		影	寒	平	山	开	一

215

例字	梅县读音	北京读音	古	声母	韵部	声调	韵摄	开合	等第
因	in	in		影	真	平	臻	开	三
院	ian	yan		云	线	去	山	合	三

(三)梅县方言声母特点

(1)从发音部位看,梅县音系有七组部位,较北京音系少一组"舌尖后音",多一组"喉音"。此外,梅县的舌面前音只有一个[ȵ]声母,喉音只有一个[h]声母。从发音方法看,梅县和北京一样,都有五种方法,只是梅县多一个浊擦音声母[v]。

(2)古全浊声母变清后,无论平、仄都读送气音。比如并母上声字"倍"读[pʻi˦],定母上声字"惰"读[tʻɔ˦],从母去声字"自"读[tsʻʅ˦],群母入声字"杰"读[kʻiat˦]。

(3)部分古非组字读作[p、pʻ]声母。比如把非母字"腹"读作[puk˦],把敷母字"覆"读作[pʻuk˦],把奉母字"肥"读作[˪pʻi]、"浮"读作[˪pʻau]、"辅"读作[˪pʻu]。另外,部分见系擦音字读音与非组字相混。比如把晓母字"呼"读作[˪fu]、"虎"读作[ˬfu]、"护"读作[fu˦]等。

(4)古知系字与精组字读音相混,都读作[ts、tsʻ、s]声母。比如知母字"知"读作[˪tsʅ],章母字"志"读作[tsʅ˦],昌母字"尺"读作[tsʻək˦],生母字"师"读作[˪sʅ]。

(5)古见系字无论洪细都读[k、kʻ、h]声母。比如见母一等字"该"读作[˪kɔi],见母四等字"洁"读作[kiat˦],溪母二等字"楷"读[˪kʻɔi],群母三等字"杰"读作[kʻiat˦]。

(6)古疑母字还保持辅音声母的读音。比如把疑母字"艾"读作[ŋai˦]、"偶"读作[˪ŋɛn],"牛"读作[˪ȵiu]等。

(四)梅县方言韵母表

韵尾＼韵头	开口呼	齐齿呼	合口呼
开(元)尾韵	ɿ　资池师 a　巴踏架 ɛ　鸡个街 ɔ　多拖歌 ai　带鞋准 ɔi　代来才 au　饱泡帽 ɛu　谋头楼	i　比而雨 ia　姐且野 iɔ　茄靴 iai　界解 iui　锐 iau　表妙 iu　久秋优	u　夫古舒 ua　挂夸 uɔ　锅过 uai　乖快 ui　类退垂
鼻尾韵	am　担帆谈 əm　深针沈 ɛm　森 an　搬办满 ɛn　跟垦敏 ɔn　端团暖 ən　振陈晨 aŋ　更坑订 ɔŋ　掌丈康	iam　暂蘸兼 im　金寝心 ian　然艰牵 iɛn　边辨棉 iɔn　软 in　宾民亭 iun　君裙谨 iaŋ　丙坪名 iɔŋ　亮将享 iuŋ　综松颂	uan　关款 uɛn　耿 uɔn　观 un　本盾巡 uaŋ　矿 uɔŋ　光广 uŋ　忠冲送
塞尾韵	ap　搭纳盒 əp　湿执汁 ɛp　粒涩 at　拔伐辣 ɛt　塞北革 ɔt　割渴夺 ət　直吃实 ak　伯白麦 ɔk　托诺落	iap　接协业 ip　立级入 iat　决缺穴 iɛt　别铁列 it　匹剔激 iut　屈 iak　壁逆 iɔk　弱疟略 iuk　玉育足	uat　括 uɛt　国 ut　勃没佛 uok　郭廓 uk　浊目福
自成音节	m̩　□ ŋ̍　吴鱼		

（五）梅县方言韵母例字古、今读音说明

例字	梅县读音	北京读音	古声母	韵部	声调	韵摄	开合	等第
资	tsɿ	tsɿ	精	脂	平	止	开	三
池	ts'ɿ	tʂ'ɿ	澄	支	平	止	开	三
师	sɿ	ʂɿ	生	脂	平	止	开	三
比	pi	pi	帮	止	上	止	开	三
而	i	ɚ	日	之	平	止	开	三
雨	i	y	云	虞	上	遇	合	三
夫	fu	fu	非	虞	平	遇	合	三
古	ku	ku	见	姥	上	遇	合	三
舒	su	ʂu	书	鱼	平	遇	合	三
巴	pa	pa	帮	麻	平	假	开	二
踏	t'ap	t'a	透	合	入	咸	开	一
架	ka	tɕia	见	祃	去	假	开	二
姐	tsia	tɕie	精	马	上	假	开	三
且	ts'ia	tɕ'ie	清	马	上	假	开	三
野	ia	ie	以	马	上	假	开	三
挂	kua	kua	见	卦	去	蟹	合	二
夸	k'ua	k'ua	溪	麻	平	假	合	二
鸡	kɛ	tɕi	见	齐	平	蟹	开	四
个	kɛ	kɤ	见	箇	去	果	开	一
街	kɛ	tɕie	见	佳	平	蟹	开	二
多	tɔ	tuo	端	歌	平	果	开	一
拖	t'ɔ	t'uo	透	歌	平	果	开	一

例字	梅县读音	北京读音	古	声母	韵部	声调	韵摄	开合	等第
歌	kɔ	kɣ	见	歌	平	果	开	一
茄	k'iɔ	tɕ'ie	群	戈	平	果	开	三
靴	hiɔ	çye	晓	戈	平	果	合	三
锅	kuɔ	kuo	见	戈	平	果	合	一
过	kuɔ	kuo	见	戈	平	果	合	一
带	tai	tai	端	泰	去	蟹	开	一
鞋	hai	çie	匣	佳	平	蟹	开	二
淮	fai	xuai	匣	皆	平	蟹	合	二
界	kiai	tɕie	见	怪	去	蟹	开	二
解	kiai	tɕie	见	蟹	上	蟹	开	二
乖	kuai	kuai	见	皆	平	蟹	合	二
快	k'uai	k'uai	溪	夬	去	蟹	合	二
代	t'ɔi	tai	定	代	去	蟹	开	一
来	lɔi	lai	来	咍	平	蟹	开	一
才	ts'ɔi	ts'ai	从	咍	平	蟹	开	一
锐	iui	ʐuei	以	祭	去	蟹	合	三
类	lui	lei	来	至	去	止	合	三
退	t'ui	t'uei	透	队	去	蟹	合	一
垂	sui	tʂ'uei	禅	支	平	止	合	三
饱	pau	pau	帮	巧	上	效	开	二
泡	p'au	p'au	滂	效	去	效	开	二
帽	mau	mau	明	号	去	效	开	一
表	piau	piau	帮	小	上	效	开	三
妙	miau	miau	明	笑	去	效	开	三

语言漫议

例字	梅县读音	北京读音	古	声母	韵部	声调	韵摄	开合	等第
谋	mεu	mou		明	尤	平	流	开	三
头	t'εu	t'ou		定	侯	平	流	开	一
楼	lεu	lou		来	侯	平	流	开	一
久	kiu	tɕiou		见	有	上	流	开	三
秋	ts'iu	tɕ'iou		清	尤	平	流	开	三
优	iu	iou		影	尤	平	流	开	三
担	tam	tan		端	谈	平	咸	开	一
帆	fam	fan		奉	凡	平	咸	合	三
谈	t'am	t'an		定	谈	平	咸	开	一
暂	tsʻiam	tʂan		从	阚	去	咸	开	一
蘸	tsiam	tʂan		庄	陷	去	咸	开	二
兼	kiam	tɕiεn		见	添	平	咸	开	四
森	sεm	sən		生	侵	平	深	开	三
深	tsʻəm	ʂən		书	侵	平	深	开	三
针	tsəm	tʂən		章	侵	平	深	开	三
沈	səm	ʂən		书	寝	上	深	开	三
金	kim	tɕin		见	侵	平	深	开	三
寝	tsʻim	tɕ'in		清	寝	上	深	开	三
心	sim	ɕin		心	侵	平	深	开	三
搬	pan	pan		帮	桓	平	山	合	一
办	p'an	pan		并	裥	去	山	开	二
满	man	man		明	缓	上	山	合	一
然	ian	ʐan		日	仙	平	山	开	三
艰	kian	tɕiεn		见	山	平	山	开	二

220

例字	梅县读音	北京读音	古	声母	韵部	声调	韵摄	开合	等第
牵	kʻian	tɕʻiɛn		溪	先	平	山	开	四
关	kuan	kuan		见	删	平	山	合	二
款	kʻuan	kʻuan		溪	缓	上	山	合	一
跟	kɛn	kən		见	痕	平	臻	开	一
垦	kʻɛn	kʻən		溪	很	上	臻	开	一
敏	mɛn	min		明	轸	上	臻	开	三
边	piɛn	piɛn		帮	先	平	山	开	四
辨	pʻiɛn	piɛn		并	狝	上	山	开	三
棉	miɛn	miɛn		明	仙	平	山	开	三
耿	kuɛn	kəŋ		见	耿	上	梗	开	二
端	tɔn	tuan		端	桓	平	山	合	一
团	tʻɔn	tʻuan		定	桓	平	山	合	一
暖	nɔn	nuan		泥	缓	上	山	合	一
软	ȵiɔn	ʐuan		日	狝	上	山	合	三
观	kuɔn	kuan		见	桓	平	山	合	一
振	tsɛn	tʂən		章	震	去	臻	开	三
陈	tsʻɛn	tʂʻən		章	真	平	臻	开	三
晨	sɛn	tʂʻən		禅	真	平	臻	开	三
宾	pin	pin		帮	真	平	臻	开	三
民	min	min		明	真	平	臻	开	三
亭	tʻin	tʻiŋ		定	青	平	梗	开	四
君	kiun	tɕyn		见	文	平	臻	合	三
裙	kʻiun	tɕʻyn		群	文	平	臻	合	三
谨	kiun	tɕin		见	隐	上	臻	开	三

语言漫议

例字	梅县读音	北京读音	古	声母	韵部	声调	韵摄	开合	等第
本	pun	pən	帮	混	上	臻	合	一
盾	tʻun	tuən	船	准	上	臻	合	三
巡	sun	çyn	邪	谆	平	臻	合	三
更	kaŋ	kəŋ	见	庚	平	梗	开	二
坑	haŋ	kʻəŋ	溪	庚	平	庚	开	二
订	taŋ	tiŋ	端	径	去	梗	开	四
丙	piaŋ	piŋ	帮	梗	上	梗	开	三
坪	pʻiaŋ	pʻiŋ	並	庚	平	梗	开	三
名	miaŋ	miŋ	明	清	平	梗	开	三
矿	kuaŋ	kʻuaŋ	见	梗	上	梗	合	二
掌	tsɔŋ	tʂaŋ	章	养	上	宕	开	三
丈	tsʻɔŋ	tʂaŋ	澄	养	上	宕	开	三
康	kʻɔŋ	kʻaŋ	溪	唐	平	宕	开	一
亮	liɔŋ	liaŋ	来	漾	去	宕	开	三
将	tsiɔŋ	tɕiaŋ	精	阳	平	宕	开	三
享	hiɔŋ	çiaŋ	晓	养	上	宕	开	三
光	kuɔŋ	kuaŋ	见	唐	平	宕	合	一
广	kuɔŋ	kuaŋ	见	荡	上	宕	合	一
综	tsiuŋ	tsuŋ	精	宋	去	通	合	一
松	tsʻiuŋ	suŋ	邪	锺	平	通	合	三
颂	siuŋ	suŋ	邪	用	去	通	合	三
忠	tsuŋ	tʂuŋ	知	东	平	通	合	三
冲	tsʻuŋ	tʂʻuŋ	昌	锺	平	通	合	三
送	suŋ	suŋ	心	送	去	通	合	一

例字	梅县读音	北京读音	古	声母	韵部	声调	韵摄	开合	等第
搭	tap	ta		端	合	入	咸	开	一
纳	nap	na		泥	合	入	咸	开	一
盒	hap	xɤ		匣	合	入	咸	开	一
接	tsiap	tɕie		精	叶	入	咸	开	三
协	hiap	ɕie		匣	帖	入	咸	开	四
业	ȵiap	ie		疑	业	入	咸	开	三
湿	səp	ʂʅ		书	缉	入	深	开	三
执	tsəp	tʂʅ		章	缉	入	深	开	三
汁	tsəp	tʂʅ		章	缉	入	深	开	三
立	lip	li		来	缉	入	深	开	三
级	kʻip	tɕi		见	缉	入	深	开	三
入	ȵip	ʐu		日	缉	入	深	开	三
粒	lɛp	li		来	缉	入	深	开	三
涩	sɛp	sɤ		生	缉	入	深	开	三
拔	pʻat	pa		並	黠	入	山	开	二
伐	fat	fa		奉	月	入	山	合	三
辣	lat	la		来	曷	入	山	开	一
决	kiat	tɕye		见	屑	入	山	合	四
缺	kʻiat	tɕʻye		溪	屑	入	山	合	四
穴	hiat	ɕye		匣	屑	入	山	合	四
括	kuat	kʻuo		见	末	入	山	合	一
塞	sɛt	sɤ		心	德	入	曾	开	一
北	pɛt	pei		帮	德	入	曾	开	一
革	kɛt	kɤ		见	麦	入	梗	开	二

语言漫议

例字	梅县读音	北京读音	古	声母	韵部	声调	韵摄	开合	等第
别	p'iɛt	pie	並	薛	入	山	开	三
铁	t'iɛt	t'ie	透	屑	入	山	开	四
列	liɛt	lie	来	薛	入	山	开	三
国	kuɛt	kuo	见	德	入	曾	合	一
割	kɔt	kɤ	见	曷	入	山	开	一
渴	hɔt	k'ɤ	溪	曷	入	山	开	一
夺	t'ɔt	tuo	定	末	入	山	合	一
直	tsʻət	tʂʅ	澄	职	入	曾	开	三
吃	tsʻət	tʂʻʅ	溪	锡	入	梗	开	四
实	sət	ʂʅ	船	质	入	臻	开	三
匹	p'it	p'i	滂	质	入	臻	开	三
剔	t'it	t'i	透	锡	入	梗	开	四
激	kit	tɕi	见	锡	入	梗	开	四
勃	p'ut	po	並	没	入	臻	合	一
没	mut	mo	明	没	入	臻	合	一
佛	fut	fo	奉	物	入	臻	合	三
屈	k'iut	tɕ'y	溪	物	入	臻	合	三
伯	pak	po	帮	陌	入	梗	开	二
白	p'ak	pai	並	陌	入	梗	开	二
麦	mak	mai	明	麦	入	梗	开	二
壁	piak(白)	pi	帮	锡	入	梗	开	四
逆	ȵiak	ni	疑	陌	入	梗	开	三
托	t'ɔk	t'uo	透	铎	入	宕	开	一
诺	nɔk	nuo	泥	铎	入	宕	开	一

例字	梅县读音	北京读音	古	声母	韵部	声调	韵摄	开合	等第
落	lɔk	luo		来	铎	入	宕	开	一
弱	ȵiɔk	zuo		日	药	入	宕	开	三
疟	ȵiɔk	nye		疑	药	入	宕	开	三
略	liɔk	lye		来	药	入	宕	开	三
郭	kuɔk	kuo		见	铎	入	宕	合	一
廓	kuɔk	kʻuo		溪	铎	入	宕	合	一
玉	ȵiuk	y		疑	烛	入	通	合	三
育	iuk	y		以	屋	入	通	合	三
足	tsiuk	tsu		精	烛	入	通	合	三
浊	tsʻuk	tʂuo		澄	觉	入	江	开	二
目	muk	mu		明	屋	入	通	合	三
福	fuk	fu		非	屋	入	通	合	三
吴	ŋ	u		疑	模	平	遇	合	一
鱼	ŋ	y		疑	鱼	平	遇	合	三

(六)梅县方言韵母特点

(1)从韵头方面看,梅县较北京音系少一类撮口呼。从韵尾方面看,梅县较北京多一类塞尾韵。

(2)梅县方言大都把北京音系中的撮口呼韵母读成齐齿呼。比如把"雨"读作[ˈi]、"靴"读作[˳hiɔ]、"君"读作[˳kiun]、"裙"读作[˳kʻiun]、"决"读作[kiat̚]、"缺"读作[kʻiat̚]、"穴"读作[hiat̚]。此外,北京音系中读撮口呼的个别字,梅县读为合口呼。如把"巡"读作[˳sun]。

(3)梅县方言完整地保留了古代汉语[m、n、ŋ]三个鼻音韵尾。比如把咸摄字"担"读作[˳tam],把深摄字"针"读作[˳tsəm],把山摄字"搬"读作[˳pan],把臻摄字"跟"读作[˳kɛn],把宕摄字"掌"读作[˳tsɔŋ],把梗摄字"坑"读作[˳haŋ],把通摄字"松"读作[˳tsʻiuŋ]。

(4)梅县方言完整地保留了古代汉语全部入声字的塞音韵尾[p、t、k]。比如把咸摄入声字"搭"读作[tap̚]，把深摄入声字"粒"读作[lɛp̚]；把山摄入声字"拔"读作[p'at̚]，把臻摄入声字"匹"读作[p'it̚]；把宕摄入声字"托"读作[t'ɔk̚]，把江摄入声字"浊"读作[tsʻuk̚]，把通摄入声字"玉"读作[ȵiuk̚]等。

(七)梅县方言声调表

古声调＼梅县声调	调类	调值	例字
平	阴平	44	巴他马
	阳平	11	爬茶牙
上	上声	31	把可雅
去	去声	52	坝怕夏骂罢
入	阴入	1	八法榻
	阳入	5	拔伐辣

(八)梅县方言声调例字古、今读音说明

例字	梅县调类	北京调类	古调类	声母	清浊
巴	阴平	阴平	平声	帮母	全清
他	阴平	阴平	平声	透母	次清
马	阴平	阴平	上声	明母	次浊
爬	阳平	阳平	平声	并母	全浊
茶	阳平	阳平	平声	澄母	全浊
牙	阳平	阳平	平声	疑母	次浊
把	上声	上声	上声	帮母	全清
可	上声	上声	上声	溪母	次清
雅	上声	上声	上声	疑母	次浊
坝	去声	去声	去声	帮母	全清
怕	去声	去声	去声	滂母	次清

例字	梅县调类	北京调类	古 调 类	声母	清浊
夏	去声	去声	去声	匣母	全浊
骂	去声	去声	去声	明母	次浊
罢	去声	去声	上声	並母	全浊
八	阴入	阴平	入声	帮母	全清
法	阴入	上声	入声	非母	全清
榻	阴入	去声	入声	透母	次清
拔	阳入	阳平	入声	並母	全浊
伐	阳入	阳平	入声	奉母	全浊
辣	阳入	去声	入声	来母	次浊

(九)梅县方言声调特点

(1)梅县共有6个声调,除上声、去声外,平声、入声大都按古声母清浊分为阴、阳两类。计有阴平、阳平、上声、去声、阴入、阳入等6个调类。

(2)古全浊上声变去声。比如古全浊上声字"罢"梅县读作去声。

(3)部分次浊上声字梅县读作阴平。如把明母上声字"马"读作[ˌma]。

(4)入声字都有塞音韵尾,塞尾有[p、t、k]三个。

(十)梅县调类与古调类对比表

古调类	古清浊	例字梅县调类	阴平	阳平	上声	去声	阴入	阳入
平	清	全清	巴					
		次清	他					
	浊	全浊		爬茶				
		次浊		牙				
上	清	全清			把			

续表

古调类	古清浊	例字\梅县调类	阴平	阳平	上声	去声	阴入	阳入
		次清			可			
	浊	全浊				罢		
		次浊	马		雅			
去	清	全清				坝		
		次清				怕		
	浊	全浊				夏		
		次浊				骂		
入	清	全清					八法	
		次清					榻	
	浊	全浊						拔伐
		次浊						辣

(伍)方音辨正

《现代汉语》课讲的语音是现代汉民族共同语——普通话的语音。方言地区的人学习普通话,既要了解普通话,又要了解自己的方言,以便将两者进行对比,找出两者的异同,从而更好地学习普通话。

"方音辨正"是指以普通话语音为标准与方音进行对比,找出方音与普通话语音的对应规律,从而更快更好地学习普通话语音,纠正方音。

一、声母辨正

现代汉语有多种方言,各个不同的方言与普通话之间,都有着自己特有的对应规律,不能一概而论。下面从汉语七大方言区中各选1-2个方言点(北方方言选取其中的西南方言作代表),将它们与普通话进行语音对比,求出各大方言区与普通话的主要对应规律,供各方言地区的人学习普通话时参考。各代表点是:

西南方言——重庆、武汉

吴方言区——苏州

湘方言区——长沙

粤方言区——广州

闽方言区——厦门

客家方言——梅县

赣方言区——南昌

(一)注意分辨 n—l

现代汉语的许多方言,把普通话分别读作 n、l 两个声母的字一律读成 n 声母或 l 声母。人们把这种现象叫作"鼻边不分"(n 是鼻音,l 是边音)。例如:"难、蓝、你、李、努、鲁、女、旅"等,以重庆、武汉为代表的西南方言,把普通话分别读作n、l两个声母的字,都读成n声母;苏州(如韵母为i、ü的字除"你"以外,其他一律读[n̠])、广州、梅县话和普通话相同,鼻音和边音不混读(梅县话里的ng也是个鼻音声母);长沙、南昌话把普通话读作n声母的字分别读成l或[n̠]声母;厦门话把普通话分别读作n、l两个声母的字,一律读成l声母。

根据以上情况,可以确定以下几条辨正规律:

1.西南地区的人学习普通话时,要将自己方言读n声母的"蓝、李、鲁、旅"等字,改读成l声母。也即是要从自己读作n声母的字中,将普通话应该读l声母的字分辨开来。

2.吴方言区、粤方言区、客家方言区的人学习普通话,声母n—l基本上不存在辨正问题。

3.湘方言区、赣方言区的人学习普通话时,要将自己方言读l声母的"难、努"等字的l声母改读成n声母;把"你、女"等字的[n̠]声母改读成n声母。

4.闽方言区的人学习普通话时,要把"难、努、你、女"等字的l声母改读成n声母。

方音辨正包括两个方面的内容:一是学会普通话有而自己方言里没有的音;一是记住普通话与自己方言读音不同的字的普通话读音。关于发音的问题,可以通过前面讲的"声母的发音部位和发音方法"得到解决;记字音的问题可以通过下述方法逐步得到解决:

①记少不记多。

这是指普通话读成两类声母而方言读成一类声母的字的分辨问题。比如,要分辨应该分别读作n或l声母的字,用不着两类字都记,只要能从相混的两类字中分出一类来,剩下的自然就是另一类了。两类中选择哪一类来记呢?当然是选字数少的一类来记,这就叫"记少不记多"。例如,就常用字而言,在n、l两类声母的字中,在普通话里,读n声母的少于读l声母的,于是就可以确定只记n声母的字。

②利用"声旁"类推。

现行汉字绝大部分是"形声字",利用形声字的"声旁",可以成批类推出"声旁相同"字的读音来。比如"宁"是个"声旁",这个字在普通话里读n声母,于是可类推出"拧、咛、狞、柠、泞"等字都读n声母。"奴"也是个声旁,这个字在普通话里也读n声母,于是可类推出"孥、驽、努、弩、怒"等字也都读n声母。大家可以利用本教材附录的"声母辨正类推字表",成批推出需要分辨字的普通话读音来。不过,类推要注意例外,例如以"良"为声旁的字,"粮、跟、狼、琅、银、稂、郎、朗、烺、埌、崀、阆、浪"等声母都念l,而"娘、酿"等字却念n声母。

③把"声旁代表字"编成歌诀记忆。

孤立地记一些意义上毫无联系的单字是比较困难的,因此可以把需要记住的"声旁代表字"编成歌诀,以利记忆。比如在普通话里念n声母的"声旁代表字"有"乃、奈、内、宁、尼、倪、奴、农、那、纽、念、南、虐、诺、懦、捏、聂、脑"等,为了便于记忆,可以编成歌诀来记忆。

(二)注意分辨z、c、s——zh、ch、sh

现代汉语的许多方言,把普通话分别读作z、c、s和zh、ch、sh两组声母的字,一律读成z、c、s声母。人们把这种现象叫作"平、翘不分"(z、c、s是舌尖前音,发音时舌头平放,是为"平"舌;zh、ch、sh是舌尖后音,发音时舌尖上翘与硬腭前部形成阻碍,是为"翘"舌)。自己方言中有这种现象的,应该注意分辨这两组声母。

例如:"痴、私、诗、租、竹、粗、初、苏、疏"等字,重庆、武汉、苏州、长沙、梅县、南昌把普通话分别读作z、c、s和zh、ch、sh两组声母的字,都读成z、c、s声母;广州话把普通话分别读作z、c、s和zh、ch、sh两组声母的字,都读成舌叶音[tʃ]、[tʃ']、[ʃ]声母;厦门话把普通话读zh声母的字读成d声母。

根据以上情况,可以确定以下几条辨正规律:

1.西南方言区、吴方言区、湘方言区、客家方言区以及赣方言区的人学习普通话时,要从自己方言读作z、c、s声母的字中分出普通话应该读zh、ch、sh声母的字来(如"知、痴、诗、竹、初、疏")。

2.粤方言区的人学习普通话时,要把"资、雌、私、租、粗、苏"以及"知、痴、诗、竹、初、疏"等字的声母分别读成z、c、s和zh、ch、sh,丢掉自己方言里的[tʃ]、[tʃ']、[ʃ]声母。

3.闽方言区的人学习普通话时,要把"知、竹"等字的d声母改读成zh声母,把"痴、诗、初、疏"等字的c、s声母改读成ch、sh声母。

分辨、记忆z、c、s声母和zh、ch、sh声母的字音时,仍旧可以用前面提到的"记少不记多"和"利用'声旁'类推"以及"把'声旁代表字'编成歌诀"的办法。

就常用字而言,在普通话里,读声母z、c、s的字,少于读zh、ch、sh的,因而只要记住在普通话里应该读z、c、s的字,其他在自己方言里读z、c、s的字一律改成读zh、ch、sh声母,就是普通话读音了。

由于读z、c、s声母的"声旁代表字"较多,故可编成若干歌诀帮助记忆。

(三)注意分辨f—h

现代汉语有的方言,把普通话部分读作h声母的字读成了f声母。人们把这种现象叫作"h—f不分"。

普通话f、h声母字在方言中的情况是这样的:重庆、长沙、广州、梅县、南昌话把部分普通话分别读f、h两个声母的字一律读成f声母;厦门话把普通话分别读f、h两个声母的字都读成h声母。例如:"翻、寒、夫、呼"等字的读音。

根据以上情况可以确定以下几条辨正规律:

1.西南地区、湘方言区、粤方言区、客家方言区以及赣方言区的人学习普通话时,要从自己方言读作f声母的字中分出普通话应该读h声母的字来(如"呼")。

2.闽方言区的人学习普通话时,要把"翻、夫"等字的h声母改读成f。

3.分辨声母f—h,同样可以采用前面提到的"记少不记多"等办法。在普通话里,读f声母的字少于读h声母的,因而只需记在普通话里应该读f声母的字。

普通话读f声母的声旁代表字有"凡、反、番、方、夫、父、付、弗、伏、甫、孚、复、福、分、愤、乏、发、伐、风、非、锋"等,平时学习可以用它们自编歌诀帮助记忆。

(四)注意分辨 j、q、x—g、k、h

现代汉语有些方言,把普通话部分读作 j、q、x 声母的字读成 g、k、h 声母。自己方言中有这种现象的,应该从自己读作 g、k、h 声母的字中抽出普通话读 j、q、x 声母的字来。例如广州、厦门、梅县话把普通话声母为 j、q、x 的字读成 g、k、h 声母,这些方言区的人学习普通话,应把"基、欺、希、居、区、虚"等字的声母改读成 j、q、x。

粤、闽、客家方言读 g、k、h 声母而普通话应读 j、q、x 声母的常见"声旁代表字"有"几、及、己、伎、检、禁、斤、京、竟、减、建、加、交、乔、茎、居、句、巨、具、卷、君、其、奇、气、区、群、缺、希、喜、虚、胸"等,可以用它们自编歌诀来帮助记忆。①

(五)注意分辨清声母和浊声母

现代汉语普通话只有 m、n、l、r 四个浊声母,有的方言除了这四个浊声母外,还有一些浊声母。自己方言里有这种现象的,应该将自己方言中 m、n、l、r 以外的浊声母改读成清声母。

在我们选取的方言点中,只有苏州话把普通话读作清声母的部分字如"被、达、共、昨"读作浊声母[b],吴方言区的人学习普通话时,应把这种浊声母字改读成同部位的清声母。

(六)注意分辨送气和不送气

现代汉语的一些方言,在声母的送气和不送气问题上与普通话不同,学习普通话时,应该注意分辨。

送气—不送气声母对应关系表

例字	普通话	重庆	武汉	苏州	长沙	广州	厦门	梅县	南昌
陪	p	p	p	[b]浊	b	p	b	p	p
倍	b	b	b			p			
台	t	t	t	[d]浊	d	t	d	t	t

---

①并不是普通话全部 j、q、x 声母的字粤、闽、客家方言都读成 g、k、h 声母,只是古代"见、晓"组字才有这种问题。

续表

例字	普通话	重庆	武汉	苏州	长沙	广州	厦门	梅县	南昌
代	d	d	d	[g]浊	g	d	g	k	k
葵	k	k	k			k			
柜	g	g	g			g			
才	c	c	c	[z]浊	z	[tʃ']	z	c	c
在	z	z	z			[tʃ]			

[tʃ']是舌叶送气清声母，[tʃ]是舌叶不送气清声母。

由上表可以看出，以苏州话为代表的吴方言读浊声母的"陪、倍、台、代、葵、柜、才、在"等古代浊声母字，今普通话和其他方言都读成清声母，但在送气和不送气问题上，各地情况却不完全一样。

普通话和以重庆、武汉为代表的西南方言的规律是：声调是平声的古代浊声母字，今读送气清声母(p、t、k、c等)；声调是仄声(上声、去声、入声)的，今读不送气清声母(b、d、g、z等)。

以长沙、厦门话为代表的湘方言和闽方言，不管什么声调，一律读成不送气清声母(b、d、g、z)。

以梅县、南昌话为代表的客家方言和赣方言，不管什么声调，一律读成送气清声母(p、t、k、c)。

以广州话为代表的粤方言，多数与普通话相同：平声送气(如"陪、台、葵、才——p、t、k、[tʃ']")，仄声不送气(如"代、柜、在——d、g、[tʃ]")；少数与普通话不同：把"倍"读成送气清声母p。

基于上述情况，方言地区的人学习普通话时，在送气和不送气的问题上，应该根据自己的情况，向普通话看齐。

二、韵母辨正

方言地区的人学习普通话，在韵母方面有以下几个主要问题需要辨正。

(一)注意分辨en—eng

现代汉语的一些方言，把普通话分别读作en、eng两个韵母的字，都读成

en 韵母。人们把这种现象叫作"前后鼻音不分"(en 是前鼻音韵母,eng 是后鼻音韵母)。

例如："珍、征、陈、呈、身、升"等字,重庆、武汉、苏州、长沙、梅县、南昌把普通话分别读作 en、eng 两个韵母的字,都读成 en 韵母。因此,西南地区和吴方言区、湘方言区、客家方言区以及赣方言区的人学习普通话时,要从自己方言读作 en 韵的字中,分出普通话中应该读 eng 韵母的字来。

分辨两类韵母相混的字,也可采用"记少不记多""利用声旁类推"以及"把声旁代表字编成歌诀"等办法帮助记忆。就常用字范围讲,在普通话里,读 eng 韵的"声旁代表字"有"朋、彭、孟、峰、曾、登、泰、塄、争、正、成、丞、呈、乘、生、更、庚、亨"等,大家可以把这些声旁代表字编成歌诀帮助记忆。

(二)注意分辨 in—ing

现代汉语的一些方言,把普通话分别读作 in、ing 两个韵母的字,都读成 in 韵母。例如:"宾、兵、林、灵、斤、京"在普通话中有前后鼻音之分,重庆、武汉、苏州、长沙、梅县、南昌把普通话分别读作 in、ing 两个韵母的字,都读成 in 韵母。这种情况在南方各方言中具有普遍性。

西南地区和吴方言区、湘方言区、客家方言区以及赣方言区的人学习普通话时,要从自己方言读作 in 韵的字中,分出普通话应该读 ing 韵母的字来。

就常用字范围讲,在普通话里,读 ing 韵的"声旁代表字"有"丙、并、平、名、冥、丁、定、亭、廷、宁、令、凌、京、茎、景、竟、敬、青、形、英、婴、营"等,把这些声旁代表字编成歌诀可以帮助记忆。

(三)注意分辨 i—ü

现代汉语的一些方言,把普通话读作撮口呼韵母的字,读成齐齿呼韵母。例如昆明、长沙、厦门、梅县、南昌把普通话读作撮口呼的"曲、却、癣、跃"等字读成了齐齿呼韵母。汉语方言中有无撮口呼的问题较为纷繁,有的是一大片方言没有撮口呼,如闽南方言和客家方言;有的只是个别方言点没有撮口呼,如西南方言的一些地方,有的只是把部分普通话读撮口呼的韵母读成齐齿呼,如湘方言和赣方言等。同学们可根据自己的具体情况予以分辨。

在普通话里,读撮口呼韵母的"声旁代表字"有"娄、虑、居、局、句、具、娟、卷、厥、橘、决、匀、君、俊、区、取、全、于、虚、胥、宣、玄、薰、旬、寻、汛、俞、原、元、员、云"等，大家可以把这些声旁代表字编成歌诀来记忆。

(四)注意分辨m-n尾

普通话只有n、ng两个鼻音音素做韵尾，有的方言却有m、n、ng三个鼻音韵尾。主要是把普通话部分读作n尾的字读成m尾。例如广州、厦门、梅县话中的"点、枕"等字就念m尾，使用粤方言、闽南方言以及客家方言的人学习普通话时，应该将自己方言中的m尾一律换成n尾。

(五)注意丢掉b、d、g、[?]尾

普通话没有b、d、g、[?]等塞音音素充当的韵尾，有的方言因保留古入声字，所以还有一部分字的韵母以b、d、g、[?]等塞音作为韵尾。学习普通话语音，应该丢掉这种塞音韵尾。

塞音韵尾对应关系表

例字	普通话	广州	厦门	梅县	南昌	苏州	福州
狭	-a	-b	-b	-b	-d	-[?]	-[?]
涩	-e	-b	-b	-b	-d	-[?]	-[?]
哲	-e	-d	-d	-d	-d	-[?]	-[?]
勃	-o	-d	-d	-d	-d	-[?]	-[?]
乐	-e	-g	-g	-g	-d	-[?]	-[?]
角	-o	-g	-g	-g	-d	-[?]	-[?]

[?]是喉塞音。

由上表可以看出，广州、厦门、梅县有三个b、d、g三个塞音韵尾；南昌有d、g两个塞音韵尾；苏州、福州有一个塞音[?]作韵尾。使用粤方言、闽方言、客家方言、赣方言、吴方言的人学习普通话时，应该将自己方言中的b、d、g、[?]等塞音韵尾统统丢掉。

三、声调辨正

普通话和各方言之间声调方面的差别较大,情况也较复杂,尽管如此,由于都是"汉语"的声调,"同出一源",因而是有对应规律可循的。这就是:各方言区的人,先将自己方言中"调值相同"的字归为一类(在同一方言内,"调值相同的字"属于同一个调类),求出每个字所属的调类来,然后将自己方言的调类对应成普通话调类,最后再按普通话调值去读各调类的字就可以了。

各方言与普通话声调对应关系见下表:

声调对应关系表

古声调	古清浊	例字	普通话 无入声 四个声调	长沙 有入声 六个声调	南昌 有入声 七个声调	梅县 有入声 六个声调	苏州 有入声 七个声调	厦门 有入声 七个声调	广州 有入声 九个声调
平	清	诗	阴平55 诗	阴平33 诗	阴平42 诗	阴平44 诗	阴平44 诗	阴平55 诗	阴平55 诗
平	浊	时	阳平35 时识食	阳平13 时	阳平24 时	阳平11 时	阳平24 时	阳平24 时	阳平21 时
上	清	使	上声214 使	上声41 使	上声213 使	上声31 使	上声52 使	上声51 使	上声35 使
上	全浊	市							阳上23 市
去	清	试		阴去55 试	阴去45 试		阴去42 试	阴去11 试	阴去33 试
去	浊	事	去声51 市、试、事、泄	阳去21 市、事	阳去21 市、事	去声52 市、试、事	阳去31 市、事	阳去33 市、事	阳去22 事
入	清	识							上阴入5 识
入	清	泄			阴入5 识、泄	阴入1 识、泄	阴入4 识、泄	阴入32 识、泄	下阴入3 泄
入	浊	食		入声24 识、泄、食	阳入2 食	阳入5 食	阳入23 食	阳入5 食	阳入2 食

根据上表,可用以下办法分别求出各大方言区与普通话"非入声字"声调的对应规律。

(一)湘方言区

(1)先用自己的家乡音求出与普通话相同的调类来：

自己方言读作"33"调的字,都是普通话的阴平调,如"诗、刚、知、专"等。

自己方言读作"13"调的字,都是普通话的阳平调,如"时、穷、陈、床"等。

自己方言读作"41"调的字,都是普通话的上声调,如"使、古、展、口"等。

自己方言读作"55、21"调的字,都是普通话的去声调,如"试、市、事、盖"等。

(2)将上述已求出各调类的字换成普通话的调值念法。如：

"诗、刚、知、专"等"阴平字"都改念成普通话的"55"调。

"时、穷、陈、床"等"阳平字"都改念成普通话的"35"调。

"使、古、展、口"等"上声字"都改念成普通话的"214"调。

"试、市、事、盖"等"去声字"都改念成普通话的"51"调。

(二)赣方言区

(1)先用自己的家乡音求出与普通话相同的调类来：

自己方言读作"42"调的字,都是普通话的阴平调,如"诗、刚、知、专"等。

自己方言读作"24"调的字,都是普通话的阳平调,如"时、穷、陈、床"等。

自己方言读作"213"调的字,都是普通话的上声调,如"使、古、展、口"等。

自己方言读作"45、21"调的字,都是普通话的去声调,如"试、市、事、盖"等。

(2)将上述已求出各调类的字换成普通话的调值念法。(与湘方言区(2)同)

(三)客家方言区

(1)先用自己的家乡音求出与普通话相同的调类来：

自己方言读作"44"调的字,都是普通话的阴平调,如"诗、刚、知、专"等。

自己方言读作"11"调的字,都是普通话的阳平调,如"时、穷、陈、床"等。

自己方言读作"31"调的字,都是普通话的上声调,如"使、古、展、口"等。

自己方言读作"52"调的字,都是普通话的去声调,如"试、市、事、盖"等。

(2)将上述已求出各调类的字换成普通话的调值念法。

(四)吴方言区

(1)先用自己的家乡音求出与普通话相同的调类来:

自己方言读作"44"调的字,都是普通话的阴平调,如"诗、刚、知、专"等。

自己方言读作"24"调的字,都是普通话的阳平调,如"时、穷、陈、床"等。

自己方言读作"52"调的字,都是普通话的上声调,如"使、古、展、口"等。

自己方言读作"42、31"调的字,都是普通话的去声调,如"试、市、事、盖"等。

(2)将上述已求出各调类的字换成普通话的调值念法。

(五)闽方言区[①]

(1)先用自己的家乡音求出与普通话相同的调类来:

自己方言读作"55"调的字,都是普通话的阴平调,如"诗、刚、知、专"等。

自己方言读作"24"调的字,都是普通话的阳平调,如"时、穷、陈、床"等。

自己方言读作"51"调的字,都是普通话的上声调,如"使、古、展、口"等。

自己方言读作"11、33"调的字,都是普通话的去声调,如"试、市、事、盖"等。

(2)将上述已求出各调类的字换成普通话的调值念法。

(六)粤方言

(1)先用自己的家乡音求出与普通话相同的调类来:

自己方言读作"55"调的字,都是普通话的阴平调,如"诗、刚、知、专"等。

自己方言读作"21"调的字,都是普通话的阳平调,如"时、穷、陈、床"等。

自己方言读作"35、23"调的字,都是普通话的上声调,如"使、市、古、展"等。

---

① 此处以厦门为例,故仅能代表闽南方言。

自己方言读作"33、22"调的字,都是普通话的去声调,如"试、事、盖、汉"等。

(2)将上述已求出各调类的字换成普通话的调值念法。

(七)古入声字声调辨正

古代汉语有"平、上、去、入"四个声调。在今普通话里,入声已不再是一个独立的调类,古代入声字已分别归并到今阴平、阳平、上声、去声等四个声调中去了。现代汉语除北方方言外,各大方言区都有入声,也就是说入声在各大方言中仍然是独立的调类。方言地区的人学习普通话,首先要把自己方言读作入声的字分别归并到普通话的四个声调中去,然后再按照普通话各调类的调值去念才行。

古入声字归并到今普通话各声调的规律较复杂,不便与各方言一一对应,故而人们通常用查、记"字表"的办法来解决这一问题。

古入声字在普通话里半数以上归去声,三分之一归阳平,剩下的少数归阴平和上声。按照记少不记多的原则,方言地区的同学,可先记住普通话归并到阴平和上声中的入声字,然后再记归到阳平中的,除此之外,把自己方言中读作入声的字一律归到去声就行了。

思考与练习

一、什么是方音辨正？

二、你的方言有哪些声母与普通话不同？应该怎样辨正？

三、举例说明什么是"记少不记多"和"利用声旁类推"。

四、读准下列词语的声母。

能耐	牛奶	男女	恼怒	南宁
忸怩	哪能	泥泞	难耐	农奴
理论	流利	来临	履历	磊落
老练	罗列	拉练	劳力	笼络
奶酪	暖流	能量	尼龙	年龄
努力	女篮	纳凉	耐劳	脑颅
留恋	老娘	烂泥	老年	老农
正直	庄重	转折	珍珠	壮志
政治	招展	战争	扎针	债主
差池	茶炊	查抄	拆除	超车
车床	沉船	撑持	乘除	踟蹰
沙参	杀伤	山水	闪烁	善事
膳食	伤神	赏识	上升	少数
冉冉	嚷嚷	拉拢	仁人	忍让
忍辱	仍然	容忍	熔融	柔软
发慌	发火	番号	翻悔	返回
饭盒	妨害	绯红	飞蝗	分红
海防	海风	寒风	航服	行贩
豪放	豪富	耗费	号房	浩繁
激光	基干	叽咕	机构	机关
鸡公	鸡冠	技工	记功	记过

改建　改进　干净　干戈　柑橘
赶集　赶紧　杆菌　感激　干劲

五、朗读、分辨下列词语的声母。

女客——旅客　恼怒——老路　那月——腊月
能耐——能来　烂泥——烂梨　大娘——大梁
主力——阻力　支援——资源　大钟——大宗
木柴——木材　推迟——推辞　太昌——太仓
商业——桑叶　诗人——私人　师长——司长
飞机——灰机　防空——航空　斧头——户头
花飞——花会　封火——烘火　饭盒——换盒

六、你的方言有哪些韵母与普通话不同？应该怎样辨正？

七、读准下列词语的韵母。

根本　本分　认真　人参　振奋　深沉
愤恨　沉闷　深圳　分身　粉尘　人们
更冷　生成　风筝　风声　更正　猛增
丰盛　崩症　丰登　风灯　更生　横生
亲近　尽心　拼音　殷勤　金银　亲信
锦心　秦晋　勤谨　心音　薪金　信心
命令　评定　宁静　情形　明星　晶莹
蜻蜓　情景　倾听　兵营　听清　惊醒
奇迹　笔记　气体　提议　基地　利益
地皮　立即　利息　汽笛　毅力　积极
语句　序曲　居于　聚居　旅居　女婿
区域　雨具　豫剧　须臾　拘于　屈曲

八、朗读、分辨下列词语的韵母。

陈旧——成就　审视——省市　沉稳——成文
深思——生丝　申明——声明　谨慎——仅剩
频繁——平凡　禁止——静止　人民——人名
红心——红星　很亲——很轻　不信——不幸

季节——拒绝　　起来——取来　　有趣——有气

迟疑——池鱼　　名义——名誉　　姓席——姓徐

九、你的方言有哪些声调（包括调类和调值两个方面）与普通话不同？应该怎样辨正？

十、读准下列词语的声、韵、调。

丰收	兴修	冲锋	标兵	鲜花
松林	奔流	清晨	从容	升旗
光彩	英勇	开演	高矮	温水
尖锐	刚毅	因素	机智	威力
民兵	神灯	澄清	流星	良师
重逢	儿童	前途	黎明	勤劳
晴朗	成果	传统	文采	联想
联系	评价	旋律	明净	牢固
老师	启发	整天	耳朵	手心
品德	启蒙	胆识	锦旗	版图
选举	简短	海岛	远景	友好
指定	访问	体面	法律	宝贵
浪花	列车	夜莺	矿区	特征
腊梅	麦芽	负责	浪潮	笑容
字典	呐喊	阅览	地理	秀美
魅力	外貌	汉字	电报	热爱

十一、你的方言有入声吗？学习普通话声调应该怎样解决方言中入声问题？

十二、入声字词语练习。

xiēxī	chīhē	qiēxiāo	yāsuō	zhuōmō
歇息	吃喝	切削	压缩	捉摸
cuōhé	tuōfú	quēfá	chūguó	wājué
撮合	托福	缺乏	出国	挖掘

语言漫议

tīgǔ	qūrǔ	jiājiǎo	niēbǐ	bājiǎo
剔骨	屈辱	夹脚	捏笔	八角
hūlüè	bīpò	zhuōliè	pāishè	chīlà
忽略	逼迫	拙劣	拍摄	吃辣
jiépāi	shúxī	báchū	xuéshuō	jiéchū
节拍	熟悉	拔出	学说	杰出
xuéxí	shúdú	bóxué	géjú	huófó
学习	熟读	博学	格局	活佛
báixuě	fófǎ	zhíshǔ	xiágǔ	báigǔ
白雪	佛法	直属	峡谷	白骨
xuéyè	juécè	jícù	dáfù	huóxuè
学业	决策	急促	答复	活血
xíjī	mǒshā	zhúshuā	jiǎojī	zhǎiwū
袭击	抹杀	竹刷	脚基	窄屋
gǔgé	fǎguó	shǔshí	bǐzhí	pǔshí
骨骼	法国	属实	笔直	朴实
chǐgǔ	běiqǔ	tiěbǐ	jǐsuǒ	sǎxuě
尺骨	北曲	铁笔	几所	撒雪
chǐdù	bǐmò	fǎlǜ	jiǎoluò	suǒwù
尺度	笔墨	法律	角落	索物
mùzhuō	làbā	fàjiā	wùmō	yèjì
木桌	腊八	发夹	勿摸	业绩
màibó	lüèduó	qièzéi	chèzhí	shuàbái
脉搏	掠夺	窃贼	撤职	刷白
kèkǔ	mòbǐ	yuèqǔ	lièshǔ	chègǔ
刻苦	墨笔	粤曲	烈属	彻骨
cèhuà	màilì	lìkè	lièrì	kùrè
策划	麦粒	立刻	烈日	酷热

|下|篇|
教学讲座

普通话教学讲座

前言

我国幅员辽阔、人口众多,方言分歧十分严重,这给不同地区人们之间的交往造成了语言障碍,为了克服这种障碍,国家决定在全国推广现代汉民族共同语——普通话。

为了帮助重庆人更好更快地学习普通话,特编写《普通话教学讲座》,本讲座每讲均由两部分组成,前一部分简要讲述一条重庆方言与普通话的对应规律,后一部分带领大家做口语练习。

第一讲 几个基本概念

1.现代汉语有两种形式:一种是各地使用的方言;另一种是公众交际场合应该使用的普通话。

2.语言有三大要素:

语音——语言的声音。

词汇——语言的建筑材料。

语法——组词成句的规律。

3.普通话的定义有三个方面:

以北京语音为标准音——语音方面。

以北方话为基础方言——词汇方面。

以典范的现代白话文著作为语法规范——语法方面。

4.普通话与重庆方言的差异也表现在三个方面:

语音方面:　　普通话　重庆方言　　　普通话　重庆方言
　　　　　张　　zh　　　z　　　身　　en　　　en
　　　　　‖　　‖　　　‖　　　‖　　‖　　　‖
　　　　　脏　　z　　　 z　　　生　　eng　　 en

词汇方面:普通话　重庆方言　普通话　重庆方言　普通话　重庆方言

　　　　　便宜　　相因　　高兴极了　高兴惨了　以为　　默倒

语法方面:　　普通话　　　　　　　重庆方言

　　　我应该来不应该？　我应不应该来？　我该不该来？

练习

1.词语

n-l:恼怒≠老路　　　en-eng:出身≠出生

zh-z:主力≠阻力　　　in-ing:人民≠人名

ch-c:初步≠粗布　　　e-ê:特赦≠特色

sh-s:诗人≠私人　　　e-o:大哥≠大锅

h-f:户口≠富口

2.句子

(接电话)

重庆方言	普通话
甲:哪个？我是老三。	谁呀？我是老三。
乙:老四喃？	老四呢？
甲:他在和一个朋友说话。	他正在跟一个朋友说话呢。
乙:他还没说完哪？	他还没有说完吗？
甲:还没有,可能还要说一下(哈)儿。	还没哪,大概还要说一会儿。
乙:你说跟到就来,啷个恁个久了还在屋头喃？	你说马上就来,怎么这半天了还在家里呢？

第二讲　学会声调对转

汉语是有声调的语言。在汉语里,声调不同意义就不同。

"声调"是指读每个汉字时声音的高低升降变化。比如,从拼音看,同样是k、an、sh、u这样的声母和韵母,如果把"kan"读成降调↘,把"shu"读成平调→,人们听起来就是"看书"。如果把"kan"读成降升调↘↗,把"shu"读成降调↘,人们听起来就是"砍树",意思与"看书"完全不同了。

普通话和重庆话的声调不相同。重庆人学习普通话，要把自己的方言声调改读成普通话声调才行。

重庆人学习普通话声调有个简单的办法。这个办法分成三步走：

(1)用自己的家乡音念"妈、麻、马、骂"四个字，念时注意审辨读每个字时声音的高低升降变化。比如重庆人读"妈"字是平调┐，"麻"是由较低往下降↘，"马"是由较高往下降↘，"骂"是降而又升↘。

(2)用自己的家乡音读需要定调的字，将读音的高低升降与"妈、麻、马、骂"相同的归为一类。比如重庆人要想知道"普通话"三个字在普通话里的声调读法，就可以先用重庆方言念这三个字，然后拿它们与"妈、麻、马、骂"四个字相比，你会发现"普"字与"马"字一样，重庆人都念成由较高往下降调子↘，这两个字就是同一类声调；"通"字与"妈"字一样，重庆人都念高而且平的调子┐，这两个字也是同一类声调；"话"字与"骂"字一样，重庆人都念成降而又升的调子↘，这两个字也是同一类声调。

(3)把归出类来的字换读成普通话的高低升降。

在普通话里"妈"字读成高平调┐，这类调叫"阴平"；"麻"字读高升调↗，这类调叫"阳平"；"马"字读降升调↘，这类调叫"上声"；"骂"字读全降调↘，这类调叫"去声"。

通过(2)我们已知"普"和"马"是同一类声调，"马"在普通话里念降升调，那么就可以推知"普"也应该念降升调↘，"通"和"妈"是同一类声调，已知"妈"在普通话里念高平调，那么与"妈"相同的"通"当然也应该高平调┐；"话"和"骂"是同一类声调，已知"骂"在普通话里念全降调，与"骂"相同的"话"当然也应该念全降调↘。

说得再通俗一点，上面说的这个办法实际上是用四个例字作"箍箍"，然后"比着箍箍买鸭蛋"。也就是说，把家乡音读起来与"妈、麻、马、骂"四个字高低升降相同的字分别归成四类：妈——阴平、麻——阳平、马——上声、骂——去声。然后，把这四类字分别改读成普通话的高低升降就是普通话的声调读法了。

下面请大家再试用一下这个办法。

例如重庆人要想知道"你好"两个字在普通话里的声调读法，你可以先用家乡音审读它们,找出它们与"妈、麻、马、骂"四个字中的哪些字相同。

重庆人读"你好"两个字都与"马"字相同,"马"是上声字,与之相同的"你好"当然也应该是上声字。然后,再按照(3)中介绍的普通话上声念"降升调"的办法,把这两个字都念成"降升调",不就是普通话的读音了吗?

再如,同样用上述办法找出"欢迎光临"四个字分属"阴平、阳平、阴平、阳平",然后照普通话阴平念"高平调"、阳平念"高升调"的要求,把这四个字连在一起读成:

欢˥　　迎˧˥　　光˥　　临˧˥。

练习

1. 词语辨识

阴平：珍惜　　　青春　　　鲜花　　　丰收

阳平：黎明　　　重逢　　　文学　　　繁荣

上声：理想　　　舞蹈　　　简朴　　　海岛

去声：胜利　　　荡漾　　　热爱　　　魅力

2. 成语辨识

阴—阳—上—去

风调雨顺　　　山明水秀　　　兵强马壮　　　千锤百炼

光明磊落　　　深谋远虑

3. 对比练习

摆脱——拜托　　　家乡——假想　　　登记——等级

点播——电波　　　攻势——共识　　　故事——股市

灰心——回信　　　急剧——寄居　　　佳节——嫁接

观礼——管理

第三讲　分清n和l

重庆人把普通话分别读作n和l两个声母的字都读成"n"声母。比如,在普通话里,"女"读n声母,"旅"读l声母,重庆话把这两个字都读成"n"声母,听起来"女客"与"旅客"是同音的。重庆人学习普通话,就要把分属n和l两个声母的字区别开来。

区别n和l的方法也可以分作三步走:

(1)记少不记多。

重庆人把普通话分别读n和l两类声母的字混成了一类,只记住其中的一类,剩下的自然就是另一类了。在普通话里,读n声母的字少于读l声母的,于是只要记住该读n声母的,剩下的就是该读l声母的。

(2)利用偏旁类推。

汉字大都是形声字,利用相同的声旁可以类推出相同的声母来。比如列宁的"宁"字读n声母,于是可推知凡用"宁"作声旁的字也都该读n声母。如:宁、柠、咛、狞、拧、泞。

(3)将常用偏旁类推字编成口诀帮助记忆。

男女农奴拈恼怒,哪能南囊拿牛奶,泥捏妞,挠内宁,倪聂奈呐念难诺,虐懦!

练习

用上述口诀辨识n和l声母

1.词语辨识

宁	静	口诀第4句有"宁",念ning。
农	庄	口诀第1句有"农",念nong。
诺	言	口诀第5句有"诺",念nuo。
难	题	口诀第5句有"难",念nan。
捏	造	口诀第3句有"捏",念nie。
才	能	口诀第2句有"能",念neng。
头	脑	口诀第1句有"恼",念nao。
无	奈	口诀第5句有"奈",念nai。
出	纳	口诀第4句有"内",念na。
西	南	口诀第2句有"南",念nan。

2.对比练习

水牛—水流	口诀2句有"牛",读niu;口诀无"流",读liu。
留念—留恋	口诀5句有"念",读nian;口诀无"恋",读lian。
黄泥—黄梨	口诀3句有"泥",读ni;口诀无"梨",读li。
浓重—隆重	口诀1句有"农",读nong;口诀无"隆",读long。
门内—门类	口诀4句有"内",读nei;口诀无"类",读lei。
泥巴—篱笆	口诀3句有"泥",读ni;口诀无"篱",读li。
男袜—蓝袜	口诀1句有"男",读nan;口诀无"蓝",读lan。
无奈—无赖	口诀5句有"奈",读nai;口诀无"赖",读lai。
难住—拦住	口诀5句有"难",读nan;口诀无"拦",读lan。
恼怒—老路	口诀1句有"恼、怒",读nao、nu;口诀无"老、路",读lao、lu。

第四讲 分清zh和z

重庆人把普通话分别读作zh和z两个声母的字都读成了z声母。比如,在普通话里,"主"读zh声母,"阻"读z声母,重庆话把这两个字都读成z声母,听起来"主力"与"阻力"读音完全一样。重庆人学习普通话时,要把分别读zh和z两个声母的字区分开来。

区分zh和z的方法也分作三步:

(1)记少不记多。

在普通话里,读z声母的字少于读zh声母的,重庆人只要记住应该读z声母的字,剩下的全该读zh声母。

(2)利用偏旁类推。

比如儿子的"子"字读z声母,下面各字都有"子"作声旁,这些字也都读z声母:

子、孜、仔、籽、字

在普通话里,读z声母的常用类推字还有:赞、澡、造、责、则、曾、资、兹、宗、奏、座、卒、祖、尊、作。

(3)请大家自己将上述z声母类推字编成口诀帮助记忆。

练习

1. 词语辨识

帐　　子　　"子"是z声母类推字,读z声母,"帐"不是,读zh声母。
制　　造　　"造"是z声母类推字,读z声母,"制"不是,读zh声母。
追　　踪　　"踪"是z声母类推字,读z声母,"追"不是,读zh声母。
准　　则　　"则"是z声母类推字,读z声母,"准"不是,读zh声母。
增　　长　　"增"是z声母类推字,读z声母,"长"不是,读zh声母。
奏　　折　　"奏"是z声母类推字,读z声母,"折"不是,读zh声母。
组　　织　　"组"是z声母类推字,读z声母,"织"不是,读zh声母。
著　　作　　"作"是z声母类推字,读z声母,"著"不是,读zh声母。
尊　　重　　"尊"是z声母类推字,读z声母,"重"不是,读zh声母。
阻　　止　　"阻"是z声母类推字,读z声母,"止"不是,读zh声母。

2. 对比练习

资源—支援　　"资"是z声母类推字,读z声母,"支"不是,读zh声母。
赞助—站住　　"赞"是z声母类推字,读z声母,"站"不是,读zh声母。
字纸—制止　　"字"是z声母类推字,读z声母,"制"不是,读zh声母。
造就—照旧　　"造"是z声母类推字,读z声母,"照"不是,读zh声母。
大宗—大钟　　"宗"是z声母类推字,读z声母,"钟"不是,读zh声母。

第五讲　分清ch和c

重庆人把普通话分别读作ch和c两个声母的字都读成了"c"声母。比如,在普通话里,"柴"读ch声母,"材"读c声母,重庆话把这两个字都读成了c声母,听起来"木柴"和"木材"同音。重庆人学习普通话时,要把分别读ch和c两个声母的字区分开来。

区分ch和c的方法也分作三步:

(1)记少不记多。

在普通话里,读c声母的字少于读ch声母的,重庆人只要记住应该读c声母的字,剩下的全该读ch声母。

(2)利用偏旁类推。

比如采访的"采"读 c 声母,下列各字都有"采"作声旁,这些字也都读 c 声母:

采、彩、踩、睬、菜

在普通话里,读 c 声母的常用类推字还有:才、寸、仓、从、此、参、挫、曹、崔、窜、搓、慈、粹、蔡、醋、草、刺。

(3)请大家自己将上述 c 声母类推字变成口诀帮助记忆。

练习

1. 词语辨识

船　　舱　　"舱"是 c 声母类推字,读 c 声母,"船"不是,读 ch 声母。

差　　错　　"错"是 c 声母类推字,读 c 声母,"差"不是,读 ch 声母。

尺　　寸　　"寸"是 c 声母类推字,读 c 声母,"尺"不是,读 ch 声母。

财　　产　　"财"是 c 声母类推字,读 c 声母,"产"不是,读 ch 声母。

彩　　绸　　"彩"是 c 声母类推字,读 c 声母,"绸"不是,读 ch 声母。

参　　禅　　"参"是 c 声母类推字,读 c 声母,"禅"不是,读 ch 声母。

筹　　措　　"措"是 c 声母类推字,读 c 声母,"筹"不是,读 ch 声母。

菜　　场　　"菜"是 c 声母类推字,读 c 声母,"场"不是,读 ch 声母。

从　　此　　"从、此"是 c 声母类推字,都应该读 c 声母。

葱　　翠　　"葱、翠"是 c 声母类推字,都应该读 c 声母。

2. 对比练习

乱草—乱吵　　"草"是 c 声母类推字,读 c 声母,"吵"不是,读 ch 声母。

好处—好醋　　"醋"是 c 声母类推字,读 c 声母,"处"不是,读 ch 声母。

大昌—大舱　　"舱"是 c 声母类推字,读 c 声母,"昌"不是,读 ch 声母。

柴铲—财产　　"财"是 c 声母类推字,读 c 声母,"铲"不是,读 ch 声母。

冲刺—充斥　　"刺"是 c 声母类推字,读 c 声母,"斥"不是,读 ch 声母。

第六讲　分清 sh 和 s

重庆人把普通话分别读作 sh 和 s 两个声母的字都读成了 s 声母。比如，在普通话里，"诗"读 sh 声母，"私"读 s 声母，重庆话把这两个字都读成了 s 声母，听起来"诗人"和"私人"同音。重庆人学习普通话时，要把分别读 sh 和 s 两个声母的字区分开来。

区分 sh 和 s 的方法也分作三步：

(1) 记少不记多。

在普通话里，读 s 声母的字少于读 sh 声母的，重庆人只要记住应该读 s 声母的字，剩下的全该读 sh 声母。

(2) 利用偏旁类推。

比如松树的"松"读 s 声母，下列各字都有"松"作声旁，这些字也都读 s 声母：

松、淞、崧、忪、讼、颂

在普通话里，读 s 声母的常用类推字还有：撒、思、桑、斯、丝、司、叟、四、素、速、孙、唆、宿、锁、索、诉、三、丧、扫、算。

(3) 请大家自己将上述 s 声母类推字变成口诀帮助记忆。

练习

1. 词语辨识

申	诉	"诉"是 s 声母类推字，读 s 声母，"申"不是，读 sh 声母。
宿	舍	"宿"是 s 声母类推字，读 s 声母，"舍"不是，读 sh 声母。
时	速	"速"是 s 声母类推字，读 s 声母，"时"不是，读 sh 声母。
丧	失	"丧"是 s 声母类推字，读 s 声母，"失"不是，读 sh 声母。
素	食	"素"是 s 声母类推字，读 s 声母，"食"不是，读 sh 声母。
桑	树	"桑"是 s 声母类推字，读 s 声母，"树"不是，读 sh 声母。
松	鼠	"松"是 s 声母类推字，读 s 声母，"鼠"不是，读 sh 声母。
四	十	"四"是 s 声母类推字，读 s 声母，"十"不是，读 sh 声母。
扫	射	"扫"是 s 声母类推字，读 s 声母，"射"不是，读 sh 声母。
算	术	"算"是 s 声母类推字，读 s 声母，"术"不是，读 sh 声母。

2.对比练习

桑叶—商业　　"桑"是s声母类推字,读s声母,"商"不是,读sh声母。
司长—师长　　"司"是s声母类推字,读s声母,"师"不是,读sh声母。
三角—山脚　　"三"是s声母类推字,读s声母,"山"不是,读sh声母。
素食—数十　　"素"是s声母类推字,读s声母,"数"不是,读sh声母。
速写—竖写　　"速"是s声母类推字,读s声母,"竖"不是,读sh声母。

第七讲　分清h和f

重庆方言把声母h与韵母u相拼的字都读成fu,比如把"户口"说成"富口",把"互助"说成"父助"。四川有些地方还有把"f"说成"h"的,比如把"飞机"说成"灰机",把"房子"说成"黄子"。

重庆人学习普通话要分清hu和fu。

在重庆话里,读hu的字少于读fu的,因而重庆人只要记住普通话该读hu的,其余的都该读fu。

大家同样可以利用偏旁类推的方法来帮助记忆。比如姓胡的"胡"读hu,有它作声旁的"湖、葫、猢、糊、蝴、瑚"等也都读hu。在普通话里读hu的常用类推字还有:乎、忽、狐、虎、户、互。

记住hu常用类推字后,就可以用来审辨字音了。

呼吸≠夫吸　　"呼"是hu类推字,应该读hu,"夫"不是,该读fu。
忽然≠夫然　　"忽"是hu类推字,应该读hu,"夫"不是,该读fu。
二胡≠二扶　　"胡"是hu类推字,应该读hu,"扶"不是,该读fu。
蝴蝶≠扶蝶　　"蝴"是hu类推字,应该读hu,"扶"不是,该读fu。
狐狸≠扶狸　　"狐"是hu类推字,应该读hu,"扶"不是,该读fu。
老虎≠老斧　　"虎"是hu类推字,应该读hu,"斧"不是,该读fu。
护理≠父理　　"护"是hu类推字,应该读hu,"父"不是,该读fu。

练习

1. 词语辨识

f–h

| 防护 | 分化 | 返航 | 发挥 | 凤凰 | 繁华 |
| 发黄 | 复活 | 丰厚 | 饭盒 | 废话 | 匪患 |

h–f

| 豪放 | 和风 | 化肥 | 花粉 | 横幅 | 后方 |
| 合法 | 海防 | 耗费 | 何妨 | 鹤发 | 画舫 |

2. 对比练习

h–f

弧度——幅度　　　荒地——方地

会话——废话　　　航空——防空

开花——开发　　　互利——富丽

3. 绕口令

画凤凰

粉红墙上画凤凰，
凤凰画在粉红墙。
红凤凰，黄凤凰，
粉红凤凰黄凤凰。

一条裤子七道缝

一条裤子七道缝，
横缝上面有竖缝。
缝了横缝缝竖缝，
缝了竖缝缝横缝。

第八讲　分清en和eng

重庆人把普通话分别读作en和eng的两个韵母的字都读成了en韵母。比如，在普通话里，"陈"读en韵母，"成"读eng韵母，重庆人把这两个字都读成en韵母，听起来"陈旧"与"成就"同音，重庆人学习普通话要把分别读en和eng两个韵母的字区分开来。

区分en和eng的方法也可分作三步走：

(1)记少不记多。

在普通话里，读en韵母的字少于读eng韵母的，只要记住该读en韵母的，其余的自然该读eng韵母。

(2)利用偏旁类推。

在普通话里，读en韵母的常用类推字有：门、刃、分、壬、本、申、珍、贞、艮、辰、枕、肯、参、贲、甚、真、人、身、深。

只要记住"分"读en韵母，有它作声旁的字就都读en韵母。比如"盆、芬、昐、纷、氛、汾、棼、粉、份、忿"。

(3)请大家自己将上述en韵母偏旁类推字编成口诀帮助记忆。

练习

1.词语辨识

本　能　"本"是en韵母类推字，读en韵母，"能"不是，读eng韵母。

神　圣　"神"是en韵母类推字，读en韵母，"圣"不是，读eng韵母。

真　诚　"真"是en韵母类推字，读en韵母，"诚"不是，读eng韵母。

成　分　"分"是en韵母类推字，读en韵母，"成"不是，读eng韵母。

生　根　"根"是en韵母类推字，读en韵母，"生"不是，读eng韵母。

城　镇　"镇"是en韵母类推字，读en韵母，"城"不是，读eng韵母。

诚　恳　"恳"是en韵母类推字，读en韵母，"诚"不是，读eng韵母。

胜　任　"任"是en韵母类推字，读en韵母，"胜"不是，读eng韵母。

承　认　"认"是en韵母类推字，读en韵母，"承"不是，读eng韵母。

缝　纫　"纫"是en韵母类推字，读en韵母，"缝"不是，读eng韵母。

2.对比练习

出身≠出生　"身"是en韵母类推字,读en韵母,"生"不是,读eng韵母。
人参≠人声　"参"是en韵母类推字,读en韵母,"声"不是,读eng韵母。
诊治≠整治　"诊"是en韵母类推字,读en韵母,"整"不是,读eng韵母。
深思≠生丝　"深"是en韵母类推字,读en韵母,"生"不是,读eng韵母。
瓜分≠刮风　"分"是en韵母类推字,读en韵母,"风"不是,读eng韵母。

3.绕口令

棚和盆

天上一个盆,

地下一个棚。

盆碰棚,棚碰盆,

棚倒了,盆碎了。

是棚赔盆,还是盆赔棚?

第九讲　分清in和ing

重庆人把普通话分别读作in和ing的两个韵母的字都读成了in韵母。比如,在普通话里,"民"读in韵母,"名"读ing韵母,重庆人把这两个字都读成in韵母,听起来"人民"和"人名"同音。重庆人学习普通话要把分别读in和ing两个韵母的字区分开来。

区分in和ing的方法也可以分作三步:

(1)记少不记多。

在普通话里,读in韵母的字少于读ing韵母的,只要记住了该读in韵母的,其余的自然该读ing韵母。

(2)利用偏旁类推。

在普通话里,读in韵母的常用类推字有:心、今、斤、民、因、阴、尽、辛、林、侵、宾、堇、禽、禁、金、进、信、敏、亲、频。

只要记住"斤"读in韵母,有它作声旁的字就都该读作in韵母,如"近、靳、芹、忻、昕、欣、新、薪"。

(3)请大家自己将上述 in 韵母偏旁类推字编成口诀帮助记忆。

练习

1. 词语辨识

新　　星　　"新"是 in 韵母类推字,读 in 韵母,"星"不是,读 ing 韵母。
进　　京　　"进"是 in 韵母类推字,读 in 韵母,"京"不是,读 ing 韵母。
聘　　请　　"聘"是 in 韵母类推字,读 in 韵母,"请"不是,读 ing 韵母。
民　　兵　　"民"是 in 韵母类推字,读 in 韵母,"兵"不是,读 ing 韵母。
新　　型　　"新"是 in 韵母类推字,读 in 韵母,"型"不是,读 ing 韵母。
挺　　进　　"进"是 in 韵母类推字,读 in 韵母,"挺"不是,读 ing 韵母。
精　　心　　"心"是 in 韵母类推字,读 in 韵母,"精"不是,读 ing 韵母。
轻　　信　　"信"是 in 韵母类推字,读 in 韵母,"轻"不是,读 ing 韵母。
灵　　敏　　"敏"是 in 韵母类推字,读 in 韵母,"灵"不是,读 ing 韵母。
定　　亲　　"亲"是 in 韵母类推字,读 in 韵母,"定"不是,读 ing 韵母。

2. 对比练习

信服≠幸福　　"信"是 in 韵母的类推字,读 in 韵母,"幸"不是,读 ing 韵母。
亲生≠轻生　　"亲"是 in 韵母的类推字,读 in 韵母,"轻"不是,读 ing 韵母。
频繁≠平凡　　"频"是 in 韵母的类推字,读 in 韵母,"平"不是,读 ing 韵母。
金银≠经营　　"金"是 in 韵母的类推字,读 in 韵母,"经"不是,读 ing 韵母。
禁止≠静止　　"禁"是 in 韵母的类推字,读 in 韵母,"静"不是,读 ing 韵母。

3. 绕口令

高高山上一根藤

高高山上一根藤,
青青藤条挂金铃。
风吹藤动金铃响,
风停藤静铃无声。

第十讲　分清 e 和 ê、o

重庆方言没有 e 韵母，把普通话读 e 韵母的字分别读作 ê 和 o 韵母。比如把"特色"tese 念成 tê sê"大哥"dage 念成 dago。重庆人学习普通话时，要先学会自己方言里没有的 e 韵母，然后再把自己方言中读 ê、o 韵母的字改读成 e 韵母。

练习

1. 词语辨识

ê——e

	重庆方言	普通话		重庆方言	普通话
隔阂	gê hê	ge he	客车	kê cê	ke che
褐色	hê sê	he se	塞责	sê zê	se ze
刀刻	dao kê	dao ke	波折	bo zê	bo zhe
口舌	kou sê	kou she	作者	zuo zê	zuo zhe
计策	ji cê	ji ce	出格	cu gê	chu ge

o——e

	重庆方言	普通话		重庆方言	普通话
大哥	da go	da ge	贺喜	ho xi	he xi
黄河	huang ho	huang he	合作	ho zo	he zuo
课堂	ko tang	ke tang	荷花	ho hua	he hua
饭盒	fan ho	fan he	不喝	bu ho	bu he
唱歌	cang go	chang ge	快乐	kuai lo	kuai le

2. 绕口令

哥哥弟弟坡前坐，
坡上卧着一只鹅，
坡下流着一条河。
哥哥说"宽宽的河"，
弟弟说"肥肥的鹅"。
鹅要过河，
河要渡鹅。
不知是鹅过河，
还是河渡鹅。

词汇、语法、修辞浅说

第一讲　使用好语言这个工具

语言文字是新闻工作者的战斗武器，要提高我们的工作质量，不可不对语言这个工具做些研究。一般说来，运用语言应该做到两点：一、不错（这是消极的）；二、用好（这是积极的）。所谓不错，就是说，词要用得对，句子要合乎语法规律；所谓用好，就是说，要善于选用最恰当的词语，使句子表义鲜明、生动。前些时候，某报有条新闻的标题是"XX厂一季度发电耗煤达到历史最好水平"。"耗煤"是消耗煤的意思，"消耗煤达到历史最好水平"是什么意思呢？从该新闻的内容看，是说这家工厂的耗煤量减低了，可是只看这个标题，就难以理解它的意思。

要做到用词准确、贴切，句式选用恰当，就得研究一下语法、修辞，以便让语言这个工具更好地为我们宣传党的方针、政策，鼓舞人民的斗志服务。

扩大词汇

人的思想情感是丰富多彩、精深细腻的。要准确地记录、反映人们的思想感情，必须有足够的词语供我们使用才行。比如描绘一个同志小提琴拉得好，只说些"好得很、实在好、好极了"之类的话，别人就感觉不到究竟好在哪里，如果写成"除了谙练的技巧外，在整个演奏过程中，琴手和琴浑然一体，动人的旋律仿佛是从琴手身上甩出来似的"，就具体多了，使人们体会到这位同志既有高超的技艺，演奏时感情又完全融会到乐曲中去了，这当然是高明的演奏。

在我们的语言里，有时，同一个概念可以有许多词来表现它，这些词在大的方面是相同的，但它们却有着细微差别，构成大量的义近词，比如表示"看"这一动作的，就有六十多个义近词，其中有表示一般的看的，如"看、瞧、瞅";表示已经看到的,如"见、看到、看见、见到、睹";表示向远处看的,如"望、眺、眺望、瞭望、瞩";表示向上看的,如"瞻仰、仰视、仰望";表示向下看的,如"鸟瞰、俯视";表示回头看和四方看的,如"顾、张、张望";表示偷偷地看的,如"窥";表示集中注意地看的,如"盯、瞄、注视";表示睁大眼睛、愤怒地看的,如"瞠、瞪";表示略略一看的,如"瞟、瞥、望、浏览";表示仔细看的,如"察、观察、相、察看";表示下级看上级的,如"觐、省";表示上级对下级看的,如"鉴、视察、检阅";表示所看的对象场面大的,如"观、观看、阅";表示看的对象是文字的,如"览、阅、阅览、阅读";表示亲自看到的,如"目击";等等。

能够选用恰当的义近词,可以帮助我们精确地反映事物之间的细微差别,表达人们对客观事物的各种不同的感情态度。要做到这一点,不断地扩大我们自己词汇的"库存",显然是十分必要的。

弄准词义

一个词没有弄准它的意义就使用,会使语言表义不准,甚至发生错误。

老张问老王:"那三本书你都买到了没有?"老王答:"基本上都买到了。""基本上"不是全部,只是大多数的意思。"都",是概括全部的。问的是"三本",回答中既然有"都",就意味着"全部买到了",再加上"基本上"岂不是矛盾了吗?最近,某杂志的一篇评论文章中有这样一个句子:

> 我们是伟大的中国共产党领导下的统一的社会主义国家,任何人都没有权利轻易地把经过中央主管部门同意召开,有领导参加的会议,说成是无效的。

"权利"是公民应享受的权益,与"义务"相对。"权力"是政治上的强制力量,职责范围内的支配力量,这里应该将"权利"换成"权力"才对。

全面地了解词义,准确地使用词语,不仅可以避免错误,而且还能使语言鲜明、生动,增强语言的感染力,取得积极的修辞效果。鲁迅先生在《为了忘却的纪念》一文的开头写道:

> 我早已想写一点文字,来纪念几个青年的作家。这并非为了别的,只因为两年以来,悲愤总时时来袭击我的心,至今没有停止;我很想借此算是竦身一摇,将悲哀摆脱,给自己轻松一下……

"悲愤"和"悲哀"是一对义近词。"悲愤"是悲哀中有愤恨的意思。因为鲁迅先生对几位革命作家的被害，除了感到悲伤外，更主要的是他对国民党反动派屠杀革命青年感到万分愤慨，所以他说"悲愤总时时来袭击我的心"。"悲哀"是可以摆脱的，可以化悲痛为力量，但因深刻仇恨而激起的愤怒却永远萦绕胸中，不可能，也决不会"忘却"，所以他只说"将悲哀摆脱"。在这个句子里，如果前后都用"悲愤"，是不合鲁迅思想的。因为他决不会写篇纪念文章就把对敌人的"愤恨"忘却，相反，他写文章的目的，正是要发泄对反动派的愤恨，这点，明眼人一看便知。如果前后都用"悲哀"，也不是鲁迅的思想。因为，伟大的无产阶级文艺战士鲁迅先生，对反动派杀害革命作家，决不会只有"悲哀"的感觉，如果把"悲愤"和"悲哀"颠倒使用，那又不合逻辑了。因为袭击心的若只是"悲哀"，摆脱的却多出来个"愤"，怎么能行呢？由此可见，鲁迅先生用词是多么准确。巴金在《我们会见了彭德怀司令员》一文中写道：

　　　　望着他那慈祥中带刚毅和坚定的表情，我感到一股热流通过我的全身。

　　如果把这个句子里的"慈祥"换成"和蔼"，"刚毅"换成"坚强"，"坚定"换成"坚决"，那么，句子将会大为逊色。

第二讲　学点语法

　　句子是语言的基本单位，我们说话、写文章都是在不断地造句，造句一定要合乎语法规律，否则，结构就会混乱，表义就可能含混不清，使听者、读者难以理解或产生误解。例如：

　　①三个报社的记者采访后共同写了一篇报道。

　　看了这个句子，人们可能要问究竟是几位记者采访的，因为"三个报社的记者"可以远远不止三个人。如果采访的只有"三个"记者，就应该把"三个"和"报社"的位置掉换一下，改成：

　　报社的三个记者采访后共同写了一篇报道。

　　又如，今年高考语文科有这样一个要考生辨认的病句：

②这个经验值得文教工作者特别是中小学教师的重视。

说"经验值得重视"是对的,但在"重视"前面加上个虚词"的"却成了病句。原因是在句子中,与"值得"这个动词相呼应的通常也要是动词才行(如:值得学习、值得研究、值得讨论等)。"重视"本来是动词,可是在它面前加上个"的",就使它变成了名词性的词,因而也就不能再与"值得"搭配了。这是多了虚词形成的病句。下面再举个不能缺少虚词的例子:前不久,一位日本学者来我市讲学,提到日本有个研究中国文学的学术组织叫"日本中国学会"。对这个名称,他还专门做了一番说明。他说,用汉语说,应该是"日本的中国学会",一定要加个"的"字,不然人们会误解成研究日本和中国关系的"日本中国学会"。由此可见,造句时,词语的顺序、虚词的有无都是至关重要的,不容忽视。这就是语法规律的制约性,违背了它们是不行的。作为一位通过语言文字宣传党的方针政策的新闻工作者,不可不学点语法知识。

按照进入句子的词语所起的不同作用,可以把句子分成若干组成部分,人们把这种组成部分叫作"句子成分"。汉语有六种句子成分,它们的名称是主语、谓语、宾语、定语、状语、补语。句子里的各种成分,是组成句子的互为关系的有机体,综合起来看,很容易理解。比如:

③我们热爱新闻事业。

在这个句子中,"我们"是被"热爱新闻事业"陈述的对象,说明"谁(什么)"热爱新闻事业,叫"主语";"热爱"是陈述"我们"的,说明我们"怎么样",叫"谓语";"新闻事业"是接受"热爱"这个动作支配的,说明热爱的是"什么(谁)",叫"宾语"。这个句子词语不多,但它已表明了一个完整的意思,是个简单的句子。

为了使句子表义更准确、鲜明、生动,在上述三种成分的周围,还可以加上些修饰、限制的成分。比如:

④我们非常热爱党的新闻事业。

"非常"是修饰谓语"热爱"的,叫"状语";"党的"是限制宾语"新闻事业"的,叫"定语"。

还有一种成分叫补语。"补语"是对谓语进行补充说明的。比如：

⑤报纸办得生动活泼。

在这个句子里，"报纸"是主语，"办"是谓语，"生动活泼"是补充说明"办"的情况的，叫"补语"。现在把六种句子成分的位置和彼此间的关系绘图于下，供同志们划分句子成分时参考。

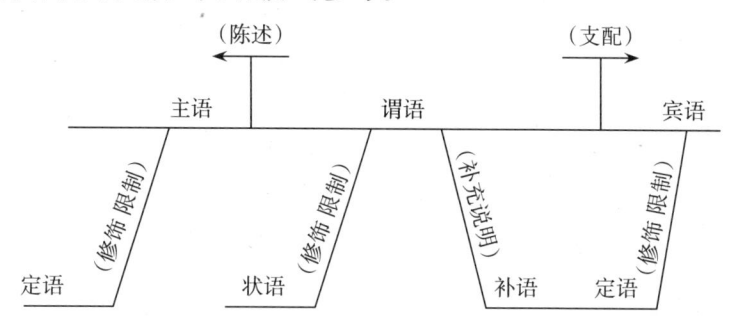

```
              (陈述)              (支配)
       主语 ←——— 谓语 ————→ 宾语
       /(修         /(修      \(补     \(修
       饰          饰        充       饰
       限          限        说       限
       制)         制)       明)      制)
      定语         状语      补语     定语
```

在六种成分中，主语、谓语、宾语是句子的基本成分（有的句子没有宾语）；定语、状语、补语是句子的附加成分。分析句子的步骤是：通读全句，先找出基本成分，再找附加成分。比如：

⑥我们的班主任简单地介绍了一下全班同学的学习情况。

在这个句子里，"班主任"是主语，"介绍"是谓语，"学习情况"是宾语。找出了基本成分，句子的骨架就出来了："班主任介绍学习情况"。认出了基本成分，再处理围绕在它们周围的附加成分，就非常容易了。"我们的"是修饰主语的，是定语；"简单地"是修饰谓语的，是状语；"一下"是从数量上补充说明谓语的，是补语；"全班同学的"是限制宾语的，是定语。

只要弄清了各种成分的职能和关系，方法步骤也对头，分析句子是不困难的。下面几个句子，加点的是"基本成分"，剩下的便是"附加成分"：

⑦实践是检验真理的唯一标准问题的讨论，大大地解放了人们的思想。

⑧我国社会阶级关系和主要矛盾的变化，经济建设中的各种新问题，以及民族关系、民主和法制、执政党的建设问题，都需要从理论上阐释清楚。

解剖点病句

解剖病句可以帮助我们了解形成病句的原因，从而使我们自己不写病句。

产生病句的原因很多，粗略归纳一下，大约有下面几种类型：

一、从逻辑上看,相关的成分间意义搭配不当。比如:

①粉碎"四人帮"以来,我国人民的生活水平,正在不断地改善。

②半年来,我们的社会主义觉悟、学习、身体都有了显著的提高。

③一个革命者应该具有十分渊博的知识和经验。

④他上街穿的衬衫和裤子是任何人都买得起的,帽子和鞋子也已穿了多年。

例①中的主语是"生活水平",谓语是"改善"。"水平"只有提高或降低的问题,怎么能同"改善"搭配呢?例②的主语是个联合词组"社会主义觉悟、学习、身体",谓语是"有了",宾语是"提高"。只能说"觉悟有了提高","学习、身体"却不能说"有了提高"。使用联合词组作成分,一定要分项检查一下是否都能与相关的成分搭配,否则很容易产生病句,可以说这是病句中的"常见病",应该特别留意。例③、④也都是这种类型的病句。例③宾语是个联合词组"知识和经验",它的定语是"十分渊博"。"知识"可以受"渊博"修饰,"经验"通常只受"丰富"修饰,不能与"渊博"搭配。例④第二分句的主语是"帽子和鞋子",谓语是"穿","鞋子"可以说"穿","帽子"怎么能说"穿"呢?

二、从结构上看,有的句子成分残缺不全,有的词语位置不对。比如:

⑤参加这个编写组的,有连队战士、在连队蹲点的干部和出版社的编辑,是一个战士、干部、专业工作者三结合的小组。

⑥在分析与叙述中,没有根据内在联系来看问题,因此杂乱、空话多、词不达意等现象。

⑦老王是机修工,老李是装配工,本来各有任务,这次为搞技术革新,他们协作了一台打包机。

⑧全厂职工发扬自力更生、艰苦奋斗的革命精神,奋战两年,造出了质量达到国外同类产品的水平。

⑨大约一小时后,就有考生陆续交卷。

⑩我这个笨学生一定向你努力学习。

⑪收购代用品酿酒原料的通知。

例⑤的后一个分句缺少主语,什么是"三结合"的小组呢?应该在"是"

前补出主语"这"。例⑥的后一分句缺谓语,应该在"杂乱"前加上"产生了",这样才能使宾语"现象"有所依附。例⑦末一句里的"协作'"不能带宾语,应该另加个谓语"制造",改成"他们协作制造了一台打包机"。例⑧末一分句的谓语是"造出了",句尾的"水平",显然不能做宾语,也可以说是缺宾语,可改成"造出了质量达到国外同类产品水平的产品"。

例⑨、⑩都是因词语位置不对形成的病句。例⑨的状语"陆续"本应是修饰头一个谓语"有"的,应该把位置调到"有"前面去,改成"陆续有考生交卷"(表明不止一个考生交卷。若照原来的摆法,似乎是同一个考生反复交卷)。例⑩"向你、努力"都是"学习"的状语,然而它们彼此之间也有限制关系,"努力"也要管"向你",应该把它提到前面去,改成"努力向你学习"才对。⑪例是某酒厂一则广告的标题。说的是收购"酿酒原料代用品",不应说成"代用品酿酒原料",也是词语的位置不对,应该把"酿酒原料"调到"代用品"前面去,表明是"酿酒原料的代用品"。

三、从行文上看,语句重复累赘,意义含混不清。比如:

⑫图书馆决定:每人可借二、三十本书给大家作参考之用,学期结束时归还。

⑬昔日的奴隶,今天做了现在新中国的主人。

⑭在这块难以描述的美丽的绿草地上,飘动着一群群洁白颜色的小羊。

⑮XX印染厂号召工人节约每一度电、每一寸布、每一滴油。

⑯校党委组织广大师生学习五届人大二次会议的各项文件,极大地提高了自己为实现"四化"做贡献的积极性。

⑰药理学教授罗潜,在"四人帮"的干扰破坏下,把有些正确的东西也当作错误来批判,他出于气愤,主动退休。

例⑫"每人"与"大家"重复,可以把"给大家"删去。例⑬的"今天"和"现在"重复,可以把"现在"删去。例⑭中"难以描述的"和"颜色"都可以去掉。"美丽的绿色草地"分明已经是在描述了,怎么能说"难以描述"呢?"洁白"即是"颜色",说"飘动着一群群洁白的小羊"已经表明了小羊的颜色。例⑮—⑰是意义含混的例子。例⑮是某报的一条标题,意思是XX印染厂号召工人注意节约,可是照这个句子的字面解释,似乎"每一度电、每一寸布、每一滴油"都要节约下来,那么还允不允许有正常消耗呢?应改为"号召工人注意节约一度电、一寸布、一滴油"。例⑯是指代不明的例子。后面分句里的"自己"是指谁呢?似乎不是指"校党委",那就应该把"自己"换成"广大师生"。例⑰按原有结构分析,成了"把有些正确的东西也当作错误来批判"的竟是罗潜教授本人。这个句子要大改一下才行:在"四人帮"的干扰破坏下,有些正确的东西也被当作错误来批判。药理学教授罗潜出于气愤,主动退休。

第三讲　注意选择句式

同样的意思,可以用不同的句式表达出来。比如向对方说"你知道这件事",就可以分别选用下列几种句式:

①这件事你是知道的。
②这件事你不是不知道。
③这件事你会不知道吗?

不同的句式,表义上有细微的差别。从上述三例看,例①是陈述句,肯定你知道这件事。例②使用了双重否定,语气比直接肯定要强些。例③是反问句,除了表明"你知道"外,还含有某种"责问"的意味。

前不久,报上刊载了一幅宣传晚婚的漫画,画上两个人物有这样一段对话:

男:我赞成晚婚。
女:我不赞成早婚。

本来两位青年都愿意晚婚,可是如果把对话换成"男:我赞成晚婚;女:我也赞成",语言就太无味了。漫画作者没有采用这种表达方式,而是让男青年使用一般表肯定的陈述句,让女青年用否定句,否定早婚自然也是赞成晚婚。这样,两位青年表达的意思相同,语言却是生动、活泼的。特别是把对话同画面配合起来看,当女方说到"我不赞成"时,有意略略停顿一下,男方顿时瞪大眼睛望着对方,以为女方不赞成"晚婚",待到女方把全句说完,男青年才放下心来。经过这样一番句式处理,使两位青年的简单对话富有了生机,而且把女孩子聪慧、俏皮的性格也刻画了出来。再看下面几个例子:

269

④我们打倒了"四人帮"。

⑤我们把"四人帮"打倒了。

⑥"四人帮"被我们打倒了。

上面三个句子都表明我们打倒了"四人帮"这个基本意思,可是从句子构成的形式上看,例④用的是主动句(主语施动,宾语受谓语支配),句子以主动者"我们"为陈述对象,说明"我们"做了什么。例⑤用的是把字句,与例④相比,仍是主语在前,谓语在后,可是使用了介词"把",将宾语提到了谓语前面,增强了对宾语"四人帮"的处置意味,说明主动者把它怎么样了。例⑥用的是"被动句",把本来的宾语"四人帮"调到主语的位置,然后使用介词"被",把整个句子变成了被动句,突出了"四人帮"的被动地位。

有的句子附加成分较长,也需要在句式上做些调整。比如:

⑦厂党委还根据本厂青少年在道德品质方面存在的问题,及时地提出了开展"刹三风"(即刹不讲礼貌、打架骂人风,不守纪律、自由散漫风,追求时髦、划拳赌博风)"树五风"(即热爱祖国、诚实谦虚的风尚;勤奋学习、热爱劳动的风尚;关心集体、爱护公物的风尚;文明礼貌、尊老爱幼的风尚;遵纪守法、讲究卫生的风尚)的活动。

这是个相当长的句子,长在注释部分。其实它的基本部分并不复杂:

厂党委根据存在的问题,提出开展"刹三风""树五风"的活动。

由于句子中间卡进了对"三风、五风"的注释,句子就显得很臃肿,动词"开展""飘"了很久才找到宾语"活动"。类似这样的句子,最好变动一下句型。这一句话可改成:

厂党委还根据本厂青少年在道德品质方面存在的问题,及时地提出了开展"刹三风""树五风"的活动,即刹不讲礼貌、打架骂人风,不守纪律、自由散漫风,追求时髦、划拳赌博风;树立热爱祖国、诚实谦虚的风尚,勤奋学习、热爱劳动的风尚,关心集体、爱护公物的风尚,文明礼貌、尊老爱幼的风尚,遵纪守法、讲究卫生的风尚。

下面两个句子修饰、限制成分略嫌过长,读起来也较费力,也宜做些改动。

⑧伴着"青天浩浩,碧海茫茫,人生欢聚少,是生离,是死别?谁能对我讲?樱花、牡丹、爱情、烽火、祖国、故乡,啊!天涯万里长忆不相忘"这优雅、壮美的歌声,帷幕徐徐拉开。

这个句子的基本成分是"伴着歌声,帷幕拉开",由于"歌声"带了个相当长的修饰、限制成分,把动词"伴着"和宾语"歌声"远远地隔开了,读起来线索有些打绞,可将句式调整为:

"青天浩浩,碧海茫茫,人生欢聚少,是生离,是死别?谁能对我讲?樱花、牡丹、爱情、烽火、祖国、故乡,啊!天涯万里长忆不相忘。"在优雅、壮美的歌声中,帷幕徐徐拉开。

还有一种改法是:

伴着优雅、壮美的歌声,帷幕徐徐启动。动人的歌词唱道:"青天浩浩,碧海茫茫,人生欢聚少,是生离,是死别?谁能对我讲?樱花、牡丹、爱情、烽火、祖国、故乡,啊!天涯万里长忆不相忘。"

⑨这幅画像是李水波生前同班战友,新战士陈林去年十二月二十日深夜,在李水波填写入党志愿书时的写生。

这个句子的基本成分是"画像是写生","写生"前面的附加成分太长了。可改为:

这幅画像是李水波生前的写生像,是同班战友,新战士陈林去年十二月二十日深夜,在李水波填写入党志愿书时为他画的。

用好关联词语

句子可以分为单句和复句两大类。几个意义上有紧密联系的单句可以构成一个较复杂的句子,人们把这种句子叫作"复句"。进入复句的单句不再叫单句而叫"分句"。复句中每个分句间都有一定的关系,这种关系通常靠关联词语反映出来,因此,在复句中,关联词语的有无和使用关联词语的异同,可以帮助我们辨别分句间的不同关系。比如:

①XX厂办的科研所不仅出了大批新成果,而且造就了一批技术人才。

这是由两个分句构成的复句。在这个复句里,透过关联词语"不仅……而且……",使我们认识到两个分句间是递进关系,即是后一分句的意义在

前一分句的基础上进了一层。如果去掉"不仅""而且",说成:

②XX厂办的科研所出了大批新成果,造就了一批技术人才。

这样一来,两个分句的关系就不再是递进关系,而是分别叙述了两件事情,使两个分句变成了并列关系。根据不同的表达需要,造复句时可以选择不同的关系。现在我们不妨分析一下上面两个句子,看看究竟用哪一种形式好。就一个工厂办的科研机构来说,它的主要任务应该是为本厂的生产服务,也就是要出成果,如果不仅出了成果,而且还造就了人才,自然就有个"进一层"的意思,故而这里还是用递进关系较并列关系更准确、更有力。

再如:

③要么看看译本,要么读读原著。

这是个选择关系的复句,表示二者之中可选择一项。如果去掉两个"要么",则表示既看译本,又读原著,意思就完全不同了。

有时几个句子的基本结构是相同的,可是换上不同的关联词语,句义就会发生变化。比如:

④因为你经常写稿,所以笔下来得快。(因果关系)

⑤如果你经常写稿,笔下就来得快。(假设关系)

⑥只要你经常写稿,笔下就来得快。(条件关系)

由上可见,关联词语的作用是很重要的。在使用关联词语时,要做到两点:一是要注意句子含义与关联词语是否相合;二是要注意相呼应的关联词语能否搭配。下面是句子含义与关联词语不合的例子:

⑦从上学期开始,她坚持体育锻炼,现在不仅恢复了健康,而且学习成绩显著提高。

"学习成绩提高"与锻炼身体没有必然联系。身体不好可以影响学习,可是光身体好了,学习不努力,成绩还是上不去的。说"坚持锻炼恢复了健康"是可以的;但说"而且学习成绩显著提高"就不妥了,这里不能构成"递进关系"。

下面几个例句也都是句义与关联词语不相合的例子:

⑧她是个中等身材,所以做事干脆利落,说一不二。

⑨班长因为捍卫祖国尊严,英勇地同入侵的敌人展开了搏斗。
⑩她为了身体弱,锻炼得更勤。
⑪虽然由于翻译上的困难,但我们都感觉到他的报告的深刻和丰富。
⑫这样极可珍贵的作品,虽只剩了很不完整的一段,但是很可惜的。
⑬同学们都有伟大的抱负,而且决心把自己的一生贡献给祖国的社会主义建设事业。
⑭他在观察饲养动物和栽培植物时,首先注意到任何品种的生物不仅跟亲体相似,而且有些差异。

例⑧从句义看应该是"并列关系",即分别从体态、办事能力、性格等方面陈述她,然而却误用了表示因果关系的关联词语"所以"。"中等身材"怎么会是"做事干脆利落,说一不二"的原因呢?应该把"所以"删去。例⑨前一分句表示目的,后一分句说明采取的手段或措施,是个目的复句,然而误用了表因果关系的关联词"因为",使句义与关联词不相合,应将"因为"换成"为了"。例⑩本应是因果复句,误用了表目的关系的关联词"为了",形成"为了使身体更弱才锻炼得更勤",与句子原义完全不合了。例⑪,句子原意是翻译上虽然有些困难,但我们还是感觉到了报告内容的深刻和丰富。整个句子应是"转折关系",句中的关联词"虽然……但……"没有用错(只是前一分句缺谓语),可是第一分句中加进了表因果关系的"由于"却是错误的,应该删去,改为:"虽然翻译上有些困难,但我们还是都感觉到了他的报告内容的深刻和丰富。"例⑫不应是"转折关系",应将"虽""但"删去。例⑬的第二分句是解释第一分句的,应该把表递进关系的"而且"删去。例⑭,生物跟亲体"相似"和"有些差异"是两个相反的方面,不应用表"递进关系"的"不仅……而且……",可改为"一方面跟亲体相似,一方面又有些差异"。

下面是关联词语搭配不当的例子:
⑮既然已决定扩建厂房,所以得赶快研究一下扩建的方案。
⑯这不光是哥哥如何对待弟弟的问题,却是一个先进同志如何对待后进群众的问题。
⑰由于各人的基础不同,在学习上确实会碰到各种困难。

⑱只要这样做了，我们的表达能力自然就会逐步提高，写起文章来也会慢慢得心应手。

例⑮是因果复句。"既然……就……"和"因为……所以……"都可以表示因果关系，但"既然……就……"是按一定的根据来"推论因果"，"因为……所以……"是一般因果，这里不该把两组有细微差别的关联词拆开使用，应按照上下文的意思，将关联词换成"既然……就……"或"因为……所以……"。例⑯是递进复句，"却"是表转折关系的关联词，应该把"却"换成"而且"才对。例⑰全句应为因果关系，可是后一分句与前一分句意义上联系不起来，可改为"由于各人的基础不同，因而在学习上碰到的困难也会不同"。例⑱包括两个层次，第一分句和二、三分句通过关联词语"只要""就"构成条件关系，这是第一层关系。二、三两个分句之间是并列关系，这是第二层。从第一层关系看，第一分句有关联词"只要"，按说与它构成一重关系的二、三分句都应该有"就"才好，然而这里只是第二分句才有"就"，第三分句也应在"会"前补上"就"，这样读起来才顺畅。

为了便于同志们查阅，现将表示各种复句关系的常用关联词语列表于下：

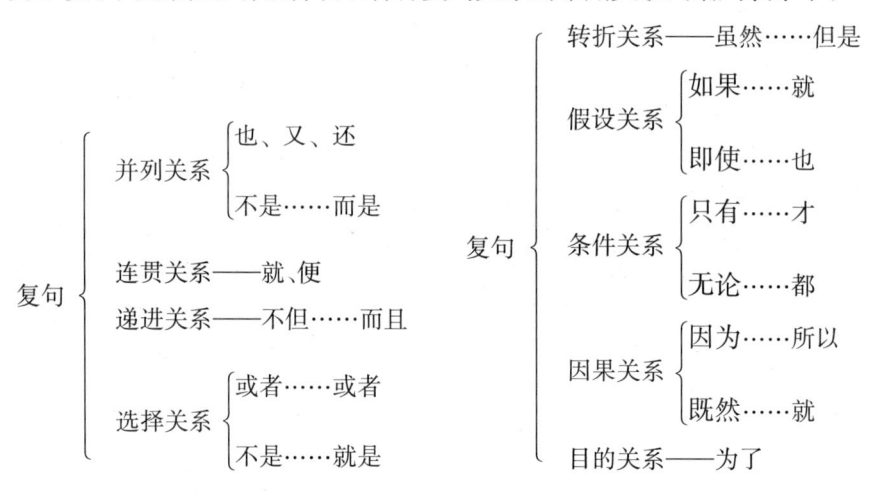

复句
- 并列关系：也、又、还；不是……而是
- 连贯关系——就、便
- 递进关系——不但……而且
- 选择关系：或者……或者；不是……就是

复句
- 转折关系——虽然……但是
- 假设关系：如果……就；即使……也
- 条件关系：只有……才；无论……都
- 因果关系：因为……所以；既然……就
- 目的关系——为了

第四讲　善于剥离层次

具有两个以上层次的复句叫"多重复句"。使用"多重复句"（包括阅读和写作），必须做到善于剥离层次。请看下面的例子：

①人类的社会生活虽然是文学艺术的唯一源泉,虽然较之后者有不可比拟的生动丰富的内容,但是人民还是不满足于前者而要求后者。

这是一个具有两个层次的多重复句,全句共有三个分句。第一、二分句(虽然……,虽然……)合起来,与第三分句(但是……)构成第一层关系——转折关系,这是全句的主要关系。其次,第一分句和第二分句之间是并列关系,这是第二层。抽象表示一下,就是这个样子:

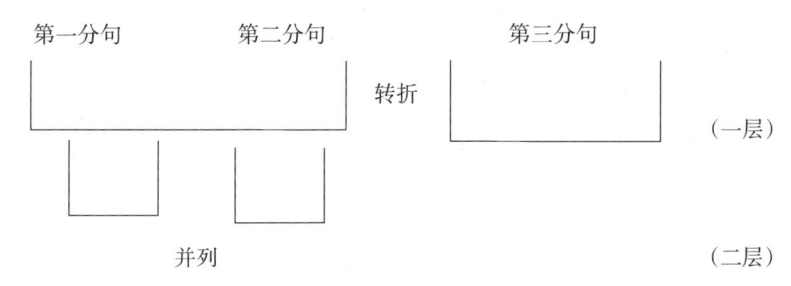

```
    第一分句      第二分句            第三分句
   ┌────────┬────────┐      ┌────────────────┐
   └────────┴────────┘ 转折  └────────────────┘
         │        │                              (一层)
         └────┬───┘
              │
            并列                                  (二层)
```

剖析多重复句的步骤是:统观全句,首先把全句的分句划分出来;然后逐层地找出各分句间的关系。(就每一个层次讲,确定分句间关系的办法和一般复句一样。)

再看几个例子:

②他对江涛说了很久的话(a),也谈到了那口矿井的线索(b),但因年深日久(c),他自己又没有亲身经历(d),矿井的旧址记不清了(e)。

这个多重复句有三个层次。全句共有五个分句。为了便于说明,我们把这五个分句分别用a、b、c、d、e代替。在这五个分句中,a、b合起来(关联词语"虽然"没有写出来)与c、d、e(但……)构成第一层关系——转折关系;a与b是并列关系(……,也……),这是前面的二层关系(一层前后都可以有二层);c、d合起来(因……)与e("所以"没有写出来)构成后面的二层关系——因果关系;c与d是第三层——并列关系(……,又……)。也用图形表示一下:

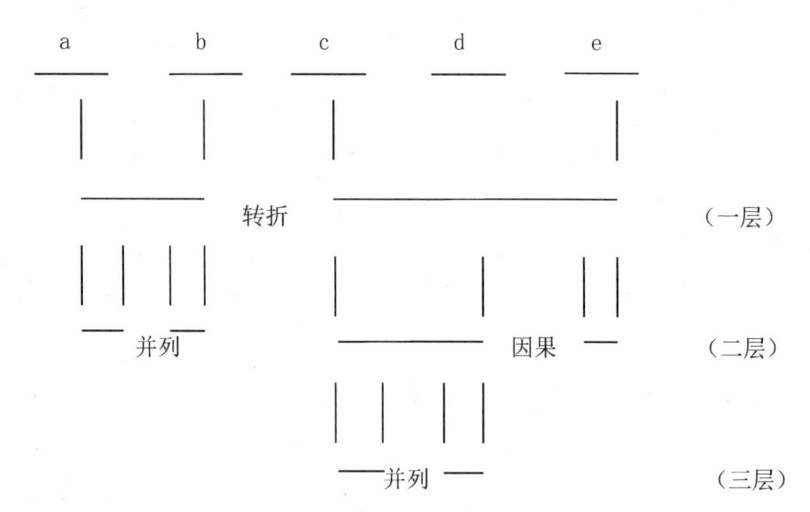

```
     a        b        c        d        e
    ___      ___      ___      ___      ___
     |        |        |        |        |
     |        |        |        |        |
     |        |        |        |        |
     |        ――――转折――――        |        |         (一层)
     |        |                  |        |
     |        |                  |        |
     ――并列――                    ――因果――              (二层)
     |        |
     |        |
      ――并列――                                        (三层)
```

③只要我们在今后进一步改善对青年的思想教育工作(a)，把国家的真实情况和达到美好的将来的必由之路清楚地告诉他们(b)，在全体青年中间发扬艰苦奋斗的正气(c)，反对自私自利的歪风(d)，并且努力纠正我们工作中的官僚主义、宗派主义和主观主义的错误(e)，那么，我们就一定能够帮助广大的青年自觉地克服自己的弱点(f)，勇敢地愉快地迎接自己的战斗任务(g)。

这个复句共有七个分句——a、b、c、d、e、f、g。其中a、b、c、d、e合起来(只要……)与f、g合起来(那么，就……)构成第一层关系——条件关系；a、b、c、d合起来，与e(……，并且……)是前面的第二层——递进关系；f与g是后面的第二层——并列关系，a、b与cd(cd合起来)是第三层——并列关系；c与d是第四层——并列关系。用图形反映出来是这样的：

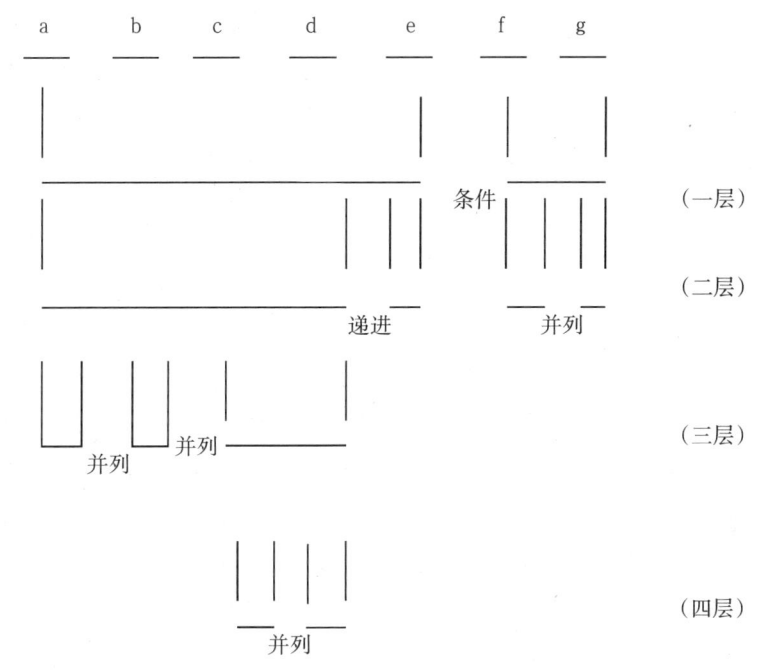

```
  a     b     c     d     e     f     g
  |     |     |     |     |     |     |
  |     |     |     |     |     |     |
  |_____|_____|_____|     |_____|_____|
                          条件              (一层)
  |     |     |     |     |     |     |
  |_____|_____|     |     |_____|_____|
        递进                    并列        (二层)
  |     |           |     |     |
  |_____|           |_____|_____|
   并列              并列                   (三层)
                    |  |  |
                    |__|__|
                     并列                   (四层)
```

多重复句都比较长。句子长了,稍一不慎,就会使结构发生混乱,影响准确的表意。比如:

④他们虽然工龄短(a),缺乏经验(b),干劲很大(c),在困难面前从不低头(d)。

这是两个层次的复句,包括a、b、c、d四个分句。原句意思显然是使a、b与c、d构成第一层关系转折关系,这样就应该在"c"前加上关联词语"但是"(与前面的"虽然"互相呼应,配成一套),如果不把这个关联词语补出来,容易把b与c看成"并列关系",这就与原义不符了。(剩下的a与b是前面的二层关系——并列关系;c与d是后面的二层关系,也是并列关系。)

⑤为了迅速挖掉废土(a),换上好土(b),赶在植树季节里把树苗栽下去(c),不少居民和中小学生由于缺少工具(d),就冒雨带了脸盆、畚箕和铅桶运土(e)。

这个复句里有五个分句:a、b、c、d、e。其中,a、b、c合起来,用关联词语"为了"表示行为的目的;d用关联词语"由于"表示行为的"原因"。按逻辑推理,跟"目的"相应的行为应该是"冒雨运土";跟"原因"相应的行为应该是

"带了脸盆、畚箕和铅桶运土"。这里本来是两个意思,可是第五分句却把这两层意思搅在一起了。这个句子有两种改法:一、删去"由于缺少工具"。二、如果还需要保留"缺少工具"这层意思,就应该分成两个句子来说:"为了迅速挖掉废土(a),换上好土(b),赶在植树季节里把树苗栽下去(c),不少居民和中小学生冒雨运土(d)。由于缺少工具,他们就用脸盆、畚箕和铅桶运。"前一个句子共有四个分句:a、b、c、d,其中,a、b、c合起来与d构成第一层关系——目的关系;a、b、c、三个分句之间是连贯关系。后一个句子只有一个层次,是表因果关系的一般复句。这样改动之后,才把这个句子的层次关系彻底理顺了。

两句话可以并作一句说。

本来要用复句才能表达的内容,可以将两个分句并成一个单句说出来。比如:

⑥如果你愿意来,你就来。

⑦你愿意来就来。

⑧道理只要一讲,就能懂。

⑨道理一讲就懂。

人们通常把例⑦、⑨这种具有"复句内容"却是"单句形式"的句子叫"紧缩句"。紧缩句是一种特殊结构的单句,它的谓语部分由两个含有假设、条件等关系的谓语组成,两个谓语间没有标点符号,常用成对的副词把两个谓语串起来,形成一些固定的格式:"不……不""非……不""再……也""不……也""一……就""越……越"。紧缩句可以用加关联词语并使用标点符号隔开的办法,还原成复句。比如:

⑩葡萄不熟不甜。(紧缩句)

可以在第一个"不"前加上关联词"如果",在第二个"不"前加上"就",然后再在"不熟"后面使用逗号把两个分句隔开,成为"葡萄如果不熟,就不甜",这就成了表示"假设关系"的复句了。

下面是几种常见的紧缩句:

⑪粮食越多越好。

⑫没有科学就没有现代化。
⑬知识不学不懂。
⑭我们再忙也要学习。
⑮明眼人一看就懂。

紧缩句的特点是语言简练,音节和谐而紧凑;复句的特点是严密、细致。造句时,究竟选哪一种句式好,要根据具体情况来决定。

第五讲 比喻、比拟、借代

为了使语言表达更加准确、鲜明、生动,人们常常爱采用一些修辞手段。这里谈谈几种常见的修辞方式,让我们进一步弄清它们各自的特点,以便自觉地运用它们。

比喻

比喻就是打比方,就是用一个事物给另一个事物打比方。

人们说话总想说得形象些、生动些,可是怎样才能做到这一点呢?有时人们就多用一些形容词,殊不知,形容词用多了,就会显得堆砌臃肿,反而使人讨厌。一件事情,多说几句,是不是会形象、生动些呢?也不见得,话说多了,显得啰嗦,别人也是不爱听的。如果能够找到一个恰当的比喻,既省话,又生动形象,是一个好办法。试看下面的例子:

①堰塘里装满了水,明晃晃的,像面大镜子。
②橘柑树上挂满了鲜红的大橘子,像一个一个的小红灯笼。
③我们爬上北海的白塔,看吧,天空蓝得透明,就像一块刚用水洗过的蓝宝石。远处,工厂的大烟筒正冒着浓烟,像一朵水墨画的大牡丹。
④举目远望,五百里井冈山像大海的波涛起伏不断。挺拔的樟树,苍劲的青松和葱茏的树林就像整装待发的千军万马;而那滚滚的松涛,又像是隆隆的炮声。

上面几个例子告诉我们,使用比喻这种修辞手法必须具备两个条件:一、要有两个事物——被比喻者(本体)、比喻者(喻体),两者用比喻词"像"

联系起来;二、本体和喻体是两种不同性质的事物,但它们之间一定要有相同或相似的地方,不然就不能打比方了。例①堰塘里的"水"是本体,"大镜子"是喻体,两者明亮的程度相似,坦平的状态也相似,故而可以说"甲像乙"。例②的本体"大橘子"和喻体"小红灯笼"色彩、形体都相同。例③把蓝天比作蓝宝石,是因为它们的颜色和透明程度相似;浓烟跟水墨画的大牡丹色泽和形状也相似。例④把五百里井冈山喻作起伏不断的大海波涛,把挺拔的樟树、苍劲的青松和葱茏的竹林比作整装待发的千军万马,是凌空俯视曾五次粉碎敌人围剿的英雄井冈群山、丛林的真实感情的写照,耳畔隆隆的松涛又使人联想起了"黄洋界上炮声隆"。这样的比喻描绘,使读者仿佛亲临井冈,倍感真切。

比喻内部还可以再分类。上面这种"甲像乙"的格式叫明喻,是比喻的基本方式。此外,还有隐喻和借喻。请看下面的例子:

⑤北风当电扇,大雪是炒面,

天南海北来会战,誓夺头号大油田。

干!干!干!

⑥树叶落在地上,小虫爬来,躲在里面,把它当作屋子。树叶落在沟里,蚂蚁爬上来,坐在当中,把它当作船。树叶落在河里,小鱼游过去,藏在底下,把它当作伞。树叶落在院子里,燕子飞来看见了,低声说:"电报来了,催我们到南方去呢。"

这几个例子中的比喻词不再是"像",换成了"是""当""当作"等,这种比喻使本体和喻体之间的关系更为密切,更加直接,人们把这种比喻叫隐喻。

下面这种比喻叫借喻。

⑦最可恨那些毒蛇猛兽,

吃尽了我们的肉血,

一旦把它们消灭干净,

鲜红的太阳照遍全球!

⑧人们第一次登上长江大桥,从这条"巨龙"背上望去,武汉三镇尽收眼底。

借喻的特点是本体和比喻词都不出现,而是让喻体去直接代替本体。

例⑦用"毒蛇猛兽"直接代替被比喻的"剥削劳动人民的反动统治阶级"。
例⑧直接用"巨龙"代替被比喻的"长江大桥"。

现将上述三种比喻方式列表比较于下：

类别	格式	本体	比喻词	喻体
明喻	甲像乙	出现	像（似、如）	出现
隐喻	甲像乙	出现	是（当、成为）	出现
借喻	乙代甲	不出现	无	出现

运用比喻必须恰当，还要通俗易懂。下面的例子就违背了这些原则：

⑨江面上再也见不着中国人民耻辱的脚印——那些挂着别个国家旗帜的军舰。

⑩他的话空得像鼖鼓一样。

例⑨是比喻得不恰当的例子。江面上怎么会留下"脚印"呢？本体和喻体之间毫无相同或相似之处。例⑩用"鼖鼓"比喻说话空洞无物。"鼖鼓"是古代军中所击的小鼓，它究竟空到什么程度，一般人是不知道的，这种不通俗的比喻，违背了"使用比喻是为了使人易懂"的原则，反而使语言表达不明确了，应该避免。

比拟

把物拟作人，或把人拟作物的修辞方式叫比拟。前者叫拟人，后者叫拟物。下面是拟人的例子：

⑪单是周围的短短的泥墙根一带，就有无限趣味。油蛉在这里低唱，蟋蟀们在这里弹琴。

⑫群山肃立，江河挥泪，辽阔的大地沉浸在巨大的悲痛之中。

⑬一粒种子昏昏沉沉地睡在泥土里。她忽然醒了，觉得很暖和，就把身子挺一挺。

她有点儿渴，喝了一口水，觉得很舒服，又把身子挺一挺。

春风轻轻地吹着。种子问蚯蚓："外边是什么声音？"蚯蚓说："那是春风。他们招呼咱们，叫咱们到外边去呢！""外边什么样儿？也这么黑吗？""不，外边亮得很。"蚯蚓一边说，一边往外钻，"我先把土松一松，你好钻出去。"种子听了很高兴,又把身子挺一挺。

种子仔细一听,外边真热闹。春风在唱歌,泉水在唱歌,小鸟在唱歌,小朋友也在唱歌。"啊,我一定要出去!"种子又把身子挺一挺,只觉得眼前一亮,嘿,好个光明的世界!

她看看自己,嫩绿的上衣,雪白的裙子,真漂亮。再看周围,像她一样打扮的同伴很多。大家一看见她,就很亲热地跟她说话。有的说:"我是昨天出来的。"有的说:"我是今天出来的。"有的说:"明天还有同伴要出来呢!"

拟人是借助想象力,把物(包括无生物、有生物和抽象概念)当作人来描写,赋予它人的思想、情感、语言、行动,使人觉得它们可爱、可亲、可知。这种修辞方式多用于表达较强烈的感情,在诗歌、寓言、童话中用得较多,有些通俗的科学读物也爱用,可收到通俗易懂、引人入胜的效果。

拟物就是把人当成物来写。如:

⑭辛勤的园丁们终年劳累,精心地培育着祖国的花朵。

⑮这一次党挽救了我,同志们都帮助我,报纸上又把我的思想登了出来,请大家讨论。我一定不辜负党和同志们对我的期望,好好改造思想,决不当阻碍社会前进的绊脚石。

运用比拟时,必须使所写事物的特点、环境气氛与人的思想感情吻合起来,达到情景交融的境界,否则就会显得矫揉造作,对语言表达不但无益,反而有害。比如:

⑯谷穗已经黄了,沉甸甸地垂着。我们一镰刀一镰刀地割着,大片大片的谷子倒下了,剩下的好像吓坏了似的,低着头,怕我们割它们的脚。

⑰几个小朋友警惕地守卫着秧田。麻雀啄食刚发芽的谷,他们就拿起在腰里吊儿郎当地晃悠着的弹弓……

例⑯是写的丰收景象,应该是兴奋、喜悦的气氛,劳动者和被拟作人的"劳动果实"的感情应该是一致的,怎么能用"吓坏了、低着头、怕我们割它们的脚"呢?这不反而破坏了劳动的热烈情绪和丰收的欢乐气氛吗?例⑰里"吊儿郎当地晃悠着的弹弓"这个比拟同"警惕地守卫着秧田"的小朋友们的心情不是也很不协调吗?

借代

为了把话说得具体些、形象些，还可以不直接说出所要表达的人或事物，而用与它有关的事物的名称去代替它。这样的修辞方式叫"借代"。比如：

⑱你们班的报纸和信件全让眼镜拿走了。

⑲迟龙章共率领着八十多个人，其中包括三吊眼、独耳朵、歪脖子……

⑳然而圆规很不平，显出鄙夷的神色，仿佛嗤笑法国人不知道拿破仑，美国人不知道华盛顿似的。

㉑"三个臭皮匠，合成一个诸葛亮"，这就是说，群众有伟大的创造力。中国人民中间，实在有成千成万的"诸葛亮"，每个乡村，每个市镇，都有那里的"诸葛亮"。

例⑱中的"眼镜"显然是代替了一个人，即是用这个人"戴有眼镜"这个特征来代替他。例⑲中的"三吊眼、独耳朵、歪脖子"都是代替了具有这些生理特征的人。作者通过突出这些土匪的长相特征，引起人们对他们的憎恶感情。例⑳中的"圆规"是小说《故乡》里对豆腐西施杨二嫂的称呼。"圆规"是由于她两手叉腰、双脚张开的站立姿势像圆规得来的。作者显然是为了使人们一见到这个名字，就联想到这个贪得无厌、令人厌恶的女人的形象。例㉑中的"诸葛亮"是中国人民中间盛传的一位足智多谋的人物。这里用"诸葛亮"代替群众中具有聪明才智的人。通过这个名称的借代，表达了作者对人民群众中蕴藏着伟大的创造力的热情赞美和高度评价。

运用借代要做到"借体"明确，使人一看就明白借体所代的是什么。借代一般要受语言环境的限制，离开了具体语言环境，孤立起来看，有些借代就不容易被理解。试比较下面两个例子：

㉒学大寨，

想着世界三十亿，

争作贡献比襟怀！

㉓"奔袭"一百八，

又"战"黑山头，

枪声砰砰炮声隆,

山上山下惊雷吼。

例㉓中的"三十亿"显然是指全世界人民,这是大家都熟悉的,这样的借体不需要另作交代也很明确。例㉔中的"一百八"是代替什么呢?从内容看,这首诗写的是军事训练。"奔袭一百八"可以被理解为"奔袭了一百八十里"也可以理解为"奔袭一百八十米高地"。这样的借代就有歧义,故而应该慎用。

另外,借代和前面谈到的借喻有些相似的地方,容易混淆,需要说明一下。这两种修辞方式有两点是相同的:一、都是采取"乙代甲"的方式。二、本体事物都不出现。它们不同的地方也有两点:一、构成借代的条件是利用两种事物的相关性,构成借喻的条件则是利用两种事物的相似点。二、借代的重点是利用相关事物进行替代;借喻虽然也是用"乙代替甲",但重点却是打比方,而且还可以还原成明喻。比如例⑦中的"毒蛇猛兽"可以还原成"像毒蛇猛兽一样的剥削阶级";而例⑱中的借代部分"眼镜"却不能说成"像眼镜一样的人"。

现在再把借代和借喻两种修辞方式的异同列表于下:

类别	相同点	不同点	检验法
借代	1.乙代甲 2.本体不出现	1.条件:相关性 2.作用:替代	不能改成明喻
借喻	1.乙代甲 2.本体不出现	1.条件:相似点 2.作用:打比方	可改成明喻

第六讲　夸张、对偶

夸张

在客观真实的基础上,对事物进行扩得极大或缩得极小的描述,这种修辞方式叫"夸张"。请看下面的例子:

①大红旗下逞英豪,

端起巢湖当水瓢。

不怕老天不下雨,

哪方干旱哪方浇。

②王母娘娘一怒之下,想出了个狠毒的点子,一天一次把她变为昙花,趁黑夜送到人间,只让她一现,就立即带回关进魔窟,天天折磨那仙女,使她更加柔肠寸断,痛苦万分。王大爷还特别说明:天上一天,就是人间的一年。

谁能把一个大湖当水瓢端起来往地里浇灌呢?一个人的肠子是很长的,形容人痛苦到极点时,说"像肠子一寸一寸地断了那样"。这显然都是使用了夸张的修辞手段。

夸张又可以分成两类,一类叫扩大的夸张,一类叫缩小的夸张。

先说扩大的夸张。

根据表达思想感情的需要,将人或事物的特点,尽量向长、远、高、大、多、强、快等方面加以夸大,以增强表达效果,这种夸张,叫作扩大的夸张。比如:

③一铲能铲千层岭,

一担能挑两座山,

一炮能翻万丈岩,

一钻能通九道湾。

④一将当关,万人莫敌!我知道不容易通过你这一关。

⑤天是房,地做床,野草野果当干粮;不怕苦,不怕难,红军战斗在高山上。

⑥我知道赵大叔这时比别人更着急。他那两只眼里好像要急出火来了。

⑦雾涌云推,把我引进了深山小店。店门前,千丈古崖;店门后,万仞青山。

⑧月色,给九曲十八弯的越女河蒙上了一层轻纱。

⑨马群里,

顶数那匹枣红马儿最漂亮,

倒不是因为它

285

皮肤须毛闪油光,
是它那奔驰的足迹,
撒遍茫茫的草原上!
人群里
顶数那个穿紫袍的阿哥最漂亮,
倒不是因为他,
有着美丽的容颜和衣裳,
是他那勤劳的汗水,
洒遍整个牧场。

⑩我家也有一个阳光融融的小阳台,起初,空空荡荡,渐渐地被老母亲辛勤培植的红花、绿叶儿装扮起来,仲夏之夜,那弥漫着的清新、芬芳的香味儿,常常把人从梦中醉醒。

以上这些都是扩大夸张的例子。例③这首民歌句句都使用了"夸张"。谁能一铲铲下千层岭?谁能一担挑走两座山?这显然是对"群众力量大如天"的形象描绘。例④夸大、强调了"勇将"的巨大作用。例⑤抒发了红军战士宽广、乐观、不怕艰难困苦的革命胸怀。例⑥说急得眼里冒火是从程度方面的夸大。例⑦、⑧都是数字上的夸大。例⑨的足迹撒遍茫茫的草原上,汗水洒遍整个牧场,都是对"多"的夸大。例⑩仲夏之夜,那弥漫着的清新、芬芳的香味儿,常常把人从"梦中醉醒"是对"强、浓"的夸张。它们都大大增强了语言的表达效果。

再说缩小的夸张。

根据表达思想感情的需要,把人或事物某方面的特点,尽量向短、近、矮、小、少、弱、慢等方面加以缩小,收到强调、突出特点的效果,这种夸张,叫作"缩小的夸张"。

比如:

⑪他每天像牛一样干活儿,一个子儿也舍不得花,囤里的粮食满得往外流,还恨不得用线一颗颗穿上吃。

⑫这个人心眼儿太小,芝麻大点儿事儿都放不下。

⑬我渺小得像

大海里的一滴水，

万担粮仓里的一粒米，

原始森林里的一棵幼苗，

昆仑山上的一棵无名草。

以上这些都是缩小夸张的例子。例⑪说一个人过于俭朴，尽管粮食很多，却舍不得吃，恨不得把粒粒粮食用线穿上来吃。这显然是用缩得极小的手法写的。例⑫形容一个人心眼儿小得像芝麻粒那样。例⑬是相声演员形容一个人过于自谦，把自己比喻得没法儿再小了，给人的印象很深。缩小的夸张和扩大的夸张一样，都可以增强语言的表达效果。

运用夸张，需要注意下面几个问题：

1.使人一看就知道是在运用夸张，不要误认为是事实。比如古诗中有这样的句子"白发三千丈"，人家一看就知道这是夸张，因为任何人的头发留得再长，也绝到不了"三千丈"。如果一个人的头发本来有一尺长，你夸大一点儿，说它有"三尺长"，人家就可能误认为这是事实，因为人的头发是可以留到三尺长的。有一首民歌用"南瓜长得脚盆大"来夸张南瓜长得个儿大。脚盆有大有小，能够长小脚盆那样大的南瓜是很多的，这样用，没有起到夸张的作用。

2.夸张可以运用丰富的想象，但必须以客观真实性为基础。鲁迅先生曾说，"燕山雪花大如席"是夸张，但燕山究竟有雪花，就含着一点儿诚实在里面，使我们立刻知道燕山原来有这么冷。如果说"广州雪花大如席"那可就变成笑话了。这个例子告诉我们，使用夸张必须以客观事实作基础，脱离实际的主观臆想和追求离奇，不能认为是夸张。

对偶

把字数相等、结构相同或相似的一对语句，对称地排列起来，使它们互相映衬或相互补充，表达相近、相反或相关的意思，这种修辞方式叫"对偶"。比如：

⑭挥漫天彩霞劲书八十年代，

　蘸两江春水巧绘四化宏图。

⑮春风寄语千条柳，

　快马加鞭万里程。

上面这两组句子，上下两个分句的字数都相等，例⑭结构也相同——"挥"对"蘸"，"漫天彩霞"对"两江春水"，"劲书"对"巧绘"，"八十年代"对"四化宏图"。例⑮结构只是相似，并不完全相同，但这也可以算对偶句。

对偶有"严对"和"宽对"的区别。"严对"除了上下句字数相等、结构相同、没有重复的字外，还要求"平仄"相对。比如陈毅同志有这样两句诗"海酿千盅酒，山栽万仞葱"。这两句诗不仅字数相等、结构相同，而且词性也相同——"海、山"都是名词，"酿、栽"都是动词，"千、万"都是数词，"盅、仞"都是量词，"酒、葱"都是名词。此外，它们的"平仄"也是相对的：

仄仄平平仄，

平平仄仄平。

很显然，上下两句的平仄正好相对。对偶句讲究平仄，吟诵起来，富于抑扬起伏的音乐感。但这样用对偶，要求太苛，容易有副作用，不宜过分强调。现在用对偶，大都不那么讲究平仄了，比如拿写对联来说，人们顶多注意上联末尾用仄声字，下联末尾用平声字就行了（这就是所谓的"仄起平收"）。保持这点儿也好，因为上联末尾是仄声字，读完上联声音是"跷"起的，必须把下联接着读完才"平"得下来，从而用音律的手段，使上下联结合得更紧。有的同志拿到一副对联不知哪是上联，哪是下联，甚至会贴错。如果能辨识平仄，把末尾是仄声的贴在上联，末尾是平声的贴在下联就不会错。当然，如果写的同志根本没注意平仄，那就另当别论了。下面是今年春节前夕《重庆日报》上发表的部分"春联"，无论从内容上、从结构上看，都是很好的对偶句：

⑯新笋冒尖春知意，

　嫩芽入画笔有情。

⑰群策群力搞四化，

　同心同德谱新篇。

⑱搞四化建设天府之国争贡献,
　按规律办事巴山蜀水巧安排。
⑲万树梅花争艳处处河山风光好,
　四化宏图竞丽条条战线捷报传。

从结构上讲,上面几副对联上下句的字数都相等。例⑯中的"新笋"对"嫩芽","冒尖"对"入画","春知意"对"笔有情",上句末尾的"意"是仄声字,下句末的"情"是平声字。例⑰中的"群策群力"对"同心同德","搞四化"对"谱新篇","化"是仄声字,"篇"是平声字。例⑱中的"搞四化建设"对"按规律办事","天府之国"对"巴山蜀水","争贡献"对"巧安排","献"是仄声字,"排"是平声字。例⑲中的"万树梅花"对"四化宏图","争艳"对"竞丽","处处河山"对"条条战线","风光好"对"捷报传","好"是仄声字,"传"是平声字。对仗工整,宽严适度,不失为好对偶句。

对偶有三种类型:

1. 正对

正对是用类似的事物构成对偶,上下联所表达的意思相近。比如:
⑳墙上芦苇,头重脚轻根底浅;
　山间竹笋,嘴尖皮厚腹中空。

上下联用相类似的事物为主观主义者画像,所表达的内容相近。

2. 反对

反对是用相对立的事物构成对偶,上下联所表达的意思相反。比如:
㉑横眉冷对千夫指,
　俯首甘为孺子牛。

上联写对敌人决不屈服,下联写对人民群众鞠躬尽瘁,一憎一爱,形成强烈对比。

3. 串对

串对是把内容紧密相连的两个句子相串成对,上下联大都有因果或连贯等关系,所表达的意思相关。比如:

㉒春播一粒籽,

　秋收万颗粮。

上下联反映了"春播秋收"这个因果关系。

对偶这种修辞方式,形式整齐,音韵谐调,看起来工整、悦目,读起来悦耳、动听,便于记忆,易于传诵,恰当地运用,能够收到鲜明、生动的表达效果。但要注意运用自然,不可片面追求形式,把本来一句话就能说清楚的,硬凑成一对,把三句话才能说明白的,硬压缩成两句,都会因文害意,不足为训。

<注>:"平仄"是指字的声调而言。古汉语的字调有平、上、去、入四声。"平"指古平声字(包括今阴平、阳平字),"仄"指古上、去、入三声的字。

第七讲　对比、排比

对比

把两种互相对立的事物或同一事物的两个不同方面放在一起,相互映衬、对比,形成鲜明的对照,以突出事物的性质、状态等,这种修辞方式叫"对比"。请看下面的例子:

①竞争无情,挣扎有术。

②老队长,新面貌。

③失败孕育着成功。

④真的、善的、美的东西总是在同假的、恶的、丑的东西相比较而存在,相斗争而发展。

⑤我的努力求学并没有得到别的好处,只不过是愈来愈发觉自己的无知。

⑥(一群玩耍的孩子中的一个跌入了水缸)许多小朋友都吓住了,叫着嚷着跑了。司马光没有跑,他拿起一块石头,使劲砸那口缸,砸了一个大窟窿。

例①、②、③是报纸上的标题。例①的内容是反映资本主义社会汽车公司的大老板们进行你死我活的商业竞争的。一面是进攻性的——要挤垮别人,一面是防守性的——不被别人挤垮。记者用了这样一个醒目的标题,活画出了资本家们在商业竞争上想压倒别人是无所不用其极,是极端"无情"的;但同时,他们在防止别人压垮自己上,也是费尽心机,防人"有术"的。一"无情",一"有术",形成鲜明对照,极大地增强了语言的表达效果。例②中的"老"和"新"本来是相对立的概念,可是这样用在一起,人们不但不会觉得矛盾,反而加强了这位队长身上发生的变化。例③中的"失败"和"成功"也是不相容的对立概念,但在它们之间却存在着辩证关系:要想获得成功,就不要怕失败;每次失败后都认真地总结经验、教训,就可以为最后获得成功创造条件。用这样的标题鼓舞人们不怕困难、勇于创新,是很有说服力的。例④把"真善美"和"假恶丑"摆在一起论述,给人的印象也极深。例⑤是科学家笛卡儿的名言。按理说,"努力求学"的结果应该是知识愈来愈多,然而笛卡儿却没有这样说,而是说成"愈来愈发觉自己的无知"。用此来反衬出"知识浩如烟海,越学越感到还有许多知识自己原先是不知道的"这个道理,以此来激励人们在学习上永远不要自满。例⑥也是用反衬法,突出了司马光的镇静、勇敢和机智,这也是对比。

有时候,整段、整篇的文章都使用了对比的修辞方法。比如:

⑦周总理让座,只能说是总理千千万万模范行动中的一件小事;"钦差"霸座也只是"四人帮"犯下滔天罪行中的微不足道的小事。但区区小事,足以说明:高尚与低下,美与丑,伟大与渺小,崇高与卑鄙,人民勤务员的光辉形象与骑在人民头上的老爷的肮脏灵魂的鲜明对照!

通过"让座"和"霸座"这两件相对立的事情,透彻地揭示了周总理与"四人帮"的"钦差"在对待群众态度上的本质差别。

对比这种修辞格与前一讲提到的对偶有些相似的地方。试看下面的例子:

⑧虚心使人进步,骄傲使人落后。

⑨横眉冷对千夫指,俯首甘为孺子牛。

这两个句子,从内容上看,是对比。例⑧中的"虚心"对"骄傲","进步"对"落后"。例⑨上一分句表现了对敌人决不屈服;下一分句表现了对人民鞠躬尽瘁,甘愿做"牛"的思想,也是鲜明的对比。可是从结构上看,这两个句子上下联字数相等,结构相同或相似,对称地排列起来,这又是对偶的特点。怎样区分这两种不同的修辞格呢?

一、"对偶"句要求上下句字数相等,结构相同或相似;"对比"句的字数不一定相等。比如:

⑩万树梅花争艳处处河山风光好,
四化宏图竞丽条条战线捷报传。(对偶)

⑪旧社会遇到灾年,靠天,天不下雨;靠地,地里长不出庄稼;靠亲生的爹娘,养活不了自己。如今,我们靠了社会主义,靠了集体经济,靠得住,靠得牢,灾年也能过上好日子。(对比)

二、如果形式上字数相等,结构相同,内容上又是对比,则可认为是两种修辞手段的综合使用。例⑧、⑨就是这样的句子。从结构上看,它们都是对偶句(字数相等,结构相同或相似);从内容上看,它们又都是鲜明的对比。分析这类句子时,如果侧重于结构,就说它们是对偶句;如果侧重于内容,就说它们是对比;也可以不偏重于某一方,而笼统地说它们是两种修辞手段的综合运用。

排比

三个或三个以上结构相同或相似,意思相近或相关的语句,连贯排列起来,表达强烈、丰富的思想感情,这样的修辞方式叫"排比"。例如:

⑫新作,像挂在枝头的成熟的果实,有的香醇,有的多浆,有的鲜美。

⑬他们的诗,有感情,有韵味,有思想深度,有智慧闪光,有浓郁的生活气息,有对美的诠释与追求。

⑭作为灵魂工程师的作家,作为具有崇高理想的战士的作家,应该在思想的波涛中扬起真理之帆,应该在幻想的画布上绘出鲜红的理想之霞,应该在人们的心田里播下真、善、美的种子,应该启发人们去争取和创造美好、光明、高尚和乐观的生活。

上面几个例子都包括三项以上结构相同或相似的语句连贯地排列在一起,抒发了丰富细腻的思想感情。

"排比"可以是句子成分的排比,也可以是单句或复句的排比。例如:

⑮分明来到了厦门城——却好像看不见战斗的行踪,但见那——满树繁花,一街灯火,四海长风……

分明来到了厦门岛——却好像看不见战斗的面容,但见那——百样仙姿,千般奇景,万种柔情……

⑯我们的文学工作者,是否有一种审验以至批判的责任呢?是否应警惕和剔除小资阶级思想和情调的浸染呢?是否应站得更高一些,看得更远一些,想得更深一些呢?

⑰那沉甸甸的稻谷,像一垄垄金黄的珍珠;炸蕾吐絮的棉花,像一厢厢雪白的珍珠;婆娑起舞的莲蓬,却又像一盘盘碧绿的珍珠。

例⑮中的"满树繁花,一街灯火,四海长风"以及"百样仙姿,千般奇景,万种柔情"是句子成分的排比(这个句子第一层又是个对偶句)。例⑯是三个单句的排比(末一单句中又有句子成分的排比)。例⑰是复句中分句的排比。无论哪种排比,运用得当,都可以取得积极的修辞效果。

运用排比句要注意各个排比结构之间的搭配关系,否则就可能出现病句。比如:

⑱老刘师傅在解放前尽管拼命劳动,到头来还是缺这少那,缺吃少穿,缺住少用。

"缺这少那"是泛指,已经包括了"吃、穿、住、用"等。并列的成分间如果有包容关系,就不能并排列举。这个句子可改为非排比句:"……到头来还是缺这少那。"如果仍保持排比句,则只能说成"……到头来还是吃不饱,穿不暖,住不好……"

⑲甲队和乙队比赛打篮球,论经验应数甲队多,看身体要数甲队棒,讲个子又是甲队高,论技术也是甲队强,但甲队由于有轻敌思想,打球不认真,没有像乙队那样团结默契,配合紧密,结果竟败给乙队。

这个句子排比的部分意义混乱,不符合逻辑习惯。

第八讲　反复、联珠

反复

平时说话,总是要避免重复,因为一重复,就会使语句显得啰嗦、拖沓;但有时为了强调某个意思,故意重复,这就不再是啰嗦,而是一种修辞手段。人们把这种修辞方式叫"反复"(也有人把它叫"重复")。请看下面的例子:

①总理呵,我们的好总理!
你就在这里呵,就在这里!
——在这里,在这里!
在这里……
你永远和我们在一起!
——在一起,在一起!
在一起……

②照片的拍摄者使用了《最后的时刻》的标题,其实总理并没有"最后的时刻",陈毅同志也没有"最后的时刻",他们永远没有"最后的时刻",他们的事业,他们的精神要永远活下去,他们将作为伟大领袖毛主席的好学生、中国人民的好儿子而名垂万代。

③世上有朵美丽的花,那是青春吐芳华。铮铮硬骨绽花开,漓漓鲜血染红她。啊!绒花!绒花!啊!一路芬芳满山崖!

世上有朵英雄的花,那是青春放光华。花载亲人上高山,顶天立地映彩霞。啊!绒花!绒花!啊!一路芬芳满山崖!

例①反复出现"在这里""在一起",以抒发广大人民群众对敬爱的周总理的深切怀念之情。例②四次出现"最后的时刻",强调、突出了周总理和陈毅同志永远没有"最后的时刻",他们将永远活在人民心中这个中心思想。例③是电影《小花》插曲里的唱词。就每一段而言,让"绒花"这个词重复出现;就整个唱词而言,上下两段里都重复出现"啊!绒花!绒花!啊!一路芬芳满山崖!",从而强烈地抒发了对革命事业、对英雄人物敬仰、赞颂的感情。

以上这些重复,不但不使人感到啰嗦,反而让人感到不这样说,就不足以表达人们强烈的情感,因而我们说它也是一种修辞手段。

反复有两类:一类叫紧接反复,另一类叫间隔反复。下面分开来说一下:先说紧接反复。

在一处地方,紧接着出现几个相同的词语或句子,这样的反复叫紧接反复。比如:

④一次,一次,又一次,

到底实现了我的愿望;

我熟悉了海洋,

战胜了海洋。

⑤……少顷,看见大路上黄尘滚滚,一辆摩托车驰过;少顷,又是一辆,少顷,又是一辆;又是一辆,又是一辆……

⑥妹妹找哥泪花流,不见哥哥心忧愁,心忧愁;望穿双眼盼亲人,花开花落几春秋。啊!花开花落几春秋。

当年抓丁哥出走,背井离乡争自由,争自由;如今山沟得解放,盼哥回村报冤仇。啊!盼哥回村报冤仇。

万语千言挂心头,妹愿随哥脚印走,脚印走;赢得天下春常在,迎来家乡山河秀。啊!迎来家乡山河秀。

再说间隔反复。

几个相同的词语或句子,分别出现在不同的句、段中,这样的反复叫间隔反复。比如:

⑦历时十五天的戛纳国际电影节宣布闭幕了。我们在巴黎登上返回祖国的飞机。

再见了,戛纳;再见了,热情的法国朋友;再见了,亲爱的华侨同胞。我们为增进友谊而来,也满载你们深厚的情意而归。

⑧假若每人都能唱自己的歌,

假若每人都能以自己的语言,

唱出本人独具的性格。

假若每人都能唱自己的歌，
假若每人都能以内心的本色，
道出经受的忧患和欢乐。

假若每人都能唱自己的歌，
假若每人都能出之以率真，
坦荡地披示奥藏的灵魂。
……

假若每人都能唱自己的歌，
假若每人的品格都尊为高尚，
一齐参与万众的庄严的合唱。

假若每人都能唱自己的歌，
假若我的这个假若不再是假若，
我这虔诚的祝愿根植于现实的生活。

有时候人们同时使用"紧接"和"间隔"两种反复。

无论紧接反复还是间隔反复，都有突出、强调某些事物，渲染气氛的作用。此外，间隔反复还有使文章结构严谨、层次清楚的作用。比如例⑧这首诗每段的第一句都重复了"假若每人都能唱自己的歌"，使全诗的结构拉得很紧。假若去掉这个贯穿全诗的语句，不但语意上会减弱，而且结构上也会显得松散。诗歌、唱词常用反复，反复吟诵，旋律优美，表义深刻，激荡人心。尽管如此，使用反复还是要慎重。如果没有强烈的思想感情和充实的内容需要反复申述，生拉活扯地用上许多反复，不但对表达不能起积极作用，反而会使人感到繁杂、啰嗦，读起来拗口，听起来纠缠，应该注意避免。

联珠

用上句末尾的词语，作下句的开头，使上下两句首尾蝉联，上递下接，这种修辞方式叫"联珠"。请看下面的例子：

⑨他是我的本家，比我长一辈，应该称之曰"四叔"，是一个讲理学的老监生，他比先前并没有什么大改变，单是老了些，但也还未留胡子，一见面是寒暄，寒暄之后说我"胖了"，说我"胖了"之后即大骂其新党。

⑩我伸手捕捉春风，
春风轻盈地滑过我的指缝。
我仰面亲吻春雨，
春雨羞涩地避开我的嘴唇。

⑪明月在天天在水，
水中明月更鲜美。
我邀明月共干杯，
天上水中同一醉。

⑫锣鼓响，过新年，
一个爆竹飞上天。

飞上天，天上逛，
看看祖国怎么样。

怎么样，好景象，
到处都有新工厂。
新工厂，机器响，
工人叔叔日夜忙。

日夜忙，忙得欢，
高楼大厦一大片。
一大片，望无边，
旱田梯田水稻田。
水稻田，绿油油，
今年一定大丰收。

297

上面这些使用了联珠的散文、诗句或唱词,不仅有使文章结构紧凑的作用,而且读起来上口,听起来悦耳,能收到很好的修辞效果。

有时人们同时使用重复和联珠两种修辞手段,这样既可以突出某些事物,又可以使语句朗朗上口,动听感人。比如:

⑬天连水,水连天,天水相连没有边。太湖浩瀚几万顷,哪有你我情连绵,情连绵,哪有你我情连绵,情连绵。

山连水,水连山,山山水水紧相连。湖光山影美如画,相依为命到百年,到百年,相依为命到百年,到百年。

联珠这种修辞方式,古代汉语中就在使用,又叫"顶真续麻"或"接麻",大多数只当作文字游戏。比如,有一个古人用联珠和谐音双关的办法作了下面这样一副对联:

和尚上楼,楼高梯短,何上?何上?("和尚"的谐音)

尼姑沽酒,酒美价廉,宜沽!宜沽!("尼姑"的谐音)

这纯粹是所谓高人雅士的文字游戏,不足为训。我们现在运用联珠,必须是按照内容需要,或要作事物的连锁推理,或要表现事物的内在规律,或要抒发连绵的情意,切忌生拼硬凑,因文害意。

第九讲　层递、设问和反问

层递

把要说的意思由小到大、由浅到深、由轻到重,或与此顺序相反,逐层排列,一步步地表达出来的修辞方式叫"层递"。比如:

①听见有人喊:"出海市了!"只见海天相连处,原先的岛屿一时不知都藏到哪儿去了,海上劈面立起一片从来没有见过的山峦,黑苍苍的,像水墨画一样。满山都是古松古柏;松柏稀疏的地方,隐隐露出一带渔村。山峦时时变化,一会儿山头上现出一座宝塔,一会儿山洼里现出一座城市,市上游动着许多黑点,影影绰绰的,极像是来来往往的人马车辆。又过一会儿,山峦、城市渐渐消散,越来越淡,转眼间,天青海碧,什么都不见了,原先的岛屿又在海上现出来。

这个例子是从杨朔的著名散文《海市》中摘录下来的。

作者在描绘海市蜃楼出现和消失时,使用了层递的修辞手段:先是出现"山峦",继而是让我们看到了山上的"古松古柏",接着透过稀疏的松柏又看到了一带"渔村"。这是一景。再深入一步,文章又说:山峦时时变化,一会儿山头上现出一座"宝塔"(上看),一会儿山洼里出现一座"城市"(下看),市上游动着许多黑点,影影绰绰的,极像是来来往往的"人马车辆"(细看)。末了,对"海市"逐渐消失的描写,也运用了层递的原则。这段话文字不长,由于使用了层递的修辞手段,引导读者由大到小、由上到下、由深到浅、活灵活现地观看了一次虚无缥缈的幻景——"海市蜃楼"的出现和隐没过程。

又如:

②渔民使用一种网上绑着坛子做浮标的"坛子网"拉虾,一网一网往船上倒,一网一网往海滩上运,海滩上的虾便堆成垛,堆成山。

③但就是这无数平常人,自古到今,世世代代,每人都做了他们所能做的事,每人都献出他们所能献出的力量,一天,一月,一年,一世,修了长城,开了运河,创造了中国古代灿烂的文化。

④当地平线上出现了第一个黑点,当更多的黑点成为线,成为队,而且当微风把铃铛的柔声,叮当,叮当,送到你耳鼓,而最后,当那些昂然高步的骆驼,排成整齐的方阵,安详然而坚定地愈行愈近,当骆驼队中领队驼所掌的那一杆长方形猩红大旗跃入你眼帘,而且大小叮当的谐和的合奏充满了你耳管——这时间,也许你不出声,但是你的心里会涌上了这样的感想的:多么庄严,多么妩媚呀!

例②按照由近及远、由小到大的程序,逐层叙述了渔民们进行捕捞海虾作业时的情况:往船上倒,往海滩上运,堆成垛,堆成山。例③按日积月累的顺序(由小到大),讲述了历代人民对历史的贡献。例④摘自《茅盾选集》。作者描述了在荒凉的大沙漠中见到骆驼队的情况。先是看到黑点,然后黑点连成线,"线"再往前移动现出了骆驼队;接着又远远听到叮当、叮当的骆铃声。慢慢地,那些昂然高步的骆驼终于来到你面前,谐和的叮当声充满了你的耳管……这时,你心头会涌上这样的感想:多么庄严,多么妩媚呀!

这段由远及近、有声有色的描绘,引人入胜,使读者犹如身临其境,感到无比亲切动人。

运用"层递"一定要是从"表义需要"的原则出发,如果内容不需要一层一层地叙述,生拉活扯地用上层递,反而会使文章显得做作、冗赘,应当避免。

设问和反问

问句有两种:一种是"有疑而问",这种问句要求别人回答;另一种是"无疑而问",这种问句不要求别人回答。"设问和反问"属于后一种问句。这种句子的特点是自己胸中早有定见,话里故意提问,以突出所要说的问题,提醒别人注意,从而增强语言的表达力量。

先说设问。

设问的特点是"自问自答"。即在叙述事实或阐明观点时,故意先提出问题,然后自己又解答了,构成"自问自答"的格式。比如:

⑤真正的铜墙铁壁是什么?是群众,是千百万真心意实地拥护革命的群众。

这个例子是先提出一个问题来,引起读者注意,启发读者思考,接着自己做出回答。这种设问自答的方式,加深了读者的印象,增强了语言的表达效果。又如:

⑥有一个青年妇女,鬓角上插着一枝野花,倚着锄站在槐树荫里。她在做什么呢?哦!原来是在听公社扩音器里播出的全国小麦大丰收的好消息。

⑦难道真是自己老朽了,固执、死板,跟不上这个时代了?不,可怕的正是自己并没有错,而女儿似乎也不错。(她小小年纪,大学还没有毕业,应该是纯洁,天真,有几分孩子气和书生气,但这一切她没有,却有一个苍白而又可怕的世界观。在女儿面前,他反显得纯洁天真得可笑,身上还有一股愚蠢的书生气。这是一种多么令人毛骨悚然的颠倒!)

上面两个例子都是说话人自己先故意提出问题,引起读者注意和思考后,接着自己又做了回答,运用了设问。这样行文,比直叙给人的印象深得多。

再说反问。

反问的特点是"只问不答,答案就在问话之中"。这样做的目的是强调自己所说的正确性,用疑问方式表达出来,让读者得出与自己一致的判断。比如:

⑧这些人生处世的道理,难道还需要女儿教给爸爸吗?

很明显,这里的问话是不需要另外回答的,问话中就包含有"不需要女儿教给爸爸"的答案。

再如:

⑨现在的老干部,不也是经过年轻这一阶段的吗?

⑩在我们文艺百花园中有京剧、话剧等表演团体,为什么就不能有一个或十几个专业的朗诵艺术团呢?

⑪"今后我要学习雷锋干一行、爱一行的高尚精神。"这朴素而又真诚的表白,不正代表着千万青年的心情吗?

例⑨等于说"现在的老干部,也是经过了年轻这一阶段的";例⑩等于说"应该有一些朗诵艺术团";例⑪等于说"这朴素而又真诚的表白正代表了千万青年的心情。"然而,如果真的这样说,句子就没有运用反问给人的印象深了。

有时候设问和反问可以同时出现在一段话中。比如:

⑫但这股怒气是冲着谁来的,他却说不清。是对海保深?人家好心好意为你接风,其罪何有?倒是你把人家搞得很难堪。是对徐炳坤和老周?他们有什么错?徐局长不是一个劲想替你打圆场?

⑬别干这因小失大的蠢事啦,两瓶酒,值了几个钱?多要一套房子又舒服到哪里去?即便盖幢别墅,你还能带到棺材里去?现在所以人心不齐,领导在台上磨破了嘴,群众心里有一定之规,这是为什么?决不仅仅是因为我们穷!我们现在穷,还能穷过抗日战争、解放战争时期?还能穷过三年困难时期?那时候为什么群众能和我们一块勒紧裤腰带,同心同德?因为我们和群众同甘共苦。过穷日子,只有同甘共苦,才能同心同德。

例⑫中,开头提出"这股怒气是冲着谁来的……是对海保深?"接着自己做了回答"人家(指海保深)好心好意为你接风,其罪何有?"这是自问自答,是"设问";其中"人家好心好意为你接风,其罪何有?"里的"其罪何有?"又是答在问中,即是表明"没有罪",这又是反问。下面提出"是对徐炳坤和老周?"这一问,自己又做了回答:"他们有什么错?徐局长不是一个劲想替你打圆场?"这也构成了自问自答,是设问,其中的"他们有什么错?"是"他们没有错"的意思,答在问中,这又是反问。例⑬前面的几个问"值了几个钱?……又舒服到哪里去?……还能带到棺材里去?"都是反问,答案都在问中:"值不了几个钱,舒服不到哪里去,不能带到棺材里去"。下面提出"现在所以人心不齐,领导在台上磨破了嘴,群众心里有一定之规,这是为什么?"接着自己回答道:"决不仅仅是因为我们穷!"这是设问。由谈我们穷起,又提出"我们现在穷,还能穷过抗日战争、解放战争时期?还能穷过三年困难时期?"这是答在问中,是反问。最后一问是"那时候为什么群众能和我们一块勒紧裤腰带,同心同德?"对此,作者自己也做了回答"因为我们和群众同甘共苦",这又是设问。在这段文字里,作者为了逐层深入地阐明自己的观点,反复使用了若干个设问和反问。由于运用了这样的修辞手段,文章始终能抓住读者,既有强调的作用,又使语言富有说服力。

　　由上面的例子可以看出:设问多用在论述的开头,以引起读者注意和思考,有领起全段乃至全篇的作用;反问却恰恰相反,常用于段末篇末,这时经过论证,结论本已明显,再用反问句加以强调,以增强语势。

第十讲　修辞方式的综合运用

　　为了使语言表达得更加准确、鲜明、生动,人们常常在一句话或一段话里,同时使用几种修辞手段,形成几种修辞方式的综合运用。请看下面的例子:

　　①特别诱人的是牧场的黄昏,落日映红周围的雪峰,像云霞那么灿烂,雪峰的红光映射到这辽阔的牧场上,形成一个金碧辉煌的世界,蒙古包、牧群和牧女们,都镀上了一色的玫瑰红。

　　在这个句子里,"……像云霞那么灿烂"是明喻;"形成一个金碧辉煌的世界"是夸张;"蒙古包、牧群和牧女们,都镀上了一色的玫瑰红"又是拟物。

又如:

②我们登上鼋头,极目无垠的湖面,胸襟豁然开朗,远望马山,好似骏马在驰骋,近看三山,宛如翡翠镶玉盘。

③山峦隐约,波光迷离,帆影点点,海花层层,真是春涛与松涛齐鸣,湖水共长天一色。人们陶醉在浓郁的"春酒"里。

④马走在花海中,显得格外矫健;人浮在花海上,显得格外精神。

⑤在轻轻荡漾着的溪流的两岸,满是高过马头的野花,红、黄、蓝、白、紫,五彩缤纷,像织不完的织锦那么绵延,像天边的彩霞那么耀眼,像高空的长虹那么绚烂。

上面这几个描写景物、抒发感情的句子,在使用对偶、排比的基础上,又插入了明喻、借喻、夸张等修辞手段,大大增强了语言的感染力。分析一下,就是这个样子:

②(对偶) { 远望马山,好似骏马在驰骋;(明喻)
近看三山,宛如翡翠镶玉盘。(明喻)

③(排比) { 山峦隐约,
波光迷离,
帆影点点,
海花层层。

(对偶) { 春涛与松涛齐鸣,
湖水共长天一色。

"春涛""春酒"又都是借喻。

④(对偶) { 马走在花海中,显得格外矫健;(夸张)
人浮在花海上,显得格外精神。(夸张)

⑤(排比) { 像织不完的织锦那么绵延,(明喻)
像天边的彩霞那么耀眼,(明喻)
像高空的长虹那么绚烂。(明喻)

再如:

⑥这飞泻下来的雪水,在山脚汇成冲激的溪流,浪花往上抛,形成千万朵盛开的"白莲"。

⑦当你策马在这千里草原上尽情驰骋的时候,处处可见千百成群的肥

壮的羊群、马群。它们吃了含有乳汁的酥油草,毛色格外发亮,好像每一根毛尖都冒着油星。

⑧湖色越远越深,由近到远,是银白、浅蓝、深青、墨绿,非常分明。传说中有这么一个湖是古代一个不幸的哈萨克少女滴下的眼泪,湖色的多变正是象征着那个古代少女的万种哀愁。

⑨人类本身和历史是一幅苏里柯夫的油画,凑近看,到处是杂乱的笔触、肮脏的油彩,一堆一摊乌七八糟,灰不灰蓝不蓝,只有你退远一看,才能知道这画是多么壮丽、和谐,那些脏得不得了的色彩才发出亮光,像要飞起来一样。

例⑥中的"飞泻下来的雪水""浪花往上抛"都是用拟人的手法写的;"形成千万朵盛开的'白莲'"又使用了借喻。例⑦中"含有乳汁的酥油草"是以物拟人的写法;"好像每一根毛尖都冒着油星"一句既有明喻又有夸张。例⑧中(湖色越远越深,由近到远)是"银白、淡蓝、深青、墨绿",这既是排比,又是由浅到深、由轻到重、逐层排列的层递。"湖是古代一个不幸的哈萨克少女滴下的眼泪,湖色的多变正是象征着那个古代少女的万种哀愁。"在这里,作者除了使用拟人外,又插入了比喻,从而使情景交融,引人入胜。例⑨中的"人类本身和历史是一幅苏里柯夫的油画",这是隐喻;"凑近看……"和"退远一看……"构成相互映衬的对比;"那些脏得不得了的色彩才发出亮光,像要飞起来一样"中又包含了明喻。

诗歌的语言凝练、丰富多彩,诗歌抒发的感情或细腻、精深,或激越、奔放。为了更确切地表达作者强烈、错综复杂的思想情感,诗人们往往爱交叉使用多种修辞手段。比如:

⑩《日月奇观》

谁见过赤道海神奇的美景?

入睡的太阳和起床的月亮平行。(拟人)

(对偶){海这边,夕阳正披上晚霞的睡衣;(拟人)
       海那边,晓月刚抖开白云的斗篷!(拟人)

……

⑪《天安门，我该怎样爱你》

排比 { 我是一朵遥远的白云，向这里飘逸；
我是一粒失散的青沙，向这里汇集；(隐喻)
我是一首绛紫的情诗，向这里凝聚；(拟物)
我是一颗晶莹的泪珠，向这里洒滴。

……

各种修辞方式都有它们自身的规律和作用，有时人们为了表达更复杂、细密的思想感情而同时使用几种修辞手段，这样不仅可以保持几种修辞方式各自的修辞效果，而且通过几种方式之间的互相配合、补充，还可以产生特殊的修辞效果，值得借鉴。